日本僑報社*25*周年記念出版

中国生活を支えた仲間

忘れられない中国滞在エピソード

第4回

受賞作品集

落語家 林家三平・会社員 田中伸幸 など47人共著

段躍中 編

日本僑報社

孔鉉佑大使からのメッセージ

第四回「忘れられない中国滞在エピソード」受賞作品集の出版にあたり、中国大使館を代表して、受賞者の皆さま、そして、日本僑報社および関連団体の皆さまに、お喜びとお祝いを申し上げます。

私にとって、作品集の出版を通じ、日本中の方々の「中国体験談」および中日交流の「生の声」を分かち合うことはすでに季節の楽しみとなっています。

四回目である今年のコンクールに、日本各地より約二百十本の応募作品が寄せられております。作者は公務員、大学生、団体職員、教師、会社員、芸術関係者、メディア関係者、アスリートなど社会各界を網羅し、年齢層も小学生から社会の中堅層ないしベテラン世代まで及んでいます。これだけを見て、中日民間交流の伝統および中身の分厚さを十分

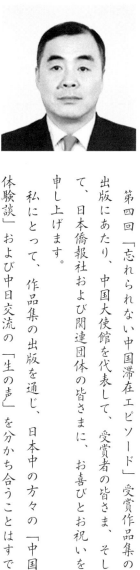

第２回表彰式にて、挨拶の言葉を述べる孔鉉佑大使

感じとれます。

皆様の文章を通じ、中国人の平和、和睦、調和を大事にする文化、勤勉な努力でより良い生活を追い求める意欲、自然と共存する理念、そして家庭や国の将来に対する自信が随所で読み取れます。多くの方は「ガラリ」という言葉を使い、中国滞在経験による対中感情の変化を語りましたが、皆様の中国への印象を逆転するほどの数々の事実は中国や中国人本来の姿で、日本社会における中国認識の主流になることを期待しています。

来年は記念すべき中日国交正常化五十周年という節目の年であり、この間、習近平国家主席と岸田文雄首相が十分タイムリーで重要な電話会談をし、両国指導者は五十周年をきっかけに、新しい時代にふさわしい中日関係の構築を推進することで重要な共通認識に達成し、両国関係のこれからの発展に目標と方向性を指し示しました。今後、様々な形の人的文化交流を積極的に行い、両国国民同士を繋ぐ絆をさらに強く紡ぎ、ぬくもりのある両国関係を築き、人々の心を温めることを期待しています。

東京2020の余韻が響く中、北京2022冬季オリパラの足音も近づいてきています。「共に未来へ」というスローガンが謳うように、世界中の人々に連帯、自信そして力を届けるため、中国が簡潔、安全、素晴らしいウィンタースポーツの饗宴を世界中にお届けする決意です。主催国として、日本を含む各国選手が大会で理想の成績を獲得できるよう、しっかりと応援していきます。皆様のご注目を心よりお待ちしています。

結びに、今回の作品集の刊行がより多くの日本人の方々に中国を観察する新しい視点を与え、中国や中国人と触れ合うきっかけとなり、中日友好に携わる原点となることを希望します。また、皆様の一人ひとりの行動で、両国国民の相互理解が更に進化、中日関係がより明るい未来を迎える事を祈念し、私からのお祝いのメッセージといたします。

二〇二一年十一月吉日

中華人民共和国駐日本国特命全権大使

目次

二等賞

三等賞

特別賞

日中文化のキャッチボールを絶やさないように

落語家　林家　三平

私が初めて中国の地を踏んだのは高校生の時で、それから二十回程訪れています。

ある時中国の空港に降り立つと、そこらかしこで「ジーチャン（機場の発音はジーチャン jichang：空港の意味）」と聞こえてきます。ジーチャン、ジーチャン、ジーチャン……。そこで私は思わず言いました。「ジーちゃん、ジーちゃんって何だい。バーちゃんとも言ってみて！」するとある中国の方が一言。「バーサン（把傘：basan 傘一本の意味）」。なるほど、なるほど。中国にもばーさんはいるらしい……。

と、そんなお話ができる程、私は中国に行くといつも楽しい思い出とともに帰ってきました。何と言っても、中国の方は温かいですね。

上海に行った時、敦煌の莫高窟を見たいと言ってみたことがあります。当時それがどれだけ遠いのか、どれほどの悪路なのかということもさっぱり知らなかったのですが、なんと本当に連れて行ってくれました。あの莫高窟には感激しましたね。母と共に涙を流しました。

また日本のテレビ番組の賞品で、母と一緒に桂林七日間の旅へも行きました。桂林では川下りが有名で、私たちも船に乗り込み終着地の陽朔という小さな街に着きました。そこで母が好奇心旺盛に言い出

2010年、林家三平襲名披露上海公演のチラシ
（株式会社ねぎし事務所提供）

したんですね。「あれをやってみたい」。見ればパーマ屋さんで座ったままシャンプーをしているお客さんの姿。実際にやってみると、かき氷のシロップが入っているようなボトルにシャンプーが入っています。そこからどんどん、どんどん、シャンプーをかけます。もこもこ、もこもこ。しまいには頭が入道雲のようになりました。母はとても楽しそうで、いい親孝行ができたと思いました。

それからこんな話もありました。中国で落語をやる話が決まって、必要なものは何かということになった。そこで私は「座布団を用意してください」とお願いしました。すると現地の人、なんとシルク製の立派な座布団を用意してくださった。お心遣いは大変嬉しい、ありがたい。それだけ歓迎してくださっているということで、その心が何より温かいと思いました。しかし困った。

日本の座布団は麻か綿でできているものです。シルクの座布団となるとお辞儀一つするだけでその上から落ちてしまう……。

そしていざ落語を披露してみると、まず内容よりも中国語をしゃべったことに、お客様は皆びっくりでした。私が「ハオチーマ？（好吃嗎？：おいしいですかの意味）」と言っただけで、皆さん「ハオチーマ？」「ハオチーマ？」と繰り返していました。そもそも私が行った中国語での落語というのは、まだ当時誰もやったことがありませんでした。私は文化庁に「英語以外の外国語で落語をやってほしい」と言われ、これから日本文化を伝えるならば中国だろうと、中国語を選んだのです。当時上海総領事は横井裕さん（二〇一六年から二〇二〇年十一月まで駐中華人民共和国特命全権大使、現ＪＯＣ常務理事）でした。そのご縁で襲名公演を上海でさせていただきました。

実際落語をやってみて、一番通じやすいのはやはりお金の話です。お金をちょろまかす話には、ケラケラと笑ってくれました。逆に受けがよくないのは幽霊の話です。日本ではよくやるのですが、中国では怖いと思うらしくそんな話はしないでくれ、と言われました。

文化の違いを感じたところですね。それを言うと、やはり文化の違いというのは確かにあります。しかしそれ以上に日本と中国の共通点も多いのです。何よりやはりどちらも漢字の国であり、昔から空海や最澄、道元も中国に渡って勉強したのです。そう思うと当時は日本と中国の間に、共通言語があったのではないかとも思われます。

もう一つ印象的な風景は、昔中国で見た信号待ちをする自転車に乗った群衆です。あの一列に並ぶ人々を見ると皆が平等で、経済発展という一つの目標に一丸となって邁進していたのだな、と思い出されます。今思うことは、あの時の景色がどれだけ変わったのか、豊かになったのかと、ぜひ自分の目で見てみたいということです。

私は若い頃から幾度となく中国を訪れて人々の温

かさを感じているので、政治的な理由で二国間がギスギスしても冷静に見ていられます。実際は行ってみないとわからないことも多いのです。

私が思うに、中国の方はコミュニティ（友人）を作るのが上手です。そして皆がそのコミュニティに参加できるよう、輪の中に入れてくれる。そんな温かさが、実際に関わってみて初めて分かるんだと思います。

だからこそ文化の相互交流は大事だと思います。日中の人々が交流する。これはお互いに理解を促進し、冷静に付き合っていくことが大事ではないでしょうか。そして昔から脈々と続いている文化のキャッチボールを絶やさないことが、今後の日中関係をいい方向にもってゆくために重要なことだと思います。

林家 三平
（はやしや さんぺい）

昭和四十五年十二月十一日東京都生まれ。「昭和の爆笑王」初代林家三平の次男、祖父は七代目林家正蔵。中央大学国際経済学科入学後、平成二年に林家いっ平として落語家の修業に入る。平成二十一年三月下席より二代林家三平襲名。東京五輪パラ応援大使。

平成十七～十八年、「大銀座落語祭」ヤマハホールにて中国語落語「時そば」「動物園」中国語版を発表。平成十八年十月、中国青島にて中国語落語を公演。平成十九年四月、中国上海、福建省アモイにて中国語落語を公演。平成二十二年十一月二十日、中国上海「蘭心大劇院」にて、二代林家三平襲名披露公演を行う。

著書に『老舗 味めぐり』（グラフ社、二〇〇六年）、『父の背中――拙者のハンセイ』（青志社、二〇〇九年）、『林家三平 実話怪談』（竹書房、二〇一〇年）など。

中国大使賞
最優秀賞

中国生活を支えた仲間

会社員　田中 伸幸

私は仕事のため杭州に住み、そこで多くの中国の仲間たちと出会い、初めての中国生活の中で交流を深めた。帰国して一年半が経った今でもZoomを使って中国の仲間たちとオンラインで日中交流を続けている。コロナの影響もあって、その仲間は増え続けている。私の自慢は、中国在住時から帰国した後の今でも素晴らしい日中友好交流を実施していることとたくさんの中国の仲間がいることだ。

二〇一七年十一月、私は仕事のため杭州に住み始めた。仕事の出張で何度か中国に行ったことはあったが、中国に住むのは初めてだ。初めての中国生活でかつ中国語のレベルはほぼゼロだったので、不便な生活になることはある程度、覚悟はしていた。しかし、思っていたより不便には感じることはなかった。その理由は、スマートフォンの翻訳機能やアプリなど、ITによる影響は非常に大きいことも一つ

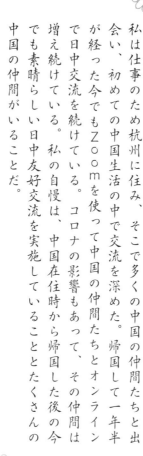

杭州日本語交流会の集合写真。この日の日本人参加者は８名、中国人参加者は24名

言えるが、何よりも多くの中国の仲間がサポートしてくれたおかげで思っていたよりも生活に苦労はなかった。赴任当初、生活環境構築のため多くの買い物が必要だった。つたない英語を使って一人で買い物しようと考えていたが、会社の同僚にその話をすると、「週末デパートに連れていくよ」と言ってくれた。休みにもかかわらず同僚達が買い物に付き添ってくれて通訳してもらったり、一緒に選んだりしてくれた。また、バスや地下鉄も一緒に乗ってくれて、乗り方も丁寧に教えてくれた。小さなトラブルや戸惑いなどはあったが、同僚達のサポートのおかげで、なんとか無事にしばらくの間過ごせた。

ところがその半年後、突然体調が悪くなり高熱と激しい腹痛に見舞われた。ウェルビー（医療専門の通訳会社）を通じて救急車を呼んで病院へ行った。医者に診てもらったところ腸炎と診断され、入院することになった。おそらく何かの食べ物に当たったと思われる。また、ストレスもあったのではないかとも言われた。確かに慣れない海外生活でストレスはあったかもしれない。日本食が食べられない、言葉の壁もあり日常生活や仕事も日本のようにスムーズにはいかないなど、その積み重ねでストレスが溜まっていたのは確かだ。日本の同僚や家族、友人などが入院と聞いて、心配してSNSにメッセージが大量届いた。そして、二、三日入院すると体調がようやく落ち着き、一週間後に退院した。

退院後はこのようなことがないように食事は十分気を付けるように心掛けようと決めた。生ものは食べない、うがいの時は水道水ではなくミネラルウォーターでうがいするなど、口に入れるものに対しては十分注意を払った。あとは、それ以外にも何かストレスを解消することが必要と考えた。日本の時のように近くに友達、家族がいるという環境ではないので、会社以外での友達をつくることを考えた。とはいっても半年の中国滞在では中国語もろくにできないので社外での友達作りは困難だと思っていた。ところが、ある時、杭州の日本人向けの雑誌を見ていたところ、サークル募集広告に日本語交流会の記事が目に入った。これならば日本語で交流できて友達ができると思い、参加しようと決めた。これが中国生活の大きな転機であった。参加する前は日本語交流会と言いつつも日本語が通じるのか？　まじめな勉強会で楽しくないのでは？　など不安であったが、勇気出して参加した。参加してみたら、その不安とは裏腹に、とても楽しい交流会だった。日本語でフリートークする交流会なので、普通に日本の友達と会話している感覚と同じだ。参加している中国人は、日本語専攻している大学生と卒業生、日本のアニメ好きな人、仕事で日本語使うため日本語会話の練習したい人など様々いた。彼らに共通しているのは日本が大好きであることだ。なので、日本人と会話をすることは彼らにとっても日本語の勉強になるし、私にとっても日本の友達と同じ感覚で日本語の会話ができるので、お互いにＷｉｎ－Ｗｉｎであった。毎週参加することに決め、これが週末の楽しみで欠かせないものになってきた。通常の会話以外に、飲み会、ＢＢＱ、花見、山登りなどのイベントも盛りだくさんあり、楽しい交流会であった。楽しむだけでなく、彼らから中国のこと、杭州のおいしい店、中国語、中国文化、中国人の考え方などいろいろ教えてもらった。帰国するまで充実した楽しい週末を毎週過ごしていた。

そして赴任から二年後、帰国が決まり、彼らとお別れする日がやってきた。私のために日本語交流会の送別会、会社の送別会、その他の交友関係の送別会を開いてくれた。日本語交流会の送別会では、私一人のための送別会なのに盛大にやってくれた。会場のデコレーション、食事などが派手で豪華だった。送別会の進行では思い出の写真のスライドショー、ギターの演奏会、私に関するクイズコーナーも企画してくれて、まるで大物スターのような送別会だった。私のためにこんな送別会をやっていただいて本当に感激した。そして、日本に持ち帰れないくらい多くのプレゼントいただいた。杭州で出会った仲間は一生の宝物だ。

帰国して一年半が経った今でもＺｏｏｍを使って中国の仲間たちとオンラインで日中交流を続けている。コロナの影響もあって、その仲間は増え続けている。私の自慢は、中国在住時から帰国した後の今でも素晴らしい日中友好交流を実施していることとたくさんの中国の仲間がいることだ。

田中 伸幸（たなか のぶゆき）
福岡県生まれ、東京都東村山市育ち。東京理科大学理工学部卒業後、大手電機メーカーに就職し、主にソフトウェア開発業務に従事。最初の勤務地は長野県。しばらく勤務した後、三重県に転勤。その後、仕事で中国杭州に二年駐在。現在は帰国し三重県に在住。帰国後もプライベートでは中国語学習継続及びオンラインで日中交流会を主催し日中友好を図っている。

1等賞

例えたどたどしくても、そこはほんわか温かい

大学生　服部　大芽

私は多くの人に伝えたいことがあります。それは、お隣の中国という国にまだ見ぬ心温かい交流があることです。多くの中国人が日本人を待っていてくれていることです。私が中国に行ったとき、本当にたくさんの中国人が温かく私達日本人を迎えてくれました。グローバル化により、私たちのフィールドは日本だけでなく世界に広がっていきました。今ここに、私が武漢で経験した「心の交流」を皆さんにご紹介します。

突然ですが、皆さん「心の交流」、それはどんなものだと思いますか?

恋人同士が二人して同じことを考えている時、子供が何も言わなくても親が子を理解している時、先生と生徒が一致団結して行事を成功させた時等、きっと様々なシーンで「心の交流」は生まれているのだと思います。私も、そんな経験を中国の武漢でしました。ただ、それはちょっと不思議な交流でした。

留学中の北京旅行で撮った写真。旅行では中国各地に行ったが、それぞれの地に魅力や親切な人の温かさを感じた

これは私と、中国人の親友・仲義のお話。

二〇一九年二月。私は交換留学生として武漢大学にいた。ただ、中国生活も半カ月が過ぎ、だいぶ慣れてきた頃、私は頭を悩ましていた。それは、寮生もクラスメイトも皆留学生で、中国人の友人が一向にできないことだった。

そんな時、現地の日本人の友人から誘いを受け、中国人の通う日本語教室に行くことになった。友人は日本の大学生事情を発表し、中国語をあまり話せない私は特技のけん玉を披露した。終わった後、日本文化に興味があるらしく熱心に質問に来たのが後に大親友になる仲義だった。

すると、三日後のことである。仲義から遊びに行かないかと連絡をもらった。会ったのは一度だけだったが、日中の楽しい交流ができるかと思い、遊びに行くことにした。ただ、迎えた当日、結果は想像と遥かに違うものだった。その原因は会話である。二人の共通言語が無かったのだ。そもそも僕の中国語はまだ聞き取れるのも良くて一割、仲義の日本語能力は知っている単語を少し言えるくらいだった。なので、会話方式としては、「仲義が話す、僕が愛想笑いをして分かったふりをする」、「仲義が話す、僕が理解してなくて仲義が必死にアプリで翻訳をする」、「仲義が話す、僕が諦めて〝听不懂〟（日訳で「分からない」の意味）と言う」の三つのいずれかをひたすらに繰り返す、会話と呼ぶには程遠いものだった。僕は自分の中国語能力の不甲斐なさを感じ、今後はたくさん中国語を勉強して話せるようになってから中国の友人と遊びに行こうと決意した。

するとその一週間後、またしても仲義から連絡が来て遊びに行くことになった。私はてっきり、前回は上手くコミュニケーションが取れなくて仲義は楽しくなかったのではないかと思っており、しばらく遊びのお誘いは来ないかと思っていたので、意外だった。そして、更に驚いたのが、遊びの行き先だった。なんと彼の実家に泊まらないかということだった。日本には友人を実家に呼ぶ習慣があまりない。だが、せっかくのチャンスなので彼の実家に行ってみた。玄関を入ると、彼のお父さんが熱烈に歓迎してくれた。だが、ここでも立ちはだかったのが言語の壁、お父さんがいても相変わらず三人の会話は通じないのである。唯一中国語が伝わったのが、ご飯の時間。振る舞ってくれた武漢の家庭料理に対して、ひたすら知っている「好吃，非常好吃」という言葉を繰り返していた。出会ってまだ数日の友人の実家に泊まるという不思議な一日を終えた次の日、待っていたのは親戚会だった。その日は中国人の祝日であり仲義の家は親戚でご飯を食べる予定で、仲義はそこに僕を連れていくと言った。起きることが日本人の僕からすると異文化過ぎてもう、てんやわんやだった。もちろん、その際も語学の壁に当たっていたのだが、同時に少し嬉しかった。出会って間もない日本人をこんなに仲間に入れてくれる。更には、仲義が嬉しそうに僕を色々な人に紹介するのだ。これは後々分かったことだが、仲義はかねてから日本文化に興味を持っていて、日本人の友人を作ることが夢だったらしい。だが、武漢には日本人が少ないこともあって僕が初めての日本人の友人だったのだ。

それからというものの、僕と仲義は何回も遊びに行った。絆が強くなっていくように、僕の語学力も伸び、一年間の留学を終えるころにはほとんど問題なく、会話が通じるようになっていた。ただ、僕と仲義の絆が芽生えたのは、会話が上手く通じなかった、出会ったあの時だと思う。会話が通じなくても、僕が仲義という友人を思えたように、仲義が僕を求めたように、そんな思いがあって二人の心が通じ合って絆が生まれたのだ。

現在、世界では、コロナの影響で日中間の人の往来が少なくなりました。僕も既に日本に帰国していて、仲義とはSNSを通じて連絡を取っています。そんな時だからこそ、私は多くの人に伝えたいことがあります。それは、お隣の中国という国にまだ見ぬ心温かい交流があることです。多くの中国人が日本人を待っていてくれていることです。僕が中国に行った時、本当にたくさんの中国人が温かく僕ら日本人を迎えてくれました。グローバル化により、私たちのフィールドは日本だけでなく世界に広がっていきました。世界で待つ異国の友人と触れ合うこの心の温かさを多くの人に味わってほしい。そんなふうに思います。

皆さんの元に、多くの「心の交流」が訪れますように。

服部 大芽（はっとり たいが）

創価大学五年生。高校生の時に、日本で外国人におもてなし接客をしたいという思いから中国語勉強を始める。大学入学後は中国語を専攻し、三年次には武漢大学で一年間交換留学した。武漢では日本語教室を回り、講演会や日中学生交流会を開催。現地の人の温かさや友好な姿に触れ、帰国時には武漢が第二の故郷と思える大切な場所となった。今後も中国の方とたくさん交流をし、日中を結ぶ役割を果たせればと考えている。

1等賞

本当の宝物

公務員　西村　栄樹

私は上海国際マラソンの途中で倒れて入院し、一人の中国人男性に付き添ってもらいました。その経験の中で、「命が助かった」のではなく、「命を助けていただいた」のだということにようやく気が付きました。私自身も中国に来て目標をもって働いているつもりでしたが、驕る気持ちがありました。飾らず自分の夢を他人に語れる中国人の彼を誇りに思いました。中国で受けたこの恩は生涯忘れられない私の本当の宝物となりました。

二〇一六年十月、上海国際マラソンに出場したときのことです。当時滞在二年目、ジョギングを週末の習慣にしていた私は、走りにある程度自信もついてきたため、フルマラソンに挑戦しましたが、途中でリタイアするという最悪の事態に陥ってしまったのです。事は三十九キロ地点付近で起こりました。三十キロあたりまでは快調に走っていたのですが、その後思うように足が動かず、痛みに耐えながらも

病院からずっと付き添ってくれた恩人・張さん（左）を、後日御礼にと誘って行った中華料理店での１枚。この料理店は上海滞在時代の筆者のお気に入りの店だった

何とか気力だけで走っていると、あと三キロの看板を見て安堵したのか、ゴールを目前にしてふらふらとよろけてしまい、その場に倒れこむことになってしまいました。沿道にいた色んな方が駆け寄り、「大丈夫か？」と中国語で話しかけてくださり、「没問題、没問題。」と言い返したのですが、歩こうとしても思うように足が動いてくれず、結局その場にして医療スタッフの方がかけつけ、救急車で病院に搬送されることになってしまいました。気持ちでは「まだいける。」と思っていたのですが立ち上がることができず、悔しさがこみあげ、ふと、日本にいる家族らの顔が目に浮かびました。そして、自分は中国に来て一体何をしているのだと自責の念に駆られ、思わず涙があふれてきました。

病院に着いたときには、何も持たずにそのまま来たので、荷物はおろかお金や携帯電話すら持ち合わせていないことにまず焦りました。今、腕にいくつもの点滴がつながれているけれど、それよりも一刻も早くゴールのある会場に戻りたいという衝動に駆られていました。そんな時に、一人の中国人男性が私の枕元にやってきて「日本の方ですか？」と日本語で話しかけてきました。年齢は二十歳前後でしょうか。「看護系大学の研修生としてここ来ている。」と彼は言うのですが、それにしてもあまりに日本語が流暢なので、私はつい彼を質問攻めにしてしまいました。

私が「いつになったら戻れますか。荷物が心配です。」などとしきりに聞いたので、彼は「あと二時間はかかります。安心してください。大丈夫です。」と言って私をなだめてくれるのでした。ベッドに横たわり天井を見上げていると、ゴールできなかった悔しさと、この日応援に来てくれていた職場の同僚らに心配をかけているに違いないという申し訳なさがこみ上げてきました。

結局二時間たってもまだ点滴は終わらず、さらにその倍の四時間かかりました。しかしその甲斐あって、筋肉疲労以外はすこぶる元気で、ドクターも「これ以上点滴をしなくてもいいよ。」と言ってくれました。残る問題は荷物です。まず、今いる病院からゴール地点のある会場までどうやって戻るのかもよく分からない状態です。あれこれ思案していたところ、研修生の彼が私に「今日はもうすぐ仕事終わりだから、一緒に行ってあげるよ。」と話してくれるのでした。

申し訳ないと思いつつも彼に甘えることにして、歩くこと十五分。痛みの残る足でしたが、不思議と話をしていると気にはなりませんでした。そして到着すると、もうマラソン会場の雰囲気はどこにもなく、大会関係者もいない状態でした。それもそのはずで、時刻はすでに十七時を過ぎていて薄暗く、事務所を探しても見当たらなく、やっとのことで見つけたスタッフも、「今日はもう皆帰ったので明日に出直してください。」と言われる始末です。着替えもないのでランニングパンツにシャツ姿のままでしたが、この時が一番肌寒く感じました。困り果てていると、この間もずっと付き添ってくれていた彼のもとに一本の電話が鳴りました。画面を見ると私の携帯番号からでした。念のためと思って彼に頼んで何度かかけてもらっていたのです。とっさにその電話に出ると、「会場近くのビルで保管している。」ということで、すぐさま向かいました。そして無事に荷物にありつけることができたのです。

本当に感謝の言葉しかありませんでした。看護師の卵である彼は、初対面なのにこんなにも親切に付き添ってくれて、本当に患者の気持ちが分かる方だと思いました。完走できなかったので、記録もメダルも参加賞も何も残りませんでしたが、それ以上にかけがえのない出会いをさせていただきました。

後日、助けていただいた御礼にと、再び彼と会い、食事をご馳走しました。その時も終始、「あれからは具合悪くなってないですか。元気になって本当に良かったですね。」と私の体調を気遣ってくれるのでした。そして彼は「いつか日本の病院に勤めてみたい。」と夢を私に語ってくれました。

遅まきながら私は、これまで自分の事しか考えてこなかったのだと、無性に恥ずかしくなりました。「命が助かった」のではなく、「命を助けていただいた」のだということにようやく気が付きました。私自身も中国に来て目標をもって働いているつもりでしたが、驕る気持ちがありました。飾らず自分の夢を他人に語れる中国人の彼を誇りに思いました。中国で受けたこの恩は生涯忘れられない私の本当の宝物となりました。

西村 栄樹（にしむら しげき）

一九八三年滋賀県生まれ。大阪市立大学経済学部を卒業後、二年間の民間企業（金融機関）勤務を経て大阪市の公立中学校の社会科教員となる。その後、滋賀県甲賀市の中学校に異動。二〇一五年から二〇一八年までの三年間、文部科学省の在外教育施設への派遣教員制度により、上海日本人学校浦東校中学部の教員として勤務（中国上海市に三年間滞在）。帰国後、再び甲賀市の中学校で二年間勤務し、現在、甲賀市教育委員会に所属。

1等賞

我愛中国！

高校生　林　鈴果

中国滞在経験のある私ができることは、自分の経験を周囲に話し、中国に対する偏見を払拭していくことだと思っている。実際に中国を訪れてもらうのが一番だが、今のコロナ禍ではそう簡単にはいかない。だから、私の体験を多くの人に知ってもらえるよい機会だと考え、「中国滞在エピソード」に応募させていただいた。小さな輪が少しずつ広がって国民全体の意識が変わり、日本と中国の人たちが手を携えていけたらいいなと思う。

私は、小学六年生から中学卒業まで父の仕事の関係で中国・深圳に滞在した。父にとって二度目の海外赴任だった。一度目は小学校一年生から四年生までタイ・バンコクで過ごした。タイには、私がまだ小学校低学年だったので何の疑問も抱くことなくついて行った。しかし、父に「次は中国に赴任だって」と言われ、行きたくないと思ってしまった。中国は人口が多くて豊かではないというイメージがあ

HSK受験のため訪れた深圳大学

り、日本よりも経済発展が遅れているという先入観があった。それに中国人は日本人のことをよく思っていないと考えていたからだ。その頃、中国人はちゃんと列に並ばずに横入りするとか、観光に訪れた中国人のマナーが悪いということをメディアで取り上げられているのをしばしば目にし、そんな人がいるところに行きたくないと思ったのだ。しかし、中国・深圳の街に降り立った瞬間、私のその先入観は覆されることになった。排気ガスを出さず、静かに走る電気自動車のバス。東京都心のようにガラス張りのビルが林立する街並み。まるで未来都市に降り立ったようで、「経済発展が遅れている」という自分の先入観とはまったく違う世界が広がっていた。

日常生活が始まってからも、中国人に対するイメージが変わる出来事がたくさんあった。

最初は、私の住んでいたアパートでの出来事だ。大事な郵便物が私の住むアパートとよく似た名前のアパートの宅配ボックスに配達されてしまったことがあった。困った母は片言の中国語でアパートの守衛さんに相談した。すると、「仕事が十九時に終わるから、その時間に守衛室に来たらそのアパートに案内してあげる」と言ってくれた。私たちはその守衛さんのおかげで、無事宅配ボックスから郵便物を受け取ることができたのである。私は、アパートの一住人、しかも外国人に対して、こんなにも親切に接してくれたことに感動した。そして、その時思い出した言葉があった。それは、「中国人はとても温かいわよ。」というものだ。この言葉は父の中国駐在が決まり、私たちが中国に行く前に日本で中国語を教えてくれていた先生が言っていたものだ。言われたときは中国人に対するマイナスイメージを持っていたので理解しがたかったが、この出来事でその言葉がすっと頭に入っていった。中国人は不親切なんじゃないかと思っていた自分が恥ずかしくなった。「自分は偏見を持っている」ということに気づけたことが中国滞在を経験した一番の収穫だと思っている。このことは間違いなくこれからの長い人生においてプラスになると感じている。

深圳日本人学校での出来事も強く印象に残っている。在学中に現地の中学生や日本語を学ぶ現地の大学生との交流を行った。そのとき、お互い自国の文化についてのプレゼンテーションをし合い、様々なことを学んだ。学校の先生に「相手にとって、初めて接する『日本人』が自分かもしれない、自分の態度次第で相手の『日本人』全体に対する印象が決まってしまうかもしれない」と言われていていた。そのため少し身構えていた私に対して現地の中学生は、「Hi! My name is...」と流暢な英語でフレンドリーに接してくれ、楽しい時間を共有できた。先生の言葉で気づいたことは、冒頭の「中国人は列に~マナーが悪い」では一部の人の行動がよくないだけで、それが国全体の印象となりうるということだ。一部だけを見て決めつけることで偏見が生まれる。日本人の中に色々な人がいるのと同じように中国人の中にも色々な人がいる。だから、自分の行動に気を配り、責任を持たなければいけないのだ。未来を背負う私たち学生が、このような体験をすることでお互いの国の文化や認識の違いを理解し合えば大きな対立は起きないと思う。

　帰国してからは、「中国」という言葉に敏感になり、ニュースで中国について報道されていると他人事には感じられず、熱心に耳を傾けるようになった。メディアによっては報道で、中国を遠回しに非難するようなことを言っている、私にはそう聞こえることがある。そんなときには「何言ってんねん、あんたら試しに中国で生活してみいや」と思ってしまう。中国で生活し、彼らの優しさに触れることができたらきっと考えも変わるだろう。偏見は身に沁みついていて、それを偏見だと認識することは容易ではなく、簡単には払拭されない。

　中国滞在経験のある私ができることは、自分の経験を周囲に話し、中国に対する偏見を払拭していくことだと思っている。実際に中国を訪れてもらうのが一番だが、今のコロナ禍ではそう簡単にはいかない。だから、私の体験を多くの人に知ってもらえるよい機会だと考え、今回「中国滞在エピソード」に応募させていただいた。小さな輪が少しずつ広がって国民全体の意識が変わり、日本と中国の人たちが手を携えていけたらいいなと思う。

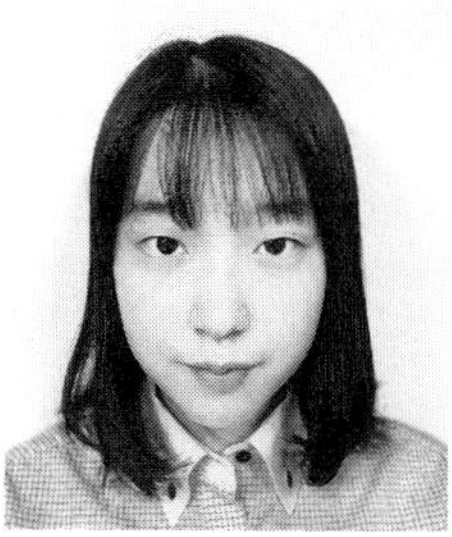

林 鈴果（はやし りんか）
二〇〇四年三重県伊勢市生まれ。父の転勤に伴い七歳から十歳までタイ在住、一年半の国内生活を挟んで中国へ引っ越し。深圳日本人学校小学部・中学部卒業。二〇二〇年立命館慶祥高等学校（北海道江別市）に入学、家族と離れて寮生活を送る。

1等賞

愉快な中国人

大学教員　久川　充雄

中国に来て一番良かったことは、他人との交流が簡単ということだ。空気を深く読む必要がなく、思いついたままどんどん話せば良い。私の知る限りでは、中国に来た多くの日本人が私と同じように思っている。最初は慣れない環境で戸惑うことも多いが、ほとんどの人が中国と中国人を好きになっている。大らかな気持ちで受け入れて、どんどん話しかけていけば、中国人のほとんどが気持ちがよい性格の人々だと分かるはずだ。

中国に来て一番良かったことは、他人との交流が簡単ということだ。空気を深く読む必要がなく、思いついたままどんどん話せば良い。見知らぬ人に会っても、気楽に楽しく過ごすことができる。日本でも友達同士での会話では忌憚なく話すことができて楽しい。しかし、それ以外ではあらゆる要素を考慮して、言葉を丁寧に包装して話す必要がある。これは相手への気遣いであるとも言えるが、今の日本で

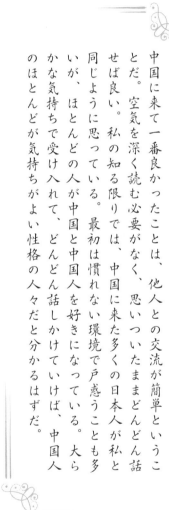

作文中の友人（周・程）と２人の友達と、河北省万龍スキー場にて（左から、筆者・苑・周・姜・程）

は過剰になっているのではないか。そのため、人間関係が希薄になったり、ストレスになったりしているのではないか。

私は二〇一二年に天津商業大学に語学留学しに来た。二〇一〇年秋に中国（延吉・青島・上海）に出張する機会があり、中国人との交流が楽しく、もっと深く中国に関わっていきたいと思ったからだ。

天津に来て生活してからも、出張で中国に来た時のイメージと大きく変わることはなかった。人と人との距離感が近い。タクシーに乗っても、お客様は神様と言った扱いはされないが、友達のようにどんどん話しかけてくるし、タバコも吸うように差し出してくることが多い。最初はびっくりしたが、慣れてくればとても楽しい。また、一人でタクシーに乗る時は助手席に乗るのが中国の常識だ。これも中国人の人と人との距離感から来ているのではないか。ただ、コロナが流行している現在では後部座席に乗るのが常識に変わっている。学校の近くの屋台街に来ても同じだ。私が下手な中国語で注文していると、すぐに外国人だと分かり、近くの中国人が面白がって話しかけてくれることが多かった。おかげで食事中も中国語の練習ができたし、友達もたくさんできた。

天津に来てから一年経ったとき、夏休みに語学勉強をかねて、雲南省昆明に行くことにした。午前中は昆明の学校で勉強し、午後は観光する計画だ。天津から北京までは高速鉄道に乗り、北京から昆明までは寝台列車に乗った。北京から昆明までは、約四十時間で二泊だった。私は三段ベッドの一番下のベッドだったが、日中は真ん中と一番上のベッドの人が私のベッドにいつの間にか座っていた。日本ではありえないことで、最初は少し不快に感じ注意しようかと思ったが、あまりに自然に過ごしているので言う気も無くなった。そうこうしているうちに仲良くなり、食べ物を交換したりするようになった。ほぼ丸二日いたが、入れ替わり話相手ができて、退屈になると予想されていた寝台列車の時間が有意義な時間に変わった。昆明では二週間ほど過ごした。午前中の学校で一緒に勉強していたスペイン人と石林に行ったが、ドラゴンボールの戦闘シーンに出てきそうな岩山で壮観だった。

二年半の留学後は、天津の日系企業で仕事をすることにした。その頃から、天津の日本語サロンによく参加するようになった。そこのメンバーとは、よくご飯を食べに行ったり、旅行に行ったりした。特に周さんと程さんとは年齢が近かったことから仲良くなった。ある日、この三人で周さんの故郷である連雲港に行った。

そこで、程さんと私は周さんの同窓会に二日連続で参加した。一日目は中学校の同級生で、二日目は高校の同級生だ。何をしに行くかは全く聞いていなかったので、まさか同窓会に私たちも参加するとは思っていなかった。日本人的な感覚で同窓会に参加するのは場違いだと感じたが、「友達の友達」は「友達」ということで暖かく歓迎してくれたのは印象に残っている。そして、中国人は友好的で賑やかを愛する人々ということだ。一日目は、中学校の同級生が経営する焼肉屋で宴会をした。皆よく食べるし、よく話すし、よく飲む。乾杯の声が絶えることがなかった。調子が良くなってくると、一番ガタイが良いプロレスラーのような男がラーメンどんぶりを二つ用意して、それぞれにビール二本ずつと白酒を少々入れて、私に向かって友好的な笑顔で「国際友人いらっしゃい。一緒に乾杯しましょう。」と言った。本当にまいった。その後は、私は部屋の端に避難していたが、その度に程さんが悪い笑顔で呼び戻しに来た。本当にまいった。少し大変だったが、大盛り上がりで楽しかった。二日目も、高校の同級生たちの当時の話や今の話をたくさん聞けて面白かった。私たちにも気を使い分かりやすく話してくれた。私は周さんから前もって伝授してもらっていた中国語の笑い話を披露した。元ネタが良かったのかかなりウケた。本当に楽しい二日間だった。

　私の知る限りでは、中国に来た多くの日本人が私と同じように思っている。最初は慣れない環境で戸惑うことも多いが、ほとんどの人が中国と中国人を好きになっている。今多くの中国人が日本で生活している。もちろん「郷に入れば郷に従え」で、現地の習慣に合わせるべきだ。ただ、慣れるまでに時間がかかる。最初は大らかな気持ちで受け入れて、どんどん話しかけてほしい。そうすれば、お互いの理解も進むし、中国人のほとんどが気持ちがよい性格の人々だと分かるはずだ。

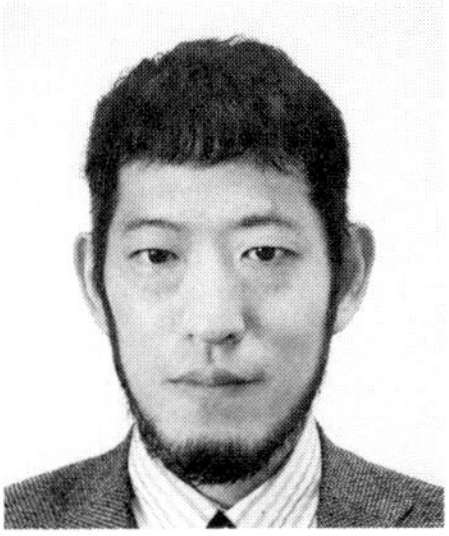

久川 充雄（くがわ みちたけ）

二〇〇四年三月筑波大学卒業。同年四月食材専門商社に就職。二〇一二年八月天津商業大学に語学留学。二〇一五年三月天津日系企業に就職。二〇一九年三月から現在まで安徽省准北師範大学で日本語教員。留学中や長期休暇には中国各地を旅行し、現在まで三十五都市を訪問。趣味は、スポーツ・グルメ・旅行。

2等賞

人生を変えた日中交流を体験して

高校教諭　喜多　佳香

初めて中国を訪れたのは、大学一年生の冬。

外国語大学の友人たちと、習いたての中国語がどこまで通用するかを試そうと、学生のみが参加できる格安ツアーに参加した。看板を読むのも、数文字しか読めず、ピンインが曖昧で、なかなか通じないもどかしさ。中国の方の方が日本語慣れしており、ぺらぺらの日本語を話されてしまうことが、なんとも歯がゆかった。友人たちと、しっかり勉強して話せるようになろうねと約束したことが懐かしい。奈良県民の私は、シルクロードで繋がっている西安に行くのがとても楽しみだった。現地では、公安官の男性二人が、快く観光案内をしてくれ、住所交換もした。帰国後、その方から手紙をもらった。辞書を調べながら必死に読んだ。「君は西湖のように美しかった。いつか日本に行ったときには、日本を案内してほしい。」と書かれたその手紙は、三十年近く経った今も大切に残してある。返事も返さず、手紙もその一通きりだったし、再会は実現しないままではあるが、当時の想い出は青春時代の良き想い出として、今でも鮮明に思い出せる。極寒の寝台列車、桂林の水墨画の世界、世界遺産の兵馬俑の迫力、万里の長城が凍っていて転んだこと、上海のロマンティックな夜景の美しさ……。全てが新鮮で楽しかった。

大学四年生の時には近畿青年洋上大学という国際交流事業に参加した。船で中国を訪れ、日本と中国の大学生が交流し、将来の日中の架け橋を育成しようという事業だった。田舎の村でのホームステイを経験した。水道もない、下水もない村ではあったが、素敵なおもてなしと人情に触れることができた。夜通し片言の中国で話をした。家族のこと、戦争のこと、将来の夢のこと。四年間勉強した中国語は、思うように通じなかったが、ある程度の会話が出来て笑顔が弾けた。晩ご飯の郷土料理は本場の味だ!!と興奮した。朝ご飯で出してくれた山盛りの水餃子も、新婚夫婦のショッキングピンク色の布団も、畑に棒を指しただけのトイレも忘れられない。いろいろな文化の違いはあったが、観光では行くことのない村での交流は、私の人生に彩りを加えてくれた。私は卒業論文で、李香蘭こと山口淑子さんをテーマとして、日中の狭間で生死をさまよった人生を研究した。幸いにも、山口淑子さんとお話しさせていただく機会があり、戦争の悲惨さ、中国の人々の優しさ、平和の尊さを学んだ。中国残留孤児の方々について調べるボランティアにも参加したことがある。色々な方々との出会いが、私と中国とをつなぎ合わせてくれているような気がする。

近畿青年洋上大学に参加し、大連の歴史を学びに行ったときの一枚。同じ班の仲間たちとお揃いのＴシャツで、今までのことやこれからのことを考えた

　今は亡き私の祖父は、先の戦争で中国へ行った。敗戦後、中国の人に助けられて、少しの間、心優しい中国人家庭で、現地の人として生活させてもらったと生前何度も話していた。そして、私の母は、中国の方に助けてもらって無事に帰国した祖父がいたからこそ生まれたのだと嬉しそうに語っていた。学びもしていないのに、中国語がぺらぺらだった祖父のすすめがきっかけで、私は、大学で中国語を学んだ。そのことを話すと、ホストマザーは、涙を拭きながら聞いてくれた。ホストファミリーの方たちは、ただただ黙って私たちを見守ってくれていた。その

後私は、様々な職業を経て高校教師になった。縁あって、中国からの留学生に日本語を教えたり、中国語の教員免許を取得したりした。大学生以来、中国を訪れてはいない。友人が、中国人と結婚したり、中国で仕事をしたりしている近況を聴いたりするだけにとどまっているが、数十年の時を超えて、再び中国を訪れたいと強く思う。お腹を壊したり、トイレの設備が整っていなかったりして、少しばかり大変だったような記憶もあるが、私が学生時代に行った中国は、活気に溢れ、人情味に溢れ、皆がやさしく元気だった。コロナ禍の今だからこそ、あの時交流した全ての方に会いたいと思う。当時の写真を収めたアルバムをそっと開く。二十年以上も前のあの日が蘇り、心がほっこりとする。大黒石村の方々、大連の学生たち、そして、船で交流した友人学生たち。皆で買ったチャイナドレスも大切に保管している。いつかまた、死ぬまでに訪れたい場所、中国。書道をしていた私にとって、中国で買った筆も墨も私の宝物。旅行が自由に出来ない今だからこそ、心の絆で繋がっていたいと強く思う。出逢った全ての中国の方に感謝の気持ちを込めてありがとうを伝えたい。

最近になって、長い間本棚に仕舞い込んだままの中国語会話集を取り出してみた。随分と中国語から離れていたので、時間がかかるかもしれないけれど、また少しずつ勉強しておきたいと思う。いつかまた、かつての友人たちと再会した日のために。パラパラとページをめくると、祖父の声が聴こえ、中国で出会った全ての方々の笑顔が見えるような気がした。

喜多 住香（きた すみか）

奈良県立高校・外国語大学卒業後、MC（司会）業、中学校講師、小学校教諭を経て高校教諭となる。大学生時代に、奈良県より夢先隊商（ゆめさきキャラバン）として、シリアアラブ共和国へ派遣される。近畿青年洋上大学に参加し、中国人青年との交流や、ホームステイを体験。内閣府派遣事業により韓国へ派遣。事後活動にも参加し、国際交流や協力ボランティア等に深く関わる。

2等賞

戦友

高校生　石井 翔

四年七カ月。僕は父の転勤で北京で暮らしていた。通っていた北京日本人学校では現地の中学校との交流の場が多かった。交流していた中学校は公立だが、日本語を第二カ国語として学んでいた。交流の場は毎年、合同運動会と弁論大会だった。運動会では日中関係なくランダムにチームを組み、チーム対抗で競い合う。現地の中学校のグラウンドで行うため、日本にはない競技があり、新鮮で本当に楽しかった。僕はその合同運動会が一番好きな学校行事だった。弁論大会ではそれぞれの学校から五人ほど選抜者を出して、日本人は中国語で中国人は日本語で日中関係についてのスピーチをする。また、その中で優勝者を決めるものだ。現地の子は当時の日中関係をどう受け止めて、どうなって欲しいのか、なかなか聞きにくい話を聞くことができる。

初めて彼らとの交流が決まった中学一年の時。大人たちが僕らを使って日中友好を謳いたいのはよくわかっていた。しかし当時の僕の中には追いやれない不安があった。一定数の日本人が中国に偏見で食わず嫌いしているように、交流する彼らも同じような気持ちだったら？という不安だった。僕は勿論仲良くなりたいと思っていたが、もしこの気持ちが彼らと一緒じゃなかったら？と考えると交流が少し怖かった。そんな不安を抱えたまま迎えた彼らとの初交流。彼らの学校で行われた合同運動会だった。彼らの学校に到着してから間もなく始まってしまった開会式。最初のクラスが入場した。グラウンド前方中央にあるステージの前で彼らの足は止まった。何かが始まるようだった。突然、音楽が流れ出し、彼らは踊り始めた。音楽はなぜかどこか馴染みのある音楽だった。歌詞は中国語になっていたが日本のアニメの主題歌だった。他のクラスも続々と入場しパフォーマンスを見せて

運動会の様子

くれた。クラスTシャツを着ているクラスもあればチャイナドレスを着ているクラスもあったし、浴衣を着ていたり、和傘や扇子を使っているクラスもあった。ほとんどのクラスに共通していたことは日本語なのに聞いたことのない曲を使っていたことだった。中には日本の曲を使っていた曲もあった。笑顔で踊る彼らが印象的だった。彼らからの歓迎が伝わってきてとても嬉しかった。

運動会は競技に出ない間の待ち時間が長かった。待機席で待機しているとまだ話したこともない女の子達が連絡先を聞いてきた。正直とても驚いた。自分も仲良くなりたかったし連絡先を教えた。その子だけに教えるつもりだったのに男女関係なく次から次へと連絡先を聞かれた。自分だけじゃなく友達も同じ状況下にいた。仲良くなろうと歩み寄ってくれるのがすごく嬉しかった。連絡先を一通り交換した後、話しかけてみた。僕たちの言語は中国語と日本語、ジェスチャーを織り交ぜたものだ。「さっきの入場で使ってた曲は流行ってるの？」そう聞くと彼女は笑顔で答えた。どうやら中国では流行っている日本のボーカロイドらしい。彼女たちはこの曲が日本でも流行っていると思っていたらしい。彼女はまた教えてくれた。彼女を含め日本のボーカロイドやアニメが好きな人は本当に多いらしい。だから日本が好きだそうだ。日本に家族で旅行に行ったこともあるらしい。僕の母国を好きだと言ってもらえることが嬉しかった。彼女が日本について話をしてくれる時、彼女の目は輝いていた。

リレーは日中混合のチーム対抗戦だった。文化の違いは特に感じなかった。試合に対する情熱と興奮は全く同じもので、あの瞬間の友情はパズルがぴったりはまるようなそんな痺れるものがあった。

別れはとてもあっさりしていたし、会うことは少なかったが彼らとの友情はまだ続いている。お互いが持ち続けている日中友好の架け橋になるという意識。最初は大人に強要されたものだったが、交流と成長を通して自分たちの必要性を強く感じるようになった。自分達にしかできないこと、それを実現するために、あの時交換した連絡先を使う。僕は最近中国を発信するＳＮＳアカウントを友達と立ち上げた。少しでも中国への意識が変わればと主に中国サブカルチャーを発信している。そのための情報収集のために彼らを頼っている。彼らと同じようにサブカルチャーがきっかけになればと思っている。

彼らとの出会いは人生を大きく変えた。仲良くなりたいという思いが中国語の勉強を捗らせたし、彼らに教えてもらって初めて知る母国の良さもあった。日本をこんなに好いてくれる彼らを知っているから、日本の偏った中国情報しか流さないメディアや中国を食わず嫌いする井の中の蛙を冷たい目で見るようになった。同時に日本の意識を変えたいと思った。彼らと会ったのは数回だけど離れていても戦友だと信じてる。この先、彼らと一緒に僕らにしかできないことで一緒に少しでも世界を変えられるように努めていきたい。コロナが早く落ち着いて彼らにまた会える日が早く来ることを願っている。

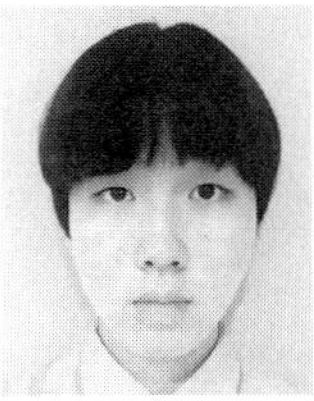

石井 翔（いしい つばさ）
さいたま市立大宮東小学校入学後、小学四年生夏から中学二年生までの間、北京日本人学校に通う。中学三年生で帰国し、現在は開智中学高等学校二年生。

2等賞

違いもあるけど、それでいい

団体職員　丸山 由生奈

二〇一九年十月二十八日、ちょうど前日に二十三歳になったばかりの日に私は生まれて初めて中国に旅立った。内閣府青年国際交流事業の中国派遣団、日本代表青年の一員として、二週間かけて北京、河南省鄭州市、浙江省杭州市の三都市を訪れた。

私は日本の古典文学を専攻する大学院生で、平安文学に影響を与えた中国の文学に興味を持っていた。また、友達には中国からの留学生も多くいる。だが私は中国が本当はどういうところなのかよく知らないというのが本音だった。

日本のニュース等を見ていると、ネガティブな情報も入ってくる。だが、自分の目で本当の中国を見に行き、中国文化や中国人のことを知りたいというのが派遣に参加した理由の一つだった。

結果としてこの中国訪問は、私がそれまで持っていたイメージががらりと変わる経験となった。特に最後に訪れた杭州市での出来事が印象に残っている。

訪問中、自由時間に買い物に出かけることがあった。その日、私は地元の人が利用するスーパーに行った。レジに並んでいる時に、すぐ後ろに並んだおばあさんに話しかけられた。私自身は中国語をほとんど話すことができなかったが、一緒にいた団員が通訳してくれた。

「『どうして若いのにここに並んでいるの？』って言ってるよ」

中国ではキャッシュレス決済が浸透し、ほとんど現金無しで生活できる「キャッシュレス社会」となっている。だが、訪問当時、私たちは中国のキャッシュレス決済手段を使っていなかったため、現金専用レジに並んでいたのだ。確かに北京語言大学で行った意見交換の休み時間にタピオカドリンクを飲んだ時も、現地の学生は注文から支払いまでを全てスマートフォン一つで行っていた。スーパーにもキャッシュレス専用の無人レジがたくさんある。若者はキャッシュレス決済を使うものというイメージがあるのだろう。

出会った人たちと中国の食を通じて文化交流

おばあさんに日本から来ているのだということを伝えると、「めずらしくかわいい人達が並んでいるから話しかけちゃったよ」というようなことを言ってくれた。

スーパーから帰る道で、私は少し寂しい気持ちになった。電子機器を使うのが苦手であるというような理由で、キャッシュレス決済を使うハードルが高い人もいるのだと思う。でも「キャッシュレス決済に慣れていないお年寄りは、時代に置いていかれていってしまうのだろうか」とか、「他の人は今キャッシュレス決済を使っていない人に対し、早く使えばいいのにと思っているのではないか」といったことを考えた。

さてこの翌日、浙江工業大学の学生とキャッシュレス決済について意見交換する機会があった。話が進んでいく中で私は、単刀直入にキャッシュレス決済を使っていない人、特にお年寄りについてどう思うかと尋ねた。ある学生が答えてくれた。「私たちは便利だから『使う』という選択をしているけれど、必要じゃないとか難しいから使わないとか思う人がいたら、それはその人の選択だと思う。私たちはそれをいけないことであるとは思わないよ」。私にとって、とても意外な回答だった。

ちなみにこれは日本と中国の違いについても同じだっ

た。日本ではなかなか中国のようにキャッシュレス決済を浸透させるのが難しいという話をすると、「中国は結果的に今のような社会になったけれど、日本はスマートフォンを使った方法よりもクレジットカードの方が普及しているとか、これまでの経歴や環境が違う。日本には日本のやり方があると思う」という意見が出た。中国とは違う日本の現状も認めているという点で、ほっとしたような嬉しい気持ちになった。

私は中国に来る前、なんとなく中国の人が自己中心的で、意見を押し通すというようなネガティブなイメージを持っていた。日本に来た中国人観光客が、その場所のマナーより自分たちの主張をする様子を見たことがあったからだろう。

だがその性格は必ずしも悪いものではなく、自分の意見をしっかり持っており、さらに相手が違う意見を持っている可能性をも理解しているということなのだと考えが変わった。理解した上で、必要な時には自分の意見を主張するのである。

滞在中、中国の人達からよく「中国に来てどう思う?」と聞かれた。私が初めての中国だと言っていたのもあったのだろう。そんな時に私は「正直、来る前は不安もあった」と答えた。「でも、あなたたちと出会ったから、とてもいいイメージに変わったよ」と言うと、みんなにっこり笑ってくれた。

私は実際に中国の人々と交流したからこそ、初めての中国滞在を充実した経験にすることができたのだと思う。もっと私がまだ知らない本当の中国を知りたいと思い、最近中国語学習も始めたところである。社会状況によって、オンラインツールを利用した交流等、多様な交流の形が生まれているが、これからも中国に関心を持ち、特に人的交流に積極的に関わっていきたい。

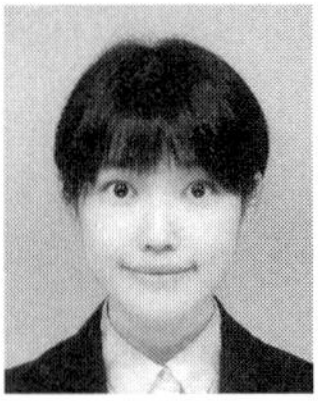

丸山 由生奈（まるやま ゆうな）

二〇一九年、早稲田大学文学部日本語日本文学コース卒業後、二〇二一年、同大学院文学研究科修士課程を修了。

幼少期から文芸創作活動を続け、二〇一七年に第一四回「タリーズピクチャーブックアワード」受賞作、『おるすばんてんし』を出版。修士課程在学中に、二〇一九年度内閣府国際交流事業中国派遣団の日本代表青年として中国を訪問した。今後は学生時代の留学生との交流や、訪中経験を生かした作品創作を目標としている。

2等賞

感じるものは相違点か共通点か

大学生　板坂 梨央

二〇一六年夏、私の家に一人の中国人の少女が泊まりに来た。当時高校一年生の私の希望で、私の家でホームステイの受け入れをすることになったのだ。彼女はとても日本語が流暢に話せた。なぜそんなに流暢なのかを尋ねると、ほとんど独学で日本のアニメを見て学んだと言っていた。日本では外国語をアニメから習得することはあまりないと思うので驚いた。彼女の日本語があまりに流暢だったので、そこで私は初めて私たちの間に〝相違点〟を感じた。

彼女と一緒に私の高校の授業に出席したりもした。中国は学校が九月始まりなので彼女は、私が当時学んでいた数式は簡単に解けた。さらに中国は学校も企業も昼休みが長いこと、多くの生徒が学校の寮に住んでいること、制服の種類が三種類あることなどを教えてくれた。そんな彼女との生活の中で、私の中に芽生えた日中間の〝相違点〟という思いがどんどん大きくなっていった。しかし、彼女との生活は妹のいない私にとって、まるで双子の妹ができたような気持ちになりとても楽しかった。そんな楽しい日々はあっという間に過ぎ、お別れの日が訪れた。私たちは再会の約束をし、彼女は中国へ帰っていった。

そして二〇一七年夏、私は生まれ故郷石川県の中国・江蘇省青少年交流事業の面接に合格し、中国に渡った。そのプログラムの中には、私のホストファミリーだった彼女が通う高校を訪れるものが含まれており、彼女に会いたい、再会するという約束を果たしたいという思いで参加を決めた。その高校を訪問するときに何か出し物をしなくてはならなかったので、事前に、日本語と中国語の漢字の意味の違いを利用したクイズを企画し準備した。当時は気がつかなかったが、ここでも私は〝相違点〟に

ホストファミリーと餃子作り

目を向けていたのだった。

中国に到着してからも、私の目には〝相違点〟ばかりが目につく。日本では見慣れない漢字、冷やされていない飲み物などが私の目に映り、脳に記憶されていった。

そして、江蘇省人民対外友好協会を表敬訪問した。その時、事前に日本で練習しておいた簡単な中国語の挨拶や自己紹介を行なった。私にとって中国語の発音はとても難しく、現地の方々にとっては、決して聞き取りやすいようなものではなかったと思う。しかし、自己紹介を終えた私を温かな拍手と温かな笑顔が包んでくれた。約四年たった今でもすごく鮮明に覚えている。温かくて大きくて力強い拍手と、どこか安心するようなとても素敵な笑顔。その時、私の中に蓄積されていた〝相違点〟という思いが弾け飛んで消えた。私はなぜずっと〝相違点〟にばかり目を向けていたのだろう、なぜそんな小さな〝相違点〟に囚われていたのだろうという自問が止まらなかった。

隣の国ではあるが陸続きではないし、使用している言語も、文化も、生活も、価値観も全て違う。そんな人々の間に〝相違点〟があるのは当たり前のことなのに、私は〝相違点〟ばかりに目を向け続けていたのだ。そのことに気がついてからは、私の中で何かが変わった。中国も日本と同じように、食事の際はお箸を使う、日本語と中国語で同じ漢字がある。これらは、もっと前から知っていたし気がついていたはずなのに、私にとっては新たな発見のように感じた。

そして、私も中国の一般家庭でホームステイを経験した。その家庭には私と同い年の女の子がいた。彼女との会話は主に英語だったが、美味しいスイーツの話、恋愛の話など本当にたくさんの話をした。日本の高校生も中国の高校生も興味のある話題は同じだった。

さらに私は、ホストマザーともたくさん話をした。テスト期間はどれくらい勉強する？　習い事はしてる？　将来の夢は？　たくさんの質問をしてくれた。どの質問に対しての答えも、私の言葉を聞いて大きく頷いて、「一緒だね、私の娘もテスト前は夜中まで頑張ってるよ、絵画楽しいよね、素敵な夢だね、中国でも人気だよ。」などという言葉をかけてくれた。彼女は私の言葉から〝相違点〟を汲み取るのではなく〝共通点〟を真っ先に見つけていた。そんな素敵な一家との出会い、江蘇省人民対外友好協会表敬訪問での経験により、私は中国という国がもっと大好きになった。

日本は、人と違うことを恐れている人が多いと感じる。例えば、授業で発言をするとき、大きく外れた意見を言うことが怖くて挙手をしない。何かの多数決をとるとき、多数派の意見に合わせる。そういう生活を送っていくうちに違いや〝相違点〟に敏感になったように感じる。

中国も日本も同じ地球にあり、中国人も日本人も地球市民であることに変わりはない。地球市民であるという、大きな、大きな共通点を忘れないでいたい。

そんな私は現在大学三年生になり、大学で国際関係学を学んでいる。これからも相違点を見つけるのではなく共通点を見つけることを忘れずに勉学に励み、中国と日本の架け橋になるような人間になりたい。

板坂 梨央（いたさか りお）

二〇〇〇年石川県生まれ。中学生の時に初めて留学を経験し、日本以外の地への興味を持つ。二〇一七年石川県の中国・江蘇省青少年交流事業の団員選考面接に合格し、派遣団のリーダーを務めた。また、現在は京都産業大学で国際関係学を専攻している。

2等賞

折りたたみ傘

会社員　大西　賢

巨大なオフィスビルで清掃のアルバイトをしていた私は、だんだん仕事が減っているのを感じていた。日本でコロナウイルスがだんだんと流行し始め、それに伴って政治家から「テレワークの徹底を」としきりに呼びかけられた。それまでオフィスに出勤してきたサラリーマンたちは会社に来なくなり、自宅で仕事をするようになった。当然、オフィスはそれほど汚れなくなる。出されるゴミも少なくなり、ガランとした社内を掃除するのは少しの時間で済むようになった。つまり、清掃作業員はそれほど必要なくなったのだ。

イヤな予感がした。私は正社員ではない。アルバイトである。仕事が減っていったとき、真っ先に雇用が打ち切られるのは非正規だ。

予感は当たった。まず最初に、大学生のアルバイトが解雇になった。それまで二十人いた清掃作業員は十人で良くなったので、半分のアルバイトたちが仕事を失ったのだった。

そのうち、コロナ感染者はさらに増え、十人いた清掃作業員は正社員三人で済むようになった。私を含む七人のアルバイト従業員たちは、もう不必要になったのだ。

コロナ禍である。これから先、仕事がすぐに見つかる保障はない。清掃の仕事はワクワクするようなものではなかったが、私の性格に合っていた。できれば続けたい仕事だった。だが、会社の決定には従うしかない。

会社を去る三日前、せめてお世話になった掃除道具をきれいにして去ろうと思い、モップを丁寧に洗っていると、話しかけてきた社員がいた。清掃会社の中国人正社員、リンさんだった。リンさんは日本の大学を卒業し、いくつかのアルバイトを経験したあと、この清掃会社に正社員として入社したのだった。流ちょうな日本語を話す人であり、日本人とのコミュニケーションはほぼ完全に成立した。リンさんは正社員だから、クビにはならな

筆者が働いていたオフィスビル。リンさんとの思い出が残る場所でもある

い。はて、何の用事だろう。

「あなた、今月いっぱいでここを解雇されるそうですね」

リンさんがそう言ったので、そうですと答えると、リンさんは少し怒ったような顔で言った。

「私はあなたの働きぶりをずっと見てきたが、とても丁寧に作業していた。同じ労働者として、簡単に解雇するのは許せない。会社になんとか説得してみる」

「そんなことをしたら、リンさんもクビになるかもしれませんよ」

そう言って止めようとしたが、リンさんは「同じ労働者として」と繰り返して、引き下がらなかった。そして、会社の上層部に本当に直談判してしまった。

「あのアルバイト労働者をなんとか、雇用継続してもらえないか」

そう言って、リンさんはなんと清掃会社の社長に訴えたのだった。小さな会社とはいえ、一従業員が社長にもの申すのはただことではない。

結局、親切なリンさんの直談判は功を奏さなかった。私の雇用打ち切りはすでに決定しており、会社存続のためにも、非正規労働者の解雇打ち切りはやむを得ないとの回答だった。

「すみません。力になれなくて」

リンさんは申し訳なさそうに頭を下げて私にそう言ったのだが、私はリンさんの優しさが嬉しかった。日本社会では、アルバイトはどんなに頑張っても評価されないのが普通である。だが、リンさんは違った。純粋に労働者として働きぶりを見て、そして同じ人間として、私のことを守ろうとしてくれたのだ。普通、正社員がアルバイトの働きぶりを見るとき、日本では肯定的に見られることは多くない。たいてい、雇い止めや減給といった否定的評価を前提に見られる。だが、リンさんは一生懸命働いているのなら同じ労働者だ、と、同じ立ち位置からアルバイトの私のことを見てくれていたのだ。

「リンさん。私は清掃の仕事を失うことになったけど、リンさんは日本で頑張ってね」

そう伝えると、リンさんは寂しそうに笑った。

そしてアルバイト最後の日になった。オフィスビルはテレワークの普及により、ほとんど誰もいない状態になった。床もエレベーターもほとんど汚れていない。それでも、私は丁寧に掃除をし、最後の仕事を終えた。

（もうここの作業着を着ることもないんだな）

そんなことを思いながら、着替え、最後のタイムカードを押しに行くと、事務所でリンさんが待っていた。

「あなたに渡したいものがあって」

リンさんはきれいに包装されたプレゼントを手渡してきた。開けると、旅行用の折りたたみ傘が入っていた。

「人生、雨の日ばかりは続きません。いつかは晴れます。これは中国でも日本でも同じことです」

照れくさそうにそう言って、リンさんは私と握手を求めてきた。解雇されるアルバイトに対して、正社員が握手を求めてくるのはとても珍しい。リンさんの手を握ると、リンさんも苦労したのだろう、ゴツゴツと荒れた手をしていた。

日本人も中国人も同じ労働者。そして、同じ空の下で生きている。

いつかコロナが収まったら、リンさんがくれた傘を持って、彼の故郷、北京を訪れたいと思った。

大西 賢（おおにし けん）
神奈川県茅ヶ崎市生まれ。明海大学外国語学部中退。趣味は旅行、読書、コーヒー屋さんめぐり。

2等賞

顔見せぬ恩人

大学教員　田中 信子

二〇二〇年十二月十七日夜、強烈な疲労感と、白尽くめの人たちへの恐怖を抱えて、私は南京の空港に降り立った。

せっかく手に入れた上海空港行きのチケット。しかし、スマホ操作が苦手な私は、中国政府が求めるQRコードを取得できず、飛行機に乗れなかったのだ。二十万円以上のチケット、四万円近いPCR検査、そして何より私の帰りを心待ちにしてくれている勤務先の楊先生に、「飛行機に乗れませんでした」と報告するのが辛かった。

運よく三日後の南京行きのチケットを購入することができた。しかし、関西空港で別のQRコードが必要と発覚。中国人地上職員の方が手際よく操作してくれたおかげで、何とか飛行機に乗ることができたが、「どうして私はこんなにダメなんだ……」と、自己嫌悪に襲われた。

機内には疲れに追い打ちをかける光景が広がっていた。足の先から爪先まで、髪の毛さえ見せない白い防護服、物々しい立体マスク、目にはゴーグル、そんな集団で溢れていたのだ。「新型コロナウイルスを祖国へ持ち込まないために、あんな格好をしているんだろうか？　それとも、機内で感染しないための格好なんだろうか？　だとしたら、普通のマスクしかしていない私は大丈夫なんだろうか？」不安だけしかなかった。

中国で日本語教師として働き始めて五年、何度も日本と中国を行き来した。飛行機の中はいつも「ちょっと静かにしてよ！」と思うほど賑やかにお国訛りの言葉が飛び交っていた。しかし、この夜は違った。誰も喋らず、ただ重い空気が漂うだけだった。

着陸したらスマホの電源を入れ家族に連絡する、我先に外に出る、それが中国人だ。しかし、この夜は誰もそうはしなかった。全身白尽くめで男性とも女性とも分からない人が席から立ち上がり、何かを言った。乗客は指示に従っているようだったが、ぶ厚いマスクに遮られて、聞き取りが苦手な私は全く聞き取れなかった。

現在の勤務校・寧波工程学院の校内日本語スピーチコンテストにて

三十分以上経っただろうか、順々に乗客が降り始めた。「これからどうなるんだろう?」先に中国に入国した人のコメントはTwitterで読んでいた。しかし、殆どホテルに着いてからのこと。PCR検査が行われること以外、空港内のことは知らなかった。

建物に入ると白尽くめの人は増大した。感染防止の観点と、こんな時期に入国するのは中国人だけだという考えからだろう、白尽くめの人は小声。入国者は一定の間隔を保って歩かされ、重要なことを行う場所はパーテンションで区切られているから、他人を見て次の行動を予測することもできない。区切られたブースに入ったらすぐに、「私は中国人じゃないです、日本人です。ゆっくりと話してください」と中国語で言った。

「綿棒は喉に入れるっていったのに。何で鼻の穴にいきなり突っ込むのよ……」半泣きになりながら歩いていると、すぐ前を歩く男性から「日本の方ですか?」と声をかけられた。「はい」と答えると「お仕事?」と続けた。入国審査の場所に着くと彼は、「先に行って。もし困ったことがあったら私が通訳しますから。安心して」何て優しい言葉なんだろう。数時間とはいえ、重苦しいフライトの直後、彼も疲れていたはずなのに。

その後は流れ作業のようにバスに乗せられ、一時間以上走ってホテルに到着した。バスの扉が開くと「日本人！」と呼ばれ、私はバスから一番に降ろされた。噴霧器から出る消毒液でスーツケースをビショビショにされ、部屋に連れて行かれた。部屋で最初にする作業は、連絡網への登録だった。十五人ほどの入国者とホテルスタッフ、医療スタッフが一つのグループを作り、そこに様々な指示が来る仕組みだった。「空港で『日本人です』と言ったら親切にしてくれる人がいた。ホテルでの十四日間、中国語が分からないこともあるだろうから。大目に見てもらえるように日本人って公表しよう」そう思い、本名の後に「日本人」と書き添えた。

　スタッフからの指示が終わってしばらくして、「こんばんは。空港で会ったよね？　指示、理解できてる？」という連絡が来た。続いて別の女性から「私、日本語が分かりますよ。困ったら何でも言って」と。「何でこんなに優しいの？　疲れて一刻も早く寝たいでしょう？」二人からのメッセージが本当にありがたかった。

　隔離当初、連絡網には毎日さまざまな指示が来た。私はそれを読み、「それはこういう意味ですか？」とちくいち中国語で問い返した。スタッフが反応してくれただけではない。二人は毎回「理解できてる！」「全部分かってる！　心配しないで」と伝えてくれた。「今日は餃子を食べる日だよ。スタッフにメニューを換えられるか聞いてみるね」「親戚が果物を持って来てくれたの。スタッフさんに言って部屋に届けてもらうね」と、私の食生活にまで気を配ってくれた。

　十四日間の隔離生活はあっという間に過ぎた。二人は私の不安を取り除いてくれただけではない。大変な時こそ、疲れている時こそ言葉をかける、これが「本当の気遣い」だということを教えてくれた。

田中 信子（たなか のぶこ）

大学卒業後、ＴＶリサーチャーとしてＴＢＳ『王様のブランチ』『はなまるマーケット』などに携わる。退社後、アルバイト先で中国人と知り合い中国語を学び始める。「中国で暮らしてみたい！」という思いが高まり日本語教員として二〇一五年中国遼寧省・渤海大学に赴任。二〇一八年浙江省寧波工程学院に転任。「教科書の外にこそ話したいことがある！」をモットーに日本語を教える。趣味は銭湯巡りと和服。東京都にある銭湯約六百軒のうち百三十軒を制覇。

2等賞

「中国」は私の生きる希望

会社員　服部　未来子

「中国」は私にとって生きる希望。私は現在（二〇二一年五月）、駅員の仕事を休職している期間を利用して、中国語教員免許状取得の為現在通信大学に在籍し日々勉強に励んでいます。

私にとって中国との初めての出会いは二〇〇八年秋。当時の私は中学一年生（十二歳）でヴァイオリンを習っており、教室の先生に誘われて「面白そう！」という好奇心から十日間の日中交流演奏会へ参加することを決めました。

人生初の海外遠征。パスポートと『地球の歩き方中国編』を手に、緊張を胸に、肩にヴァイオリンを背負い、中国瀋陽市へ向かいました。もちろん中国語も英語も話せないまま…。

移動は大型貸切バスでしたが、一度道路に出たらあちこちでクラクションが鳴りっぱなしという光景。毎朝配られるポケットティッシュはゴワゴワでしかも日本のものとは形状も違いました。現地の学校との交流会でお手洗いをお借りした際は、水洗トイレではなくいわゆるボットントイレ。小籠包が中国南方の上海料理であることもつゆ知らず。「本場の有名料理が食べられる！」と期待していたのに、東北地方だったので出てくるのはいつも饅頭ばかり。

幼い私にとって日本文化との大きな差に圧倒され続けた時間の連続でした。

一方で、この瀋陽滞在は悪いことばかりではありませんでした。

現地の小中学生との交流で私の名前の中国読みがWèiláizǐ と発音することを教えてくれたお友達がいたこと。そのお友達が赤い中国風の飾り物をプレゼントしてくれたこと。言葉は通じなくとも、音楽を通して日中文化の相互交流ができたこと。中国の伝統楽器「二胡」が私の視野を広げてくれたこと。当時の良い思い出は十三年経っても忘れられません。

しかし日中交流演奏会以降、中国と繋がる機会に恵まれず、二〇一九年に精神的な病を患い、ひたむきに頑張っていた駅員の仕事は休職を余儀なくされました。私は、

天津外国語大学のオンライン留学でヴァイオリン演奏を行なった

長引く休職期間による罪悪感などから自らの存在価値について考え続けていました。病状が落ち着いてきた二〇二〇年一月より「中国語を話せるようになって少しでもインバウンドのお客様の力になりたい！」という想いで、独学で中国語の勉強をスタートさせました。

そんな中、転機が訪れたのは二〇二一年三月一日。ポストコロナのこの時代、オンライン上で簡単に国内外問わず気軽に様々な方々と繋がれるようになったことで、私を取り巻く環境は一気に好転し始めました。

中国語独学者が集まるSNSグループで一緒に中国語を学習している友人から強く薦められ、天津外国語大学の一週間オンライン留学プログラムへ参加することを決めました。三月一日から一週間プログラムで、語学研修以外にも、日本と中国の体操文化の違いについての紹介動画（Vlog）を作成、剪紙や習字、映像授業で天津への理解を深め、更に天津外国語大学の学生とオンライン交流会をしたりと内容の濃い体験をしました。私自身の中国語はとても拙いものでしたが、学生との交流会と修了式ではヴァイオリンの演奏を披露し、言語面での不足部分を文化面の交流で補ったことで、修了証と優秀賞をいただくことができました。

留学プログラム修了後、自然と生活リズムが整い、朝は七時に起きて中国語日記を書いて中国語交流のＳＮＳへ投稿をし、昼間は家事をしながら勉強をし、夜は週三回の中国語レッスンを受け、二十四時には就寝する規則正しく充実した療養生活を過ごせています。これらは思いがけない副産物でした。

　そのような数々の理由から、かけがえのない日常を取り戻してくれた「中国」は私にとって生きる希望なのです。この経験を自分の人生に活かし、日本に来て言語の壁にぶち当たって困っている人の手助けをしていきたい。また、これまでの人生経験を踏まえて中国の奥深さにも興味を持つ人を増やしていきたい。そう思った時気づいたのです。

「そうだ…私には大学時代に必死に取得した小学校・中学校社会・高校地理歴史・公民の四種類の教員免許状がある…」と。

　現職を休職できる期間はあと一年あまり。今後の人生はこのままでいいのか。駅員の仕事は本当に向いている仕事なのか。今まで一人で悶々と悩んできましたが、ようやく具体的にやってみたいことが見えてきました。今の率直な思いを周りに伝えると、大事な人や会社の理解を得ることができました。そして今は、「中学・高校中国語の教員免許状取得」を目標に療養しながら勉強していくという一筋の光を目指し、歩みを進めている最中です。

　今後、中国はますます経済的にも文化的にも発展していく大国のうちの一つであると私は考えています。また、日中の人材交流もますます盛んになっていくであろうと予測しています。今後自分自身がどのように中国と関わりを持っていくのかは現段階では定かではありませんが、いつかまた中国に滞在する機会を目標に、オンラインで繋がりを持てた人たちとも対面で会って〝謝謝！〟とお礼を伝えたいと思っています。それがポストコロナの先にあるいちばん身近な私の夢です。

服部 未来子（はっとり みきこ）

二〇一八年福島大学人間発達文化学類卒業。在学中に小学校・中高社会科の教員免許取得。就職に伴い二〇一八年四月より北海道在住。「中華圏のお客様への応対ができるようになりたい」という思いから、二〇二〇年一月より独学で中国語学習を開始。病気休職中の二〇二一年三月に天津外国語大学のオンライン留学体験プログラムに参加。二〇二一年十一月現在、駅員として働く傍ら、中国語教員免許状追加取得を目標に佛教大学通信教育課程在学中。

2等賞

人と人との繋がり

団体職員　福﨑 文香

大学四年生の夏、私のアイデンティティは容赦なく破壊された。どうにも衝撃的で、昨日のことのように鮮明に覚えている。

当時、バックパッカーとして世界の秘境を訪れることにはまっていた私は、九寨溝と拉薩をメインの目的地として二週間の一人旅に出た。九寨溝近くのホステルでたまたま相部屋になった中国人の女の子が、何やら中国語で話しかけてきた。私はどうやら中国人っぽい顔をしているようだ。私が日本人だと分かると、一緒にご飯を食べようと誘ってきて、その場で彼女の友人二人を紹介された。互いに同世代ということもあり、すぐに意気投合。次の日には四人で西安まで向かい一緒に観光することになった。

西安行きの夜行列車のチケットを買うのに、私が外国人であったことから手続きにてこずり、四人で駅を三時間ほどかけずり回った。結局、購入はできたが四人ばらばらの席しかとれなかった。夜行列車の時間まで火鍋を食べることになり、三人が食べ方や具材の説明を手取り足取り教えてくれた。列車に乗ると、席が離れて一人になる私のことを案じて、三人が列車長に直接掛け合ってくれた。列車長は名探偵コナンが大好きだったようで、私を見るなり関係者車両の一室を空けてくれた。日本だったらあり得ない。静かであまりにも快適な席だったため、ラッキーと四人でハイタッチした。西安に着くと、いくつかの寺院を巡り、兵馬俑を見に行った。夜にはバーに行き、マスターが特別にマンゴーラッシーカクテルを作ってくれ、美味しさのあまりこの時も四人でハイタッチした。

西安最終日。私は拉薩行きの鉄道チケットを事前に買っていたため、三人とはこの日でお別れとなる。楽し過

夜行列車出発前に行った火鍋屋にて

ぎて拉薩も四人で観光しようと言われたが、予約がいっぱいで鉄道チケットがとれなかった。この日は朝からずっと、三人はどこに行こうとも何をしようとも言わず、何やらずっと相談をしていた。外出しようと言うのでとりあえずついて行くと、そこは西安伝統料理のレストランで、伝統衣装を着ながらサプライズのおもてなしをしてくれた。三人のうちの一人が西安出身で、私が西安のことを知ってくれるのが本当に嬉しいと話してくれた。

別れ際、中国に来る前からこの四日間もずっと思っていたことを彼ら三人に聞いてみた。

「我是日本人。你是中国人。朋友、可以吗？」

「你是文香。」

このやりとりは鮮明に覚えている。ぼろぼろと涙が出て止まらなかった。思えば、物心ついた頃からニュースなどで中国の日本製品不買運動や反日デモ等を見ていたからか、中国人は日本人が嫌いなのだと勝手に一般化して決めつけていた。だから聞いてみたのだが、三人が笑いながら言ってくれたその答えを聞いた時、私の質問があまりにも次元が低く稚拙であることに気づき、恥ずかしくなった。それと同時に、私がこれまで日本で築き上げてきたアイデンティティというものがきれいにぶち壊された。当時、海外旅行が好きだった私は、いつもどこか日本人という肩書きを過度に大切にしていた。しかし、日本人であるというよりも何よりも、まず、私は私なのだ。どこで生まれどこで育って、家族のルーツはどうで……確かにそれも大事なことだが、それよりも前に、私は福崎文香という一人の人間なのだ。そして、私の目の前にいる相手も同じく、一人の人間なのだ。互いに繋がり合おうとする時、それ以外の要素など何一つ必要ない。そんなごくごく当たり前だが最も大切なことを彼ら三人が思い出させてくれた。

そして、もうお分かりかもしれないが、この四日間、私と三人に共通言語と呼べるような言語はなかった。当時の私は、中国語は超簡単な単語しか分からなかったし、英語での会話もままならなかった。翻訳アプリなども何回か使ったが、結局互いに身振り手振りの方が伝わることが分かり、お役御免となった。しかも、私以外の三人での会話すらも、私が理解できるようにとなるべく身振り手振りを付けてコミュニケーションをとってくれていて、嬉しいを通り越した気持ちになった。人と繋がろうとする時、たしかに言語の違いは問題となり得る。しかし、私たち四人のこの四日間を振り返るとどうだっただろうか。言語よりも大切なものが、私たちの繋がりを補うばかりか、むしろ強固なものにしてくれていた。それはまさに、お互いがお互いを分かり合いたいという気持ちだったと思う。

相手を同じ一人の人間として見ること。相手を理解しようとする気持ち。これらは紛れもなく、今日のグローバル化する社会において本来あるべき人と人との繋がり方なのではないか。最も大切なことをたくさんの人がないがしろにしてはいないか。少なくとも私は、中国という大地とそこに住む友人が身をもって教えてくれたことを、一生をかけて大切にし、次は私が身をもって誰かに伝えていきたい。この輪が連鎖し、日中、延いては世界中の友好につながることを心から願っている。

福崎 文香（ふくざき ふみか）

このエピソードをきっかけに、日中ビジネスに携わりたいと考え、中国市場に積極的に進出する日系メーカーに就職。国際物流部門の中国・台湾拠点改善チームにて、現地メンバーとともに物流現場の生産性向上活動に従事した後、現職にて公的機関で日本の中小企業の海外展開支援を行っている。来年九月から中国の大学院に進学予定。

2等賞

漢字文化が日中を繋ぐ

会社経営者　塚越　誠

二〇一六年は中国・寧波《ニンポー》が東アジア文化都市の拠点となる年、同時に日本では「奈良」、韓国は「済州」が選ばれました。寧波はご存じ遣隋使、遣唐使はじめ中国と日本をつなぐ最も重要な港でした。弘法大師・空海が書聖・王羲之を学び、日本書道に与えた影響は二一世紀の今でも計り知れません。

一方、我ら「梁祝《リャンチュウ》会（日本梁祝文化研究所）」の渡辺明次会長（以下渡辺先生）は、中国人なら誰でも知っている愛情伝説「梁山伯と祝英台」を上梓、書籍をもって日本に伝えた最初の人です。この度、寧波政府の招待を受けて「東アジア文化の都・二〇一六寧波」開幕式およびシンポジウムに参加することになりました。きっかけは、開催地の寧波が「梁祝愛情伝説」の発祥地であるという研究結果により招待されるべく客人となったわけです。

この度の寧波イベントには、私のほかに鎌倉での戯曲「梁祝」でヒロイン祝英台を演じた青井聡子、北京駐在時代からずっと協力をされてきた正谷絵美が随行しました。

さて開幕式の前日、渡辺先生と私は早朝七時二十分に羽田を出発し、一足先に寧波空港に到着。何と「中国梁祝文化研究会」の周静書会長が直接お出迎えくださり、車でホテル（寧波海逸大酒店）へ。個別にルームでくつろいだ後、ゲストルームに案内され事務局の女性と四人だけの夕食でした。中国語を話せない私はただひたすら飲んで食べて。渡辺先生は会話はできるが長時間は苦痛な様子……。そこで私は、緊張をほぐすために揮毫して来た一幅（シンポジウムで使う碑文の一節）をこの場で披露しました。

実はそれが喜ばれたようで、予期せぬことが起こったのです。

ふと気がつくと、同席していた事務局の女性が見えない。実は下のフロアで私が「書」を書くための準備をしていたのです。筆、墨、画仙紙が整然と並べられていました。私は一瞬戸惑いましたが「中国語が出来ない私にはこれに従うしかない！」と。先ずは「馬到成功」を指示され書き始めると、あちこちから「おー」という声援が。

寧波の梁祝文化園では厳総経理（厳社長）から依頼され、『愛情聖地梁祝園』を揮毫。早速ネット新聞に掲載されました

そして書き終えるたびにボールペンで書いたメモが次々と渡されるのです。実は私、悲しいことに中国語は〝你好〟と〝謝謝〟くらいしか話せないので、時には簡体字混じりのメモに困っていると、皆さん快く繁体字に直してくださる。そんな漢字で繋がる和やかな場となっていました。

「麗人君愛」、「海韵飄逸」、「春和景明」などなど何枚書いたでしょうか？　ただし即興で書いた仕上がりを見るとイマイチ（今一つ）ですが、その時はもう肝が据わって書きまくっていました。お酒の酔いも醒めたけど、「書」は中国の皆さんとても喜んでくださるから嬉しい。これぞ「漢字文化が日中を繋ぐ」を実感しました！

翌朝は、昨晩ホテルに到着し友好を交わした中国、韓国の客人たちと大型バスに乗り込み「国際会展中心」へ（日本で言えば国際展示場？）。開会式です、日本からは奈良の太鼓チームが出演するなど盛大な催しでした。この寧波は中国四大愛情故事の一つ「梁祝愛情伝説」のゆかりの地といわれ、この十年で広大な敷地に「梁祝公園」を増築、「梁祝博物館」も造られたのです。その中に我々「日本・梁祝会」の活動が全て展示され、私が過去に揮毫した題字「梁祝会」もありました！

そして、ここでもまた「書」を頼まれます。事務所の大部屋に案内され、「春華秋実」、「真水元香」など昨日と同様にメモを渡され、その場の勢いで書きまくりました。でも皆さん本当に喜んでくれるから疲れません。

ところで、梁祝文化園の巌社長さんに頼まれて書いた「愛情聖地梁祝園」が、早速ネット新聞に掲載されたと知らされたのには驚きました。

すっかりメインゲストのようになってしまいましたが、私はあくまで渡辺先生のお供。明日は本番のイベント「中日韓・梁祝文化シンポジウム」が待っています。

という訳で、一連の行事に参加し無事帰国しましたが、寧波空港でお別れの際、「中国梁祝文化研究会」の周静書会長からメモを渡され、日本梁祝文化研究所・贈として「梁祝会」の揮毫を頼まれました。つまり帰国後も「書」を交えた友好は続くのです。

しかし中国側の書法家もこのまま黙っているはずはない（笑）、翌年には上虞市英台文化研究会の陳秋強会長の息子さんとお孫さんが来日され、隷書で書かれた陳会長の双幅をお持ちになりました。また、上虞の万国通先生（梁祝伝説研究者）からは自筆の書三種類を梁祝会員に個別に贈られたのです。

さらに一年後、上虞市英台文化研究会の陳秋強会長から私宛に、「中日文化使者」を揮毫して欲しいと。この「書」は現在、梁祝文化展示室に永久展示されていますが、大変光栄なことばかりの展開には喜びと共に漢字を愛する皆様に感謝しています。

中国語を話せない私でも漢字を通して文化交流の一端を担えたわけで、振り返ると中国人の「書」に対する崇高な思いには頭が下がりました。日本人も改めて漢字文化を尊ぶべきと感じました。

塚越 誠（つかごし まこと）

一九四八年六月生まれ、東京都在住。一九九二年、広告企画制作会社（有）ネクストアドプランニング設立。港区赤坂四丁目に事務所を構える。二〇〇七年十二月、本社を赤坂から神田に移転。二〇一〇年十二月、本社を台東区に移転、現在に至る。

〈書歴〉雅号：塚越梦義（Tsukagoshi Bougi）。石橋犀水主宰：日本書道教育学会および中国・西泠印社名誉理事：梅舒適の門下丸山大碩に師事。二〇〇一年、日本書道会・理事長。二〇〇二年、産経国際書会・評議員・審査会員。二〇〇四年、日本書道会および産経国際書会を退会。二〇〇八年六月、「日中文化交流の会」結成、日本側代表。二〇〇九年三月、「練馬区書道連盟」理事。

2等賞

手渡された一元硬貨の重み

フリーアナウンサー　多田 記子

二〇一八年の夏、私は大連を一人で旅行した。

大連を選んだ理由は、大連の美しい浜辺の映像をテレビで見たことがあり、なんてきれいな所なのだろうという印象があったこと、また中国人の友人によれば、大連は日本とゆかりの深い場所で、中国で一番親日家が多く、日本人が作った道路などのインフラもあり、有名な日本語学校もあるという話であった。また、北京や上海といったありがちな行き先よりも、大連というアイデアは最適に思えた。

成田から大連空港に着くと、電車で中心街へと向かった。ホテルに荷物を置き、まず観光バスでなく、地元の人が利用する路面電車に乗りたくなった。一元という安さで移動できるのも魅力で、とにかく、あの映像で見た、綺麗な海辺の方向を目指した。そして、海辺近くの街を散策した後、大連駅に向かう帰りの路面電車に乗車したものの、その便は大連駅まで行かず、途中の停留所までであった。その電車はたまたまそこが終点で、大連駅まで行く便はもう一本あとであった。私は中国語が全く話せないのだが、そのようなことを乗客や路面電車の運転手さん達がなんとかして親切に教えてくれる。教えてくれたのはいいのだが、途中で訳も分からず降ろされた時は私はかなり当惑していたようで、乗り合わせた乗客が心配してあれこれと話しかけてくれた。それで、一回降りて他の便に乗り直す必要があるとわかったのだが、お財布を見たらもう一元硬貨がなく、私はかなり困った顔をしていたようだ。すると、それを察した子連れのお母さんが、見ず知らずの私に一元硬貨を手渡してくれたのである。そして、その親子は何事もなかったかのように立ち去って行った。一元は日本円で十五円ほど（当時）。しかし、この一元のなんと嬉しかったことか。私は思わ

大連で子連れのお母さんに手渡された思い出の一元硬貨

ずその一元硬貨の写真を撮り、その親切を忘れることなく、今この文章を書き、あの時のお母さんに改めて感謝の気持ちを噛みしめている。

停留所で次の便を待っていると、そこにはもう一人路面電車を待つおばあさんの姿があった。見ると私のような見ず知らずの日本人を、手招きするのだ。何かと思えば、そっちは日差しが強いからこっちの日陰に入りなさいよ、という手招きであった。ここでもまたさりげない優しさに包まれた。鮮やかなピンク色のつば広のサンバイザーを被ったおばあさんだった。

大連駅に戻り、やはり観光バスに乗って大連の街を一周したいという気分になった。もう夕方になりかけていたから、その日最後の便がもうすぐ出発というタイミングだった。しかも乗客は私だけ。私は一番前のバスガイドさんのすぐ隣の席に陣取った。

若くて元気な女性のガイドさんだったが、私が英語で質問しても、英語はできないらしかった。しかし通訳アプリを駆使し、なんとか私とコミュニケーションをとってくれ、牡蠣の水餃子を食べるべきだ、とか、色々な情報を教えてくれた。

翌日、スーパーマーケットで買い物をしたり、ショッピングセンターに行ってネイルをやってもらったり、カフェでレモネードを飲んだり、何をやっても物価が安いのですごく得した気分になる。そんな一日を満喫し、夕方、私は公園でひとりぼんやりしていた。すると、一歳になるかならないか、ついこの間歩いたばかりと思われる中国人の男の赤ちゃんが、じっと私を見ているのに気がついた。その子は、一歳なのに、私が一人で寂しそうにしていることを気にかけてくれているようであった。彼は若い両親に連れられて公園に来ていた。自分が立ったり歩いたりするのがやっとなのに、私を見て気遣う姿があった。そして、私の方に一生懸命歩いて来てくれ、何か話しかけてくれた。まだ話もできないのに。私は両親の方を見て、名前は？　歳は？　といった会話をしたと思う。あの男の子のことも、忘れられない。ひとりぼっちの私のことを、じっと見て気にかけてくれて、本当にありがとう。

翌日は旅順まで地元の路線バスで行こうと思い、苦労もあったがなんとかたどり着いた。帰りのバスに乗車中、気づいたら空港が見えるではないか。しまった、大連駅ではなく空港に来てしまった、果たしてどうしたものかと慌て、隣の乗客に尋ねても言葉が通じない。両手を左右に広げて飛行機が飛ぶ仕草を示しにやにやするばかりだった。仕方なく、「このバスの中に英語を話せる人はいますか」と大声で英語で叫んだ。すると一人だけ英語を話す初老の紳士が乗り合わせていた。話すと、そのバスは空港経由で終点は大連駅に行くので大丈夫だという話だった。「あなたは中国語ができないのに一人で旅順まで行って帰ってくるなんて、なんて bold なんだ」と、その紳士に言われた。その bold を「大胆」と訳すか「無謀」と訳すか、その時の雰囲気から察すると「無謀」だったような気がするが、大連での三日間は中国の人々の優しさに包まれた良い旅であった。あの、東洋のサンフランシスコのような街、大連を、またいつか訪れたい。

多田 記子（ただ のりこ）

フリーアナウンサー。東京都出身。経済・ニュース番組を中心に日経ＣＮＢＣ、Ｊ－ＷＡＶＥ、テレビ東京、文化放送などに出演経験。二〇〇三年より、日経の英文媒体（NIKKEI Asia）をテキストに英語を勉強する Let's read the NIKKEI in English（ラジオ日経）番組キャスター。

3等賞

茶畑の記憶

公務員　安部　憲明

霧煙の中、その村は遠く思われて、案外近くにあった。

北京への辞令を受け、地図を机の上に広げてみた。この広い国を頭だけで理解するのはどう見ても無理がある。人々を取り巻く事情や行動原理は、日本で学ぶよりも多種多様で、はるかに複雑にちがいない。ここは単身赴任の身だ、国内に三十余りある省や自治区などをすべて旅しよう、と心に決めた。現代中国が我々に見せる画一性と多様性、躍動と固執、虚栄と実利、したたかさと明朗さ、そして、旅先で姿が消えるまでずっと私に手を振り返してくれる異郷の人たちが抱える希望と苦悩―。無謀に思われた計画は、今回の浙江省への旅でやっと半数に達したことになる。

清明節を迎えた杭州は、浩然の気に満ちていた。この頃、中央では習近平指導部が「虎も蝿も」を合言葉に権力基盤を固め、「新常態」への転換に邁進していた。二年後にはこの地で、国の威信をかけてG20首脳会議が挙行される。こうして北京が睥睨する視線を感じながらも、この旧都には、悠揚迫らぬ時の流れ中で涵養された文物交流や商業の遺風がある。蘇東坡や白居易も逍遥した西湖の傍らで、最近は、若い世代による文化芸術の刷新運動や起業家精神が旺盛だ。湖の柳を揺らすのは、古今東西の文明や時代精神を呼吸して止まないこの街の巨大な肺活量ではないか。観光客で溢れる雑踏の店で自転車を借り、湖畔から山道を駆け上がり、私は龍井《ロンジン》村を目指した。

私の家系は代々、静岡の川根《かわね》という土地で茶業を営む。八十八夜が近づくと、結婚し家業を離れた母は父と私を伴い帰省し、実家で最繁期の摘茶を手伝うのが年中行事だった。かくして「茶摘み」が、都会っ子の歳時記に加わった。新茶は、たった一日の天候が一年間の苦労の成

柔らかく瑞々しい若芽の手摘み。日々の生活の苦労を、弾むおしゃべりで分かち合う女性たち

果を左右する。都会にはない、自然と人間の理屈抜きの厳しい関わり合いがあることを知った。実際、この時期の大人たちは人が変わる。日が昇らぬうちに弁当を抱え山に出たきり、茶畑と茶部屋（作業場）を何度も往復して日が暮れる。一息つくはずの夕べの食卓でも、遅霜や大雨の予報に気を揉む。昼夜分かたず険しい親や親戚の顔を、子供たちは戦慄して遠巻きに見つめるだけだ。「戦力外」の私たちは、毎朝床から出て布団を干し、それが終わると、がらんとした薄暗い広間や土間で遊び、本を読み、飽きると河原に下りた。

そんな中、働きに出ても祖母だけは、忙しいはずなのに時々遠くから畦道をにこにこと歩いて来て「お留守番は大変だ。えらいえらい」と汗を拭きふき、孫らの頭をなでてくれた。一週間ほど居て帰京の時になると「のりちゃん、もう帰る。次いつ来る。いい子だっけね。本でも読みな」としわくちゃの掌に柔らかいお札を畳んでくれた。学生になっても「のりちゃんは、がんばり屋だで。でも、無理はしいっこな」とそっとチリ紙の包みを渡された。

小径に入り、市巷から数珠繋ぎだった車のエンジン音が急に遠ざかる。自転車を降り、村の名が由来する井戸を過ぎると、乳白色の霧が覆う山間に石垣が見え、家々が現れた。蒸した茶の香りが谷に満ち、鼻腔の記憶を刺激した。その瞬間だ、幼い頃の川根の情景が目前に広がったのは。急斜面の茶樹の列、足元を洗う清流の冷気、鶏の鳴き声、どこかの作業場で回転する乾燥機のリズム―。農具は、今は川根の納屋で眠る代物ばかりだ。男衆は、ずっしり重い茶かごを背負い畝を行き交う。女衆は、腰の高さの枝から新芽を手際よく摘みながら、おしゃべりが絶えない。老人たちは、瓦屋根の軒先に並んだ竹製の大ザルに蒸したての茶葉を広げる。村を貫く一本道では、幼な子らが鬼ごっこをして誰かが転ぶ。泣く男子の膝頭を、おんぶひもを巻いた年長の娘が拭いている―。私は、四十有余年前に見た祖母の土地、母の郷里をそこに見ていた。きっともうじき夏が来れば、龍井の子たちもあの林の裏に這い出す沢蟹を採りに行くのだろう。秋の男たちは腰を折って薪を割り、山の上の炭小屋で寝ずの番に違いない。冬、女たちの朝餉の支度や洗濯はさぞ辛かろう。ふと、祖母が向こうの角からひょいと出て来そうな気がした。「のりちゃん、中国はほんとうに広いずらよ。でも、人のうれしいかなしいの気持ちは、どこも同じだでね」

祖母は、私の中国勤務を知らずに逝った。川根の村が氷雨で煙り、梅がほころぶ日だった。葬儀に集まった男孫みなで棺を担ぎ、何度も回りながら庭先の土を踏んだ。龍井では、どのように死者を弔うのだろうか。

五感が遠い記憶を呼び覚した旅は、茶業を営む人々の生活や習俗、技術や道具が、両国で連綿と承け継がれていることを私の心に告げた。

西湖龍井の銘柄は、釜に押しつけられ扁平形で壺に詰められる。市街に戻る道すがら、小さな茶店に立ち寄った。湯を注がれ、杯の中で萌黄色の華奢な姿に戻り静かに揺蕩《たゆた》う茶葉と一緒に、幼き日の私の遠い記憶の断片もゆっくりと沈んでいった。

安部 憲明（あべ のりあき）

静岡県出身。大井川鉄道のＳＬ終点の千頭（せんず）で生を享ける。海外は米国、中国、フランスで勤務。二〇一三～一五年、チベット自治区を除くすべての省・自治区等を出張や旅行で訪問。論文に『経済協力開発機構（ＯＥＣＤ）と中国の協力強化：居心地の良い現状均衡とグローバル・ガバナンス上の課題』北海道大学「年報公共政策学」第十三号など。

3等賞

ねぇ、日本語教えて!!

高校生　菱田 宇軒

僕は小さい頃から中国の上海という都市に住んでいます。小学校から中学校卒業まで上海の日本人学校に通っていたため、中国に住んでいても日本と同じ環境で同じ教育を受けることができていました。

そんな僕が現地の方と関わる機会があったのは毎週末通っていた習い事です。僕は数年間現地の塾に行って英語を勉強していました。僕は日本と中国のミックスだけど、日本人学校に通っていたし、家でも日本語で家族と話しているから、現地の塾に通うことに抵抗がありました。学校の周りの友達は日系の塾に通っているのに、なんで自分は現地の塾に通わなければいけないんだと思いました。親は英語を勉強しにいくついでに中国語のレベルも上げられるからと言って、僕は小学四年生頃から通い始めました。当然現地の塾には日本人なんて一人もいません。先生も生徒もみんな中国人でした。僕はずっと不安な気持ちでいっぱいでした。学校で中国語のクラスは一番上だったけど、自分の中国語のレベルに自信がなかったし、現地の方や先生と生徒たちとうまくやっていけるのか、みんなに変な目で見られないか、どうしようもできないことに悩み続けていました。初めは緊張して、塾の先生に話しかけられてもとてもぎこちなかった自分を今でも覚えています。塾のクラスメイトにはそもそもなんて声をかければいいのかすら分からず、自分からクラスメイトの子に話しかけようとも思っていませんでした。緊張している僕を見て、声をかけてくれた子もいたのに、うまく話し返すことができずに終わってしまいました。せっかく話しかけてくれたのに気まずくしてしまった自分がみっともなかったです。

僕の名前を知らない現地の子はみんな僕のことを「日本人」と呼んできました。僕はそう呼ばれるのがあまり

毎週通っていた習い事の英語教室。一番現地の子と交流ができた場所で、
自分の考え方を変えてくれた場所でもあった

気持ちが良くありませんでした。なにか貶しているような、差別されているような気がして、心の中で「悔しい」と強く思いました。そう思いつつも何もできずに、毎週末嫌々塾に通っていました。

そんなある日、いつも通り沈んだ気持ちで塾に行った日のことです。クラスメイトの男の子に、休み時間に一緒にすぐ近くのコンビニに行こうと誘われました。僕はなんのことかよくわからずに黙ってついていきました。そしたらその男の子はコンビニでおつまみを買って、

「一緒に食べない？」

と、一言言ってくれました。その一言で僕は救われたような気持ちになりました。僕はぎこちなく「謝謝」とだけ言って、一緒に食べることにしました。今でもあの時に食べたおつまみの味は忘れられません。あの瞬間は僕にとって特別な瞬間だったと思います。男の子は、おつまみを食べながらいろんな話をしてくれました。いつから中国に住んでいるの？　日本人学校はどんな感じなの？　日本のアニメ何が好きなの？　日本語教えてよ！

彼は日本のアニメが好きだと言っていて、何度か日本に家族で旅行に行ったことがあるとも言っていました。日本に旅行に行った時の話もしてくれました。

「どの日本人もとても礼儀正しくて素敵で、日本は僕が行ったことある国の中で一番素敵だ」

　と、彼は言っていました。僕はそれを聴いてとっても嬉しかったし、誇らしくも思いました。

　こうして、彼のおかげで彼とすぐに仲良くなれました。ぎこちない僕の中国語にも何も言わずにゆっくり話を聴いてくれました。学校も違うし、名前もきっと知らない僕に自分から話しかけて、日本人の僕にも仲良くしてくれた彼は素敵だなとずっと思います。彼は、現地の子と関わることが全然なかった僕の中にあった、中国の子とはつるめなさそうという偏見を吹き飛ばしてくれました。そして、彼は僕のことを「日本人」と呼ばずに、ちゃんと僕の名前で呼んでくれました。僕は嬉しくてたまらなくて、家に帰ったらすぐにこのことを家族に伝えました。家族もそれを聴いて、嬉しい気持ちになっていました。そして彼のおかげで、少しずつ現地の環境に馴染んでいくことができました。

　彼だけに限らずに、クラス替えをするたびに「日本人」という僕に興味を持って話しかけてくれる子が何人もいました。どの人もやっぱり「日本人」と僕のことを呼んできました。最初はなんか嫌だなぁと思っていたその呼び方も、少しずつ嫌だなぁという気持ちもなくなっていきました。なぜなら、どの中国の子も日本人に興味があって、日本が大好きだという子ばっかりだったからです。特に日本のアニメをよく見ている子が多く、日本語を教えてほしいと言ってくる子ばかりでした。逆に「日本人」と呼ばれるのは誇らしく思えるようになりました。

　最後まで完全に現地に慣れたわけではなかったけど、毎週末頑張ろうと、そう思える一言がありました。

「ねぇ、日本語教えて!!」

菱田 宇軒（ひしだ たかけん）

二〇一二年四月、上海日本人学校浦東校小学部入学。二〇一八年三月、同校を卒業。二〇一八年四月、上海日本人学校浦東校中学部に入学し、二〇一八年九月から一年間、生徒会役員を務める。二〇一八年十一月、上海日本人学校主催中学生中国語・日本語スピーチ大会発表者（後援：在上海日本国総領事館）。二〇一九年九月から一年間、生徒会副会長を務める。二〇一九年十一月、中日スピーチ大会学部全体合唱伴奏者。二〇二一年三月、上海日本人学校浦東校中学部卒業。二〇二一年四月から、上海外国語大学付属外国語学校国際部在学中。現国際部生徒会役員。

3等賞

中国妖怪留学記、あるいは硬座《インズゥオ》を世界遺産に

大学院生　大谷 亨

「へー、日本語ってタテ書きなんだ！」。隣の座席からいきなり男が話しかけてきた。僕の読んでいた文庫本を覗き見したらしい。

ここは厦門発梅州行きの硬座車両の一画。

「う、うん……でもよく日本語だってわかったね」とかなんとか言いながら、僕らはWeChatを交換した。見知らぬ者同士でいきなり会話が始まり、連絡先まで交換しちゃうなんてとっても硬座らしい光景だ。

硬座、それは中国の列車に設けられた最低価格の座席のこと。

だが、おそらく硬座において低いのは価格だけでなく、ここは人と人の垣根も中国一（あるいは世界一？）低い場所なのである。故に、硬座という世にも珍しい移動兼社交空間では、右記のような出会いが日常茶飯事と化している。

かつて僕はそんな硬座における硬座的出会いによって、ある窮地から救われることとなった。本エッセイはそのときの思い出をささやかに綴ったものである。

二〇一七年九月から約二年半、僕は厦門大学の人文学院に留学していた。留学の目的は、福建をフィールドとした妖怪伝承の調査――とりわけ山魈《さんしょう》という名のサルの妖怪にまつわる伝承をフィールドワークすることにあった。

しかし、調査は初っ端から難航を極めていた。山魈伝承に関する手がかりがまったく摑めなかったからである。

古典籍中の少なからぬ記述にはたしかに、山魈の生息領域として「閩《びん》（福建）」の名が見える（例えば、明代の『五雑俎』という随筆集には「山魈は閩・広に多く之あり、人の屋宅に拠って人の婦女を淫す」とある）。ところが、現代の福建において、「あのー、山魈という妖怪をご存じでしょうか？」などと尋ねてまわると、ひどく怪訝な顔をされたうえ、判を押したように「知らん」

の一言が返ってくるのみ――。

これは困った、というわけで厦門大学の先生に相談を持ちかけてみた。が、やはり結果は同様。そもそも中国では妖怪学という学問が盛んでないため、サルの妖怪なんぞについては研究者たちもお手上げというわけなのであった。

村の老人（右）に山魈伝承を取材するポン君（左）と筆者（中央）

そうこうしているうちに、時間だけが無慈悲に過ぎていった。留学開始から早くも一年が経とうとしていた時点で、なんと成果はゼロ（！）。このままではヤバイと焦りに焦っていたそんなある日、奇跡が起きた。

二〇一八年夏の某日、僕は広東省梅州へ調査を兼ねた小旅行へ出かけることにした。当時は移動と言えばもっぱら高速鉄道を愛用していたが、その日に限ってはなぜか普通列車を選び、しかも乗ったこともない硬座の切符を購入していた。

車内では黒々と日に焼けた乗客たちが持参した果物をほおばっていた。ここには騒音という概念がないのか、人々は好みの動画をスマホから爆音で垂れ流し、時おりゲラゲラと笑い声をあげていた。高速鉄道の都市的な雰囲気とは明らかに異質な、言わば農村的エナジーがそこには満ちていた。

硬座初体験だった僕は、軟弱にもその熱気に気圧され、気づくと日本から持参した文庫本をお守りのように握りしめていた。突発的なホームシックだろうか。しかし、文庫本などという珍奇なアイテムを硬座の人々がただで見逃すわけもなく、周到に張ったつもりの結界はあっさりと破られてしまう。

「へー、日本語ってタテ書きなんだ！」。無邪気な好奇心で僕を混沌空間へと引きずり戻した彼の名は徐鵬《シューポン》（以下、ポン君）。図らずも同い年（二十八歳・当時）のこの男が救世主であることに僕はまだ気づいていない――。

「梅州なんかになにしに行くの？」ポン君が尋ねる。

「うん、ちょっとね、調査したいことがあって」。調査とはいったものの具体的な計画などなにもなかった。

「なんの調査？」ポン君が容赦なく続ける。「大学で民俗学やってるんで、そっち関係の調査を」。サルの妖怪を研究している、とまではあえて言わなかった。また怪訝な顔をされるのが恐かったのだ。

「へー、民俗学か。だったらこんど俺の地元に来たらいいよ。お年寄りが色々教えてくれるよ」

聞けば、彼の実家は福建省と浙江省の省境に位置する福安にあり、山あいの村で茶畑を営んでいるのだという。

僕は俄然前のめりになってしまった。なぜなら妖怪伝承は交通の便が悪い山村にこそ息づいているもので、ポン君の語る地元はその条件に悉く合致していたからである。いちかばちか尋ねてみることにした。

「あのさあ、変なこと聞くようだけど、山魈って知ってる？　サルの妖怪なんだけど……」「山魈？　いや知ってるもなにも、俺の地元じゃよく子供が山魈にさらわれるよ。えー、きみそんな話に興味あるの？」

ポン君はひどく怪訝な顔をし、ニヤつく僕を見つめるのであった――。

後日、ポン君の協力のもと福安調査を敢行。驚くべき伝承の数々を記録することができた。

この出来事があって以来、僕が硬座原理主義者となったのは言うまでもない。

硬座、それは中国の列車に設けられた最低価格の座席のこと。

コロナが明けたら、また、お邪魔します。

大谷 亨（おおたに とおる）
二〇一二年、中央大学文学部人文社会学科中国言語文化専攻卒業。二〇一四年、東北大学大学院国際文化研究科アジア文化論講座博士前期課程修了。二〇一七年～二〇二〇年、厦門大学人文学院歴史系高級進修生。東北大学大学院国際文化研究科アジア文化論講座博士後期課程在学中。

3等賞

烏鎮　懐かしの宿

添乗員　保坂 恵子

「しまった。今晩寝るところがない」

六年前の夏、烏鎮の高速バスターミナルの観光案内所で私は青くなった。夫と娘と家族旅行で烏鎮に着いたが、今晩宿泊する宿の場所が分からないのだ。日本からネット予約して、上海から意気揚々と高速バスに乗り込んで到着した烏鎮。そこの案内嬢たちに「そんな宿知らない」と言われた時に、これは本当に不味いことになったと思った。

中国には、三十年以上前の団体ビザの時代から添乗員として訪問していた。今回は、大学で中国語を勉強した娘も同行する。日本で詳細に調べて行かなくても大丈夫。そう考えて飛行機の切符とホテルだけを手配して上海に向かった。

最初上海で二泊して、初訪中の娘に市内観光をさせる。次は今回の旅のハイライト烏鎮で三泊、そして上海に戻って二泊という八日間の旅行だ。烏鎮は上海の西方百三十キロの水郷地帯にある古鎮で、東柵と西柵に分かれている。前回夫と日帰りで東柵を訪れたが、今回はぜひ西柵の夜景を見たいと宿泊することにした。

早速烏鎮のホテルを探したが、さすがに世界的観光地。素泊まりで一泊何万円もする高級ホテルばかりだ。連泊したかったが一泊しか無理かと諦めかけた時、一泊一室四千円という宿をみつけた。一桁違う。不思議に思ったが、色々な国を訪問する際に使っている信用できるサイトだったので、迷わず三泊予約した。私は宿の内容よりも立地を重視する。この宿はどう検索しても地図が出てこなかったが、目的地西柵の入口から徒歩五分とある。これなら、夜景を見てからでも歩いて帰って来られる理想的な立地だ。

宿に行くには、上海からの長距離バスに乗り、烏鎮の高速バスターミナルでミニバスに乗り換える。ミニバスを西柵の入口で降り、そこから徒歩五分だ。行けば分か

烏鎮でお世話になった民宿の家族の皆さんと

るだろうと思ったが、バスターミナルには立派な観光案内所があった。日本で得られない情報も、現地では簡単に手に入ることが多いので寄ってみた。だが、宿の名前を告げても誰も知らないと言う。三人の案内嬢は何かを相談したあと、どこかに電話をかけた。そして、今出発するミニバスに乗れというので、走って乗った。どこで降りたら良いか分からないので、終点まで行った。他の乗客が全員降りた車内で、運転手が誰かと話している。暫くすると、大きな声のおばさんがニコニコと乗って来た。娘が「宿の人が迎えに来てくれたみたい」と言う。

結局、案内嬢は宿に電話して、ミニバス降車場までの迎えを頼んでくれたのだ。地獄に仏とはこのことだ。連れて行かれたのは民宿のような宿だった。これでは高級ホテルばかり扱っている案内所では分からないわけだ。だがそこは、ネットに書いてあった通り西柵入口から徒歩五分。階段を上がった二階の部屋からは西柵の美しい運河が見渡せる。机の上には「ようこそ」と書いたカードと共に果物とお菓子が盛られた鉢が置いてあり、脇には真っ赤なジャーに入った熱いお湯と、香り高いお茶が用意されてあった。

素泊まりなので、朝はお粥が食べられる所を紹介してもらった。二軒先の食堂では、宿から連絡がいっていたのか、何も言わなくてもお粥とお惣菜が出てきた。安くて美味しい朝食が済むとそのまま徒歩で西柵に行く。西柵と東柵を行き来して、千三百年前の中国にタイムスリップしたような烏鎮を堪能した。そして夜には念願の夜景を見ながら夕食をとり、また歩いて帰ってくる。古都に住んでいるかのような、贅沢な時間を過ごした。

いよいよ上海に帰る日になった。私は、海外に行く時には、日本では華やかすぎて着用できないスカーフや服などを持って行く。あちこちで「もし良かったら差し上げます」と言うと、たいていの場合喜んでもらえる。今回は特に用意していなかったが、迎えに来てくれたり何かと気を遣ってくれた女主人に、宿代の精算をしたあとに「もし良かったら」と色鮮やかな緑のカーディガンを差し出すと、一瞬「本当にいいの？」という顔をしたが喜んで受け取ってくれた。私の持ち物の中ではかなり値が張るお気に入りだったが、今頃は烏鎮で活躍していると思う。

いよいよ出発だ。荷物を持って一階に降り、バスターミナルまでタクシーを呼んでもらおうとすると、女主人が何か言っている。娘が「ちょっと待って。夫と息子が高速バスターミナルまで車で送る」と通訳する。来る時に迷子になりそうだったから、車で送ってくれるというのだ。ご主人の運転する自家用車の助手席に乗った息子が、「ここからは分かるから大丈夫」と言うのに、心配してターミナルの中まで見送ってくれた。バスの中から手を振る私たちは親戚との別れのように感じた。私たちは、どんな高級ホテルもかなわない最高に温かいおもてなしを受けた。

社会人になった娘はＨＳＫ五級の試験に合格し、今上海への転属願いを出している。近い将来娘が上海に赴任したならば、家族で再度烏鎮の懐かしの宿を訪問したいと思っている。

保坂 恵子（ほさか けいこ）

一九五八年、東京に生まれる。一九六一～六四年、父の仕事の関係でブラジルで育つ。一九七九年、海外旅行専門の旅行会社に入社。一九八五年、団体ビザで添乗員として、初めて上海を訪れる。それ以降、添乗で何度も訪中。一九九一年、結婚して退職。横浜市に転居。二〇〇五年、国内旅行専門の旅行社の契約社員となり、バスツアーの企画、集客、添乗をする。二〇一一年、同社を退職。契約添乗員となり現在に至る。

3等賞

悠久の国

自営業　北岡 克子

近年の中国の勢いを例えれば、何と表現していいだろう。一日千里の汗血馬のよう、といっても過言ではない。連日、経済や政治の動向が、マスコミのトップを飾っている。

また中国は、超一級の文化遺産を数多く持つ。それらは改めて説明するまでもなく、例えば紫禁城や万里の長城など見て回った後では、日本の観光地にあるものが、正直色褪せて見えてしまう。

大自然も然り。そそり立つ岩石の山々や海のような黄河の濁流には、畏怖を覚えずにはいられなかった。まるで中国の歩んできた歳月の厳しさを、物語っているようだった。

白眉は、敦煌への旅である。

私たちは西安を出発して、河西回廊をバスで走った。敦煌はシルクロードの中間地点にあり、その先は天山北路、天山南路、西域南道と、枝のように分かれ西域に続いていく。シルクロードは、広大なゴビ砂漠やタクラマカン砂漠を横断するのである。

想像していたような悪路はなく、バスは舗装された道をただひたすらに走った。

澄み切った青い空の下、絵をかいたら、水色と茶色の二色で事足りるのではと思うほどの風景が続く。強い日差しを浴び、砂漠は乾ききっていた。

いつまでも変わらないそれを見つめていると、時が止まっているかのような感覚に襲われる。同行の友人は、いつのまにか居眠りをしていた。

しかし私はバスの席が窓側だったこともあり、食い入るように外を眺めていた。その景色の中で、私を魅入らせるものが二つあったのだ。

一つは蜃気楼。富山で見たことがあるが、陽炎のように立ち上り、しばらくしてからふわりと消えるそれとは違っていた。ひゅっと出て、ひゅっと消えるのである。

別名逃げ水と言うらしい。

その蜃気楼は、強い色彩を放っていた。蜃、つまりハマグリが気を吐いて楼閣を作るのだという。砂漠はまさに、広大な海なのである。

最初は、あ、出た、また出たと友人をつついて起こしていたが、彼女が窓の外に目をやった時には消えているので、もういいからと言われた。しかしあまりにもひょいひょい出るので、一人だけの楽しみにするのはもったいなくて、独り言を言い続けた。

私は楼閣探しに、退屈することはなかった。

もう一つは盛り土。建物一つない平原に、時々盛り上がっている個所があるのだ。

「あれは、なんでぽこっとなっているのですか?」

ガイドに尋ねた。

「ああ。あれね。お墓よ。死んだらあそこに埋めるのよ」

シルクロードを行き交う、隊商たちのものかもしれない。それにしては多い。

「日本、お墓高い。ここはただ。どこでも自由に、大丈夫よ」

「いつから、こういうのができたのですか?」

彼はううんと、首をひねった。

「わからないよ、千年、二千年、もっと前?」

それだけ時間を経れば、土饅頭も多いはずだ。

千年、二千年という長さを、中国に来て何度も耳にした。中国では、時の尺度が違うように思える。

歴史とは時間。時は金なりと言うが、金で時は変えない。つまり時間は金よりも、貴重なものなのである。中国は他のどの国よりも、富貴の時間を持っていた。それゆえそれがはぐくんだ有形無形のものに、私は言葉を失う。

甘粛省敦煌市の河倉城

中国では、人生なんてまばたきぐらいのことなのだと知らされる。

邯鄲の夢という話がある。唐の時代、若者が何でも望みがかなうという枕を道士からもらい、様々な経験を経て立身出世を遂げたと思ったら、それは夢で、しかも粟がゆがまだ煮えていない間のことだったという結末。

年を重ねた今、それは深く心に響く。

中国の歴史の流れは、あたかも巨人が周囲を睥睨しながら歩いているかのようである。すべてが鷹揚で、泰然自若としている。

それが私の好きな中国だった。

砂漠にあくびをしていた友人は、それからしばらくしてガンで亡くなった。まばたきより、さらに短い一生だった。莫高窟の仏像に、あの時こう言ってたっけ。

「ずっと何千年もここにいるのかあ。それって、しんどいよね」

彼女は自然の風化を望んでいるようだった。

ふり返って今、日本は追い立てられるように走り続け、息を切らせている。合理的な暮らし。一秒を惜しむ便利さ。しかしその先にあるのは、いったい何なのだろう。

ふと、五台山へ向かう途中の村で出会った、おじいさんと男の子を思い出した。

崩れ落ちそうな瓦屋根の家の前で、おじいさんと孫らしき男の子が床几に座り、のんびり日向ぼっこをしていた。いいですかと許可を得、カメラを向けると、おじいさんは柔らかな微笑を返してくれた。横にいた孫らしき男の子は、口をとがらせてそっぽをむいた。

多分、恥じらっているのだろう。失って久しいゆったりした時間が、そこにあった。貧しいとは全く思えなかった。

私達が求めまわり回って行き着く先は、あの老人の柔らかな微笑なのではないかと思う。孫は今頃、どんな大人になっているだろう。

悠久の時の流れ。

私は中国を訪れるたびにそのことに気づかされ、息をするのが楽になる。すべてが瞬く間のこと、たいしたことはないのだと教えられる。

北岡 克子（きたおか かつこ）

同志社大学経済学部卒。平成九年第六回小川未明文学賞受賞。平成二十九年NHK大阪文化センター講師（神社仏閣等歴史関係）退職（二十年間在職）。

3等賞

一九九七年・忘れえぬ長距離列車の人々

児童指導員　橋詰 麻里子

「我們是朋友，対不対？（友達じゃないか）」。私が中国が好きな理由が集約された言葉。敦煌で乗ったタクシーの気のいいおじさんがちょっと言い訳するとき使っていた。私達友達だったっけ？と思いつつも、なんだかそんなことどうでもよくなって人といる楽しさを感じられる国。

一九九七年夏、私は大学の中国語で同じクラスの相棒シーザー（西澤）と一か月の中国シルクロード旅行に出た。中国はもう三回目。地球の歩き方に載ってたあの異国情緒あふれる新疆を訪れたい！　羊肉串を食べてみたい！　あの矢絣模様の民族服のウイグル女性を見てみたい！

北京西駅の窓口でつたない中国語で軟臥の空調マークの入った切符を買い、憧れの長距離列車に乗った。

行きは河南省安陽市で弁護士事務所を開いている袁二方氏という男性と我々は同室だった。我々が大学生にも関わらず、アルバイトして貯めたお金で中国旅行をしていることに感服してくださった。安陽には次の日に着く。我々はその間二方氏とたくさんの話をした。我々の中国語のレベルは低く、紙に書いての筆談も多かった。このリアルな体験は中国語学習者の我々にとっては感激モノ以外の何物でもなかった！　相棒は日本から持ってきた玄米茶を二方氏にいれた。二方氏は「可以」とつぶやいた。これはおいしいのかイマイチの意味かよくわからなかった。私も日本のカップラーメンを記念に差し上げた。

二方氏は新疆の帰りには安陽へ来なさいとおっしゃった。我々は「本当に？」を何度も繰り返した。そのたび二方氏はゆったり大きくうなづく。そして我々は「絶対に安陽いきますからね！」と安陽駅で降りる二方氏に笑顔で手を振って別れた！

二方氏の降りたのち、西安駅から烏魯木斉に帰るウイグル族の公務員の馬さん一家が乗ってきた。パパ、ママ、

西安駅で列車停車の際、仲良くなったみんなと

白雪姫の本を持っていた五歳のかわいい女の子・爽ちゃん。初めて見るエキゾチックな顔立ちのウイグル族に感動！　ママさんは矢絣は来てなくて普通の服だった。すぐに打ち解けて爽ちゃんとお互いの言語のわらべうたで手遊びをしたり、日本のシールをあげたりしているうちにあっという間に柳園駅（敦煌の最寄り駅）に着き我々は下車、さよならをした。

その後、敦煌、吐魯番，烏魯木斉，天池…歴史と異国情緒と絶景と美味を思いっきり味わって烏魯木斉駅から帰りの列車に乗った。帰りは硬臥だ。ここは部屋らしく仕切られておらず、一両ひと続きだ。我々が日本人とわかると、同じ車両の人、違う車両の人まで入れ替わり立ち替わり珍しい「日本人」を見に来て質問攻め。果物やカボチャの種やら鶏の爪の肉やらを皆さん持ってきてくれた。当時おなじみの質問「年収はいくら？」「山口百恵は元気？」「高倉健は……」。やはり戦争の話もされた。我々は「本当に申し訳なかった」と言うと「これからは仲良くしていこう」と皆優しい言葉をかけてくれた。

列車は車両故障で一日遅れに。それでも退屈せずに過ごせたのは車両じゅうの人が話をしに来てくれたおかげだった。西安駅に着くとホームに降りて特に気の合った人たちと写真を撮った。とてもいい笑顔の写真だ。なぜこうも気さくな人達なのだろう。

　列車が安陽駅に近づいてくると皆悲しくなって言葉数が減ってきた。もうずっと列車旅行を続けたいほど皆と打ち解けて仲良しだった。安陽で二方氏に会うのは嬉しいのに、列車の皆と別れるのは悲しすぎる。帰国したらお手紙書きますよ！と住所を交換し合った。

　夜中、安陽駅に着くと我々は皆と強く握手し、手を振って人生最大級のさよならをした。

　とりあえず駅前のホテルへ。地下の部屋で布団が湿気ていて眠れなかった。すると夜中に突然電話が鳴った。フロントから「会いたい人が来ている」とのこと。なんと、二方氏の秘書さんが我々の到着を駅で待っていたそうだ！

　秘書さんは我々を中国庭園の美しいホテルに案内してくれた。翌朝二方氏が我々を迎えに来て、三日間かけてレストランやコンサート、殷時代の博物館、ハイキングに連れて行ってくれた。仕事の時は秘書の唐さん・劉さんが案内してくれた。河南烩面のおいしさは忘れられない。二方氏はご自宅にも招待してくれた。私は旅疲れか胃の調子が悪かった。そんな中で奥様が家庭料理をふるまってくれることに。私は泣きたかった。それでも断ることもできずに一口食べた。すると不思議なことに食欲がモリモリになりどんどん元気になっていった！　特に卵とトマトの炒め物の美味しさに「こんなトマトの食べ方があるんだ！」と驚いた。

　楽しい時間は必ず終わりがある。最終日公園で我々は二方氏と写真を撮った。夕日ですべてがあかね色に包まれた。また別れが来た！　思い出になっちゃう！　つらかった。

　一九九七年の中国の人々の温かさを忘れない。私はその後、家電量販店で中国語通訳を五年間した。ひとえにこの列車で出会った人々へのおもてなし返しだった。

　我們一直是朋友吧！（ずっと友達だよ！）

橋詰 麻里子（はしづめ まりこ）
大学の第二外国籍で中国語を選択し上海短期留学で中国にはまり、中国語の勉強のため中華街でアルバイト。そのお金で長期休みのたびに中国へ。……もう二十年以上行っていないので昔の話しか語れないのですが、私を含め九〇年代日本人パックパッカーは中国でたくさんの人情を味わいました。ずっとお礼を言いたかった思いを伝えたい！と今回応募しました。

3等賞

職業、武術家兼外交官

アスリート　大川　智矢

私は中国発祥のスポーツ「武術太極拳」の日本代表をしている。実際に相手と戦うのではなく、カンフー映画に出てくるようなカッコいいポーズをキメ、体操やフィギュアスケートのようにフリースタイルで技の美しさやジャンプの高さで点数を競うというもので、五輪種目を目指しているこれからのスポーツだ。

二〇一二年大学二年生の夏、私は今後の進路に悩んでいた。外交官になるか、武術の世界で食っていくか。中国関係の専攻だったため、日中関係に携わる仕事をしたい、と漠然と思っていた。小学四年生から武術太極拳を続けているがなかなか日の目を見ることができず、あと一年本気でやって結果が出なければもう辞めようと思っていた。当時はまだ日本代表にもなっていなかった。できるところまでやりきってから外交官を目指そうと考えた。

中国発祥のスポーツなのでやはり中国が非常に強いということもあって、北京市「什刹海体育運動学校」に長期遠征することに決めた。ハリウッドスターのジェット・リーを輩出した名門である。プロの世界に身を置くことができると心躍っていた。

そんな最中、尖閣問題が激化した。

テレビでは中国現地の日本企業が攻撃されるなど過激なデモが取り上げられ、外務省からは渡航注意の要請が出た。周囲の反対もあり、中国に行くことができる雰囲気では全くなかったけど、あと一年本気でやると決めたんだ、行くしかない！と、意を決して訪中することにした。「練習会場以外では日本人だということは隠す」、「話す言葉は中国語だけ」ということをルールにした。

各種手続きを済ませて、なんとか無事に北京市の体育学校に到着することができた。練習会場に行く途中、

2016年第1回W杯 in 中国での剣術の演武

「日本人というだけで無視されたらどうしよう」「せっかくの長期滞在が無駄になってしまわないか」と、どんどん視界が狭くなっていった。

会場のドアを開けるとすでに選手たちがウォーミングアップをしていた。話しかけられる雰囲気ではなく、流れのまま自分も食らいつくように練習に参加した。もともと覚えが悪く、緊張していたこともあり、それを見かねた選手たちが手取り足取り、何度も言葉を変えてアドバイスをくれた。なんだ、凄くフレンドリーじゃないか！

ホッとしてきたところ、僕が考えた動作の形がちょっと変でおもしろい、と笑われてしまった。よくよく中国語を聞き取ってみると、彼らは「釣魚（魚釣り）」と言っているということが分かった。釣り竿を投げているように見えるということだった。

僕はその時、一瞬で血の気が引いた。彼らは釣り竿を投げている動きに見えるから笑っているんじゃない。尖閣諸島の中国名「釣魚島」にかけて笑っているのだと。遂に、不安に思っていたことが起きてしまった。いたたまれなさと、今まで直面したことのない感覚に、私は合わせて笑うしかなかった。モヤモヤした気持ちのまま練習を終えた。

その日の夜、北京チームのみんなが歓迎会だといって食事に誘ってくれた。練習では一時打ち解けたものの、またからかわれたりするのではと緊張しながら指定されたお店へ行った。先についていたチームメイトの輪の中に入り、日本での生活のことや流行っているアニメのことで盛り上がった。すっかり緊張もほぐれて、ちゃんとお互いに意思疎通ができそうだと思った。食事もひと段落して、お店にあったテレビにふと目をやると、尖閣諸島のデモ映像が流れていた。これからも仲良く付き合っていくためにこの問題は避けてはいけない。引っかかりのあった私はその場の勢いに任せて、この問題をどう思うかを率直に聞いた。そうするとチームメイトはあっけらかんとして言った。「これは政治の問題でしょ？　武術太極拳をやっている僕たちの仲が良ければ、まずはそれでいいんじゃないの？」質問をした自分を恥じてしまった。中国人と日本人、大きくくくる前に、私たちは一人の人間だ。もちろん起きてしまっている事件や問題などはちゃんと知っておく必要はあるけど、今私の目の前にいるチームメイトにはそんなことは関係ない。武術太極拳が外交の問題を超えた瞬間だった。可口可楽で乾杯し、羊肉串を流し込んだ。

約二カ月の遠征が終わり、目標にしていた世界選手権に出場することができた。滞在中一緒に練習していた北京チームの選手にも再会、それぞれの部門で優勝することができ、互いの健闘をたたえた。その結果は、当時大学三年生で進路に悩んでいた僕の背中を押した。本気で武術で飯が食えるようにしようと覚悟を決めて、試行錯誤の日々が始まった。現在は武術太極拳の普及のために全国各地でコーチングをしている。北京で経験した想いを胸に、日中友好のためのイベントでも実行委員長を務め、海外からコーチを依頼されることも増えた。各地で武術太極拳の縁が繋がっていく。漠然となりたかった外交官の夢は、「武術太極拳を通した民間の外交官」として叶いつつある。

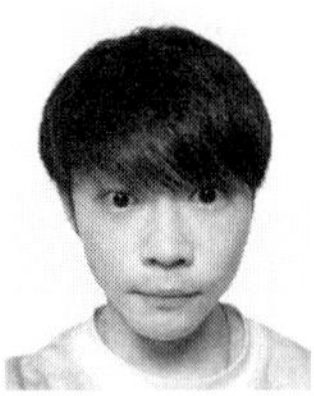

大川　智矢（おおかわ ともや）

北海道江別市出身、中央大学卒。二〇一三年世界武術選手権初出場・初優勝を皮切りに、国内外の大会で好成績をおさめる。現在はＮＰＯ法人太極拳友好協会にて運営に携わり、全国・世界でコーチングや講演、ＣＭや GENERATIONS from EXILE TRIBE の作品に出演したりなど、多方面から武術太極拳の普及活動に取り組む。読売新聞社「日本スポーツ賞」、文部科学省「スポーツ功労者顕彰」受賞。

3等賞

南翔饅頭店、外灘、エンさん。上海の思い出話。

会社役員　一番ヶ瀬 絵梨子

二〇二〇年、九歳（当時）の娘が「第三回 忘れられない中国滞在エピソードコンテスト」で三位をいただいた。中国大使館で行われる授賞式とパーティーを楽しみにしていたのだが、残念ながらコロナで中止に。「今年こそ行きたいから、次はおかあさんが入賞してね！」と言われて、いまパソコンに向かっている。

さて、何を書こうか。

約二十年前の、上海出張。一年間の世界一周旅行の最後に、上海からフェリーで日本に戻ったこと。子連れでの初海外旅行が北京だったこと。憧れの「ビニール袋ビール」を飲むために青島へ行ったこと。

本格的な四川料理店を食べに成都にも行きたいし、大好きな映画「小さな中国のお針子」のロケ地になった湖南省の風景をこの目で見たい。雲南省や海南島にも興味がある。

と、このように書きたいことは山ほどあるのだが、文章で綴るとなると、特に印象深く思い出すのはエンさんと上海出張のことだ。

二〇〇二年だったと思う。私が当時勤めていたＩＴ企業が上海でオフショア開発をすることになり、上海の会社との窓口になるために日本に来たのがエンさんだった。

当時二十五歳くらいだった私と同い年くらいの、背の高い謙虚なイケメン。仕事の進捗を聞くと、いつもニコニコ笑って「大丈夫です」と答えてくれた。しかしその後、まったく大丈夫ではなかったことが判明して大問題になったのだ。問い詰める私にエンさんは、「『大丈夫』が、いちばん便利な日本語でした」と言った。

今であれば、あの状況下のエンさんが大丈夫なはずがないとわかる。でもあのときの私には、慣れない国で、母国語ではない言葉で働く方に対する想像力が決定的に欠けていた。申し訳なくて、自分が情けなくてショックだった。あのときのエンさんの顔は今でも忘れられない。

エンさんとの思い出は、もちろん苦いものばかりではない。

私の上海出張が決まったとき、エンさんはホワイトボードに大きく「南翔饅頭店」と書き、「上海でいちばん美味しいお店です。絶対に行ってきてください」と、とても誇らしげに教えてくれた。

2007年、南翔饅頭店近くの豫園にて

南翔饅頭店が六本木ヒルズに出店する前で、今のようにLCCも飛んでいなかった時代。早々に知れたのは、私の密かな自慢である（南翔饅頭店はエンさんの誇りに違わぬ名店で、上海へ行くたびに訪れている）。

そして、初めて訪れた上海。見上げるような高層ビル、サッとドアを開けてくれるレディーファーストな男性たち。大都会だと聞いてはいたが、それでも圧倒されるほど都会だった。

丼になみなみと入った豆乳と揚げパンの朝食に、きらびやかな高級レストランでの食事（夢のように美味しかったキノコの薬膳スープと桂花糯米藕はいまだに忘れられない）、全聚徳で初めて食べた本物の北京ダックも記憶に刻まれている。

入社三年目、「海外出張を体験させてやろう」という上司の温情で決まった出張だったこともあり、仕事もそこそこに浮かれて過ごした。三回ほど連れて行ってもらっただろうか。ありがたい、いい思い出だ。

一方、オフショア先の方々と直接会い、中国語と日本語を自在に操るエネルギッシュな社長と話すにつけ、「工数が安いから海外に出す」という発想でのオフショア開発はうまくいかないだろうと感じたことも覚えている。彼らが自分や自社の人たちよりも〝安い〟とはどうしても思えなかったからだ。

実際、そのオフショア案件は失敗に終わった。原因は母国語が違うことと遠隔でのやりとりによる齟齬ということになったが、それだけではなかったと思っている。

私は今、ベンチャー企業で会社役員の立場にある。優秀な人に安く頼めないものか、と考えることもあるが、そんなときにふとあの上海出張を思い出す。どんなビジネスも世界を主戦場にせざるを得ない今、正当な対価を惜しむ会社に未来はないだろう。

エンさんの「大丈夫」の一件で他人と働くにあたっての心構えの基本を認識し、上海出張でいろんなことが世界規模になっていることと会社が採るべき基本スタンスを学べた。あのときはまだ若くよくわかっていなかったが、二十年後の今、どれだけ大きな経験をさせてもらったかを実感している。

さて、南翔饅頭店と一緒にエンさんが教えてくれた上海自慢が外灘（バンド）の夜景だ。出張だったこともあり当時は行けず、その後の旅行でも昼間にしか行けていなかったのだが、二〇一八年の家族旅行でついに黄浦江のナイトクルーズに参加した。

東方明珠塔のあるカラフルな浦東エリアと、その対岸のゴールド中心にライトアップされた外灘エリア。あの控えめなエンさんが力強く自慢するはずだと、十五年以上の時を経てしみじみ感じた。

連絡先どころかフルネームも覚えていないエンさんには今後会うべくもないが、ずっと忘れることはないと思う。そして上海は、仕事関係なく何度でも行きたい都市だ。私の住む名古屋にも南翔饅頭店はあるが、上海へ食べに行ける日が待ち遠しい。

一番ヶ瀬 絵梨子（いちばんがせ えりこ）

一九七七年兵庫県生まれ。名古屋在住。大学卒業後、システムエンジニアとして就職。出産を機に退職後、フリーライターとして活動を始め、現在はウェブ編集者。モノリシックス株式会社COO。旅行が趣味で、新婚旅行では一年かけて五十か国を訪問。家族でも国内外を旅している。旅先で現地の美味しい食べ物とお酒を探すのが最大の楽しみ。第三回「忘れられない中国滞在エピソード」で、小学生の娘が一足先に三等賞に入賞している。

3等賞

人生の分岐点

会社員　吉澤 栄

私は日本人ですが、何故こんなにも中国語が話せる様になったのか?

私の初めての海外渡航はハワイでした。当時の日本は、海外旅行はハワイみたいな風潮があり、短大の卒業旅行もご多聞にもれずハワイ。二十歳の私は見るもの聞くもの全てが新鮮で、その時の感動と言ったら景色の色までが鮮やかで日本とは違う異次元の世界に入り込んだ様に思えた程でした。

帰国しても、その感動が忘れられず一緒にハワイ行った学友と「もう一度海外に行こう」と決心。「ハワイとは全く違う文化を持つ中国だ!」と二人の意見は一致。

私達は卒業後、なけなしの給与を節約し、二年をかけて中国へ行く資金を貯める事ができました。二人が決めた旅先は大同の雲崗石窟、敦煌の莫高窟、洛陽の龍門石窟を巡る十八日間のツアー。

当時の中国は外国人の個人旅行が解禁されておらず団体旅行のみ。その上、自由行動が許されておらず、随行するガイドも常に三人。一人目は日本からのガイド、二人目は中国国内の全行程随行ガイド、三人目は訪問する地区のみを担当する地方ガイド。

日本を出発した一行は北京観光後、大同で懸空寺、雲崗石窟を観光し、今回のツアーの最大の景勝地、敦煌へと入りました。今の敦煌は観光地化されており、月牙泉は柵に囲まれ新しい楼閣も建っているようですが、当時は自然のままの状態が保存されており周囲に余計な建造物もなく、鳴沙山を裸足で登り、夕日を背に見る月牙泉は心に染み渡るほど美しく、今でもその風景は脳裏に焼付いています。

敦煌から蘭州に戻った夜の事、昨日敦煌の市場で買った杏子が原因だったのか夕食後、私は急に腹痛に襲われることになります。トイレに行ったら、もうそこからは動けず、冷汗、強度の腹痛、嘔吐、下痢が続き夜十時か

鳴沙山で一休み。1984年、敦煌にて

ら朝までずっとトイレに座りっぱなし。時間が経てば、少しでも良くなってくるのかと思いきや、どんどんと症状は悪化する一方。皆を起こしては悪いという気持ちから、痛みに耐えに耐え朝まで待とうと頑張ってはみましたが、夜明け前に、もうこれ以上は堪えられないと学友を起こし、ガイドさんに一報を入れてもらう事に！

すぐに運ばれた先は蘭州第一人民医院。検査の結果、病名は赤痢。当時の中国に先進的な設備はなく、点滴は日本で言う木製の身長を測る棒の上部に釘を打ち、ネットの中に逆さまに入れた点滴瓶から管を通して手の甲に点滴。付添いは全工程で随行した中国東北地区のオジ様ガイド一人。謝謝の中国語すらまともに話せない私は、不安と劇痛で毎日泣き明かす日々。

そんな私を見兼ねてか看護婦さん達が代わる代わる私の部屋に来て、身体を擦ってくれたり、ジェスチャーで話しかけてくれたり。いつも泣いていた私を見ていた医師は、「今日は泣いてない？」と自分の頬に目から人差し指を下に這わせてジェスチャーで会話。

ちょうど入院から五日目の朝の事、医師が一人の小柄な男性を連れて病室へやってきました。彼は病院の調理長。「今日はあなたの誕生日だね。何か食べたいものは？」と。当時の私は若かったので入院五日目には既に回復。当時の中国事情も知らず「ケーキが食べたい」などと言ってしまった私。彼はそれでも一生懸命に「どんなケーキ？」と質問。私は日本の感覚で「あんまり甘くないケーキ」などと返事。

その日の夕方に出て来たケーキは……なんとなんと私が毎日泣いていたせいなのか、その型しかなかったのか、十五センチ程の涙の形のケーキでした。スポンジの上にはイチゴジャムが薄っすら塗ってあり、イチゴジャム周りには僅かにバタークリームが一周添えてありました。私は胸に熱くこみ上げるものを感じつつ、ケーキを一口パクリ、するとその瞬間もっと私の心を熱くさせる感動が走ります。その僅かに添えられていたバタークリームには、なんと塩が入っていたのでした。生まれて初めて食べるしょっぱいケーキ。ガイドさんは、私が言った「あんまり甘くない」を「少し塩を入れて」と訳したのでしょうね。私は感動で涙が出そうになるのを堪えつつ、一生忘れられないしょっぱいクリームのケーキをガイドさんと一緒にいただきました。

次の日の早朝、ツアー一行と上海で合流する為、泣いてばかりいた私をこんなにも温かな気持にしていただいた方々にお礼も言えず出発することに。帰り際に私が生まれて初めて書いた中国語〝謝謝〟の文字をベッドの上に置き、病院とのお別れ。

私は日本に帰国後、感謝の気持ちを伝えたらなれかった自分が歯がゆく、中国語学院の門を叩くことに。中国語を習い始めたら、まるで自分が昔使っていた言葉を思い出していく様な感覚で、私は中国語にのめり込んで行きました。

当時の私は、あの中国旅行をなんて運が悪いのかと悔やみましたが、でもあの日が無ければ、今の中国語が話せる自分は存在しない。運が悪いと思っていた日が幸運の出発点に替わる瞬間。あの日は、私にとって一生忘れる事が出来ない、今でも大切な一日です。

吉澤 栄（よしざわ さかえ）

湘北短期大学卒業。陝西省師範大学留学。西安外語学院で外籍日本語教師担任を務めた後、西安唐華賓館（三井不動産との合作企業）に勤務。丸紅株式会社で上海の旭硝子ガラスバルブ工場設立、その他中国案件等を担当。エルナー株式会社に二十年間の在籍中、上海、大連、南通、呉江等に約十三年駐在。二〇一三年からは大倉工業株式会社で、化学品特殊フィルムの海外営業として、中国等へ出張ベースで業務に従事している。

3等賞

いろんな形の〝絆〟が教えてくれたこと

大学院生　田上 奈々加

〝「宁波」最新隔离要求　强化返乡防控，入境人员：一律隔离14天〟

二〇二〇年二月上旬のある日、私は中国のネット記事を見て落胆した。手元にあった東京成田－中国寧波便の航空券が、利用期限を待たずして価値のない紙切れとなった瞬間だった。

私はその二カ月前、中華系航空会社がSNS上で行っていたキャンペーンに運良く当選し、寧波行きの航空券を手に入れた。もちろん、すぐにでも行きたかったが、当時は長崎に住む大学三年生だったため、「春休みになったら必ず寧波に行く」と心に決め、期末レポートに励んだ。しかし、一月上旬から報道され始めたコロナウイルスの猛威は世界的に拡大していき、三月に入ると、日本からの出国も難しい状況になっていった。三月三十日の有効期限までにどうにかして出国できないだろうか、と考えたりもしたが、十四日間の自費隔離には、諦める以外の選択肢は残されていなかった。

私が最後に中国に行ったのは二〇一九年の十二月初旬だ。したがって、中国に行けなくなってもうすぐで一年半が経つ。この期間は、旅行の計画が台無しになったことの他にも、大好きな中国アイドルのコンサートに行けず、大事な友達にも会えず、と山ほど悔しい経験をした。今思い返してみても、残念なことばかりだ。

ところがどうしてだろうか、二年前に中国に留学していた時よりも、中国が、そして中国にいる友達たちが、とても近くに感じた一年半だった。そして、いろんな形の〝絆〟が大事なことを教えてくれた期間でもあった。

まずは、〝支援を通じた絆〟の出来事である。

湖北省・武漢でロックダウンが続いていた二〇二〇年二月、そのお隣の湖南省に住む友達に頼まれてマスクを

中国のアイドルファンの友達とコンサート会場で撮った写真

送ったことがあった。友達の力になりたい一心で、家から少し離れた場所にあるドラッグストアやスーパーをめぐってマスクをかき集めたことを今でも覚えている。マスクが無事に届いたという連絡が届いたときは、役に立てて素直に嬉しかった。しかしその後日本でもコロナが流行し始め、マスクや消毒液などを手に入れることが難しくなっていった。さらに段々と感染者数が増加し、状況が悪化していく中で、マスクを送った友達から「いま日本でもコロナが流行っているみたいだけど大丈夫?」という連絡をもらった。さらに、お願いした訳でもなく友達はマスクや中国にしか売っていない食べ物、洋服など自分があげた倍以上のお返しを送ってくれた。コロナ以前から、お互いに必要なときに助け合う仲ではあったが、それが特別なことだとは思っていなかった。ところがコロナが流行し、直接会うことが難しくなったことで、助け合いは決して〝当たり前〟ではないこと、そしてこうした友達の存在が如何に貴重であるかを再確認できた。また、友達との出来事に加え、日中の地方自治体同士によるマスク支援に関するニュースなどを目にする中で、「大変なときにこそ本当の〝絆〟が現れ、その存在に気づく」と実感した。

次に、〝文字を通じた絆〟に関する出来事がある。
本来なら、寧波旅行中に会う予定だった留学時代からの友達がいた。彼女とはいつもWeChatを利用して連絡を取っていたが、コロナが流行して以降、「会えない時期だからこそ手紙を書いて普段言えない気持ちを伝えてみよう！」と初めて手紙を送ることにした。私側からの手紙は到着に三カ月以上かかったが、相手からの手紙は約一カ月で届いた。スマホ一つで瞬時に連絡が取り合える時代に、届くかどうかの確証もない手紙を送ることは一見すると合理的ではないかもしれない。しかし、お互いの気持ちを文脈だけでなく直筆の文字で伝えることができるという意味で、意外と有用なツールであることに気がついた。また、〝届くまでのワクワク感〟というスマホにはない楽しみを見つけることができた。

この他にも、様々な友達とSNSを通じた写真のシェアや、ビデオ機能を用いた通話など、現代らしいデジタルメディアと旧来のアナログメディアの両方を活用することによって、中国をむしろ今まで以上に身近に感じ続けている。

以前のように国境を越えた人の移動が可能になる日はいつ来るだろうか。中国を身近に感じる手段はたくさんあるとはいえ、それでもやっぱり現地に行って本場の中国料理を食べたいし、まだ足を踏み入れたことがない地域へ旅をしたいし、留学時代にお世話になった友達とも会って話をしたい。先が見えない現状にもどかしさを感じるが、しばらくは新旧メディアを活用した交流でこの苦境を乗り越えていくことになりそうだ。その際には、コロナによって気付かされた日中友好の〝絆〟と、助け合うことができる友達の大切さを心に留めて、よりよい関係を築けるような交流を続けていきたい。

田上 奈々加（たのうえ ななか）
熊本県出身。二〇一七年四月に長崎大学多文化社会学部入学。大学在学中の二〇一八年九月から二〇一九年七月までの約十一カ月間、中国政府奨学金を頂いて上海師範大学に国費留学。二〇二一年三月に大学を卒業し、現在は九州大学大学院地球社会統合科学府に在学中。

3等賞

私は中国に友人がいます

会社役員　古市　康夫

「ふう……」。ラオスから中国への入国管理事務所を出た時に、軽く吐息が漏れた。

後はバスに乗って山を下って行くだけだと思い、喧騒の国境市場を通り過ぎた。中国元への両替は、後で街なかの中国銀行に行けばいいかな、バス代は前回の中国旅行の時の残りの小銭で足りるだろうと思って。

その頃、私は休みが取れると公共交通手段を使って陸路の国境を越えて行く旅行を楽しんでいた。この国境を超えるのは二回目だ、半年ほど前に西双版納《シーサンパンナ》の言葉に惹かれて訪れて以来だ。

景洪のバスターミナルを出て前回に泊まった兵館に向かっていると、兵館の近くの雑貨屋に前に来た時に顔見知りになった夫婦の姿が見えた。以前は、初めての中国、言葉も分からず、兵館の近くの雑貨屋で買い物ついでに中国語を教えてもらいながら暇を潰していた。夫婦も憶えていたようで笑顔で会釈をしてくれている。

「やあ、久しぶり、いつ来たの」「うん、今日着いた。これから兵舘に行くんだ、でもその前に銀行に行って両替をしないと」。夫婦は顔を見合わせてから、「今日は銀行は休みだよ、日曜日だから。中国元持って無いの？」「えー本当に、旅行中は曜日が分からなくなるから。どうしよう」。

その時は欧米人旅行者の集まる喫茶店にでも行けば何とかなるかなと思っていた。欧米人は旅行中でも当たり前のサービスを求めてくるので、溜まり場的な店が各地にあり便宜をはかってくれる。夫婦は顔を見合わせて何か話し込んでから、「明天走了《ミンテンゾウラ》」「明天不走《ミンテンブゾウ》」。何度も聞いてくるので、「明天不走」と答えると奥さんの方が少し悩んでから意を決したように一言「信《シン》」と言って前掛けのポケットから赤い百元札を何枚か取り出して差し出

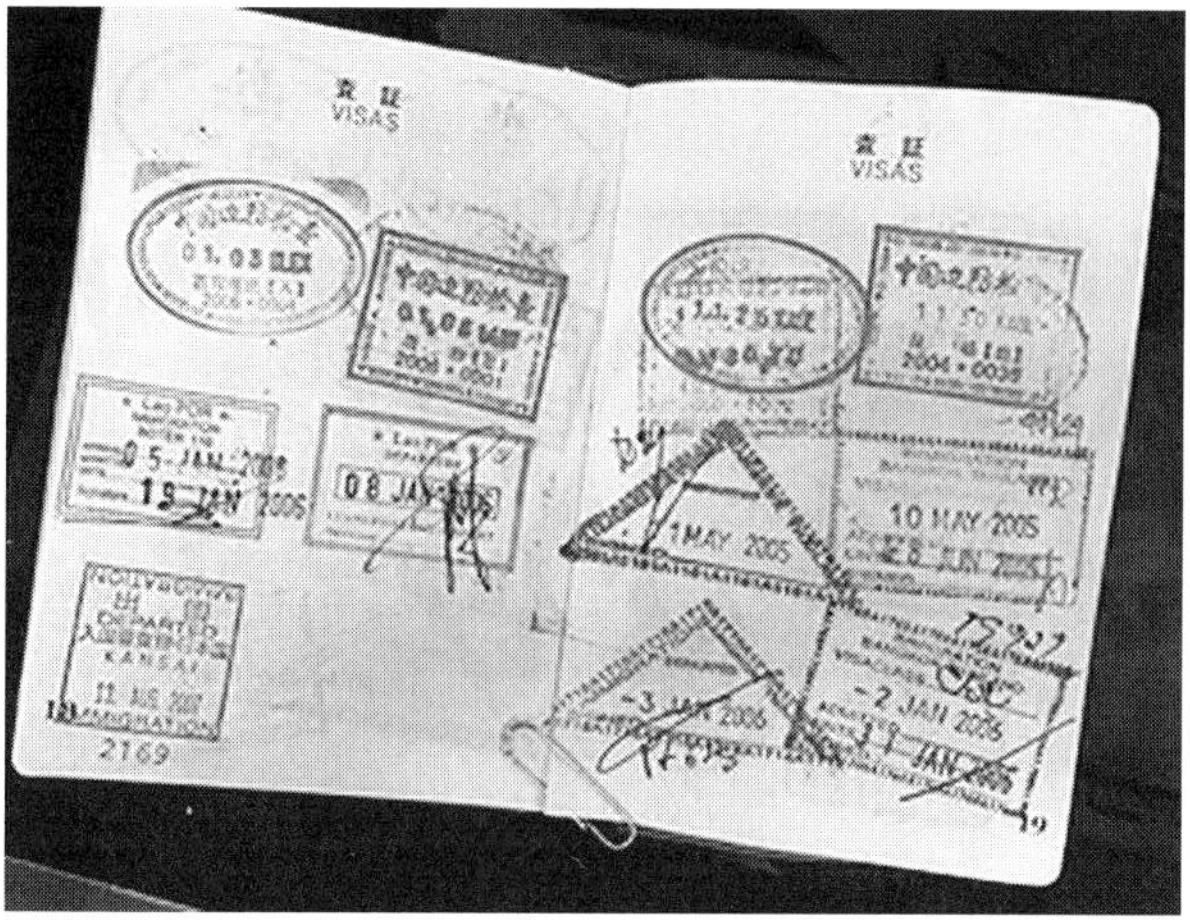

思い出す笑顔は色あせないが、査証（ビザ）に押されたスタンプの日付を見ると、出会った人達の過ぎた時間を考えている

してくれた。多分、全財産が入ったポケット、店の売り上げの何日分もの赤い百元札、それを名前も知らない旅行者に貸してくれるのだ。確か「仁義礼智信……」だったかな、中国人の大事な事、今の日本ではあまり考えないけど、日本人も昔はその言葉を大事にしていたのに。

　彼女の好意に甘え差し出された百元札を借り受け、兵館に泊まって翌日に両替をして返しに行くと満面の笑顔で頷いている。お金よりも「信」を確かめるように。日本に帰ってから彼らの事を考えていると「信」に返すのは「礼」だと思い日本在住の中国人に中国の人が喜ぶ物を聞いて、手土産を持って訪れた。

　今度は空路、タイバンコクから景洪へ。雑貨屋では主人が留守番をしていて来訪を喜んでくれ何処かに連絡をしている。とりあえず、兵舘に向かっていると前から自転車に乗った奥さんが猛然と走って来た。連絡を受けて急いで帰って来た様だ。その汗を浮かべた顔を見て来て良かったと思った。その夜、彼等の店の奥の居間でホーローの洗面器の様な鍋で鳥を煮込んで食べた。歓迎のご馳走だと思う。

　その時に今までの旅行とは違う目的、友人の笑顔を見に来る楽しみを知った。

旅行の帰りにタイバンコクの空港で顔見知りの地方議員のTさんに会った。彼は休みになるとバンコクに遊びに来るのだ。

「Tさん久しぶり、元気にしてた、何処かからの帰り、それともこれから行くの？」「これから、今から帰るの、何処か面白い所無いかな？」旅行者ではなく、雑貨屋の友人としての中国滞在に気分を良くしていた私は、中国の事をTさんに話し、Tさんは身元もしっかりしているので、「行くんだったら地図を書くよ、紹介しようか」と軽い気持ちで行き方を教えてあげた。

日本に帰って日常を過ごしているとTさんから電話がかかってきて、「あれから中国行ったけど良かったよ、最初は誰か分からないけどFさん（私）の事を話したらよくして貰って、又、行きたいな」「良かったね、迷惑かけてないでしょうね。予定が合えば今度、一緒に行く？」。でも、彼とは予定が合わずに一緒に行く事も無く、その後、中国の友人に会いに訪れると、Tさんは中国が気に入ったのか何度も来ている事、一緒に麻雀をしている事等、Tさんの行状は中国の友人から噂話で聞く方が多くなってきた。

もちろん、Tさんとは日本で何度か電話をしているので中国での事や雑貨屋の主人と中国国内観光旅行に行ったりした事も聞いていた。

その後も中国の友人の笑顔を見る為に何度か訪れ、時に雑貨屋の主人と二人で話していると、Tさんが来てから良かったこと、そうでは無い事を主人に聞いた。Tさんはタイバンコクで遊びを覚えたので自己の都合の為に、私物を置いて行き、現金を預けたりしていた。その時に主人が聞いてきた。「どうしてTさんを紹介したのか」。その問いかけに考えてしまった。中国では人を紹介するのは日本よりももっと重い事なのかも知れない。答えになるかどうか、「だって前にお金持ちになりたいって言ってたじゃない」。それを聞いた主人は何かに気付いた様な眼をした。

気付いた事を知りたいと思う。コロナが落ち着けば友人の笑顔を見る為に中国に行こう。

古市 康夫（ふるいち やすお）

一九六〇年大阪生まれ。一九九七年、（株）タイムクリエイト設立。二〇〇九年、台湾高雄にてパチスロ店「SLOTKING」を開店。二〇一七年、大阪にて「うなぎ釣り大阪屋」を開店し、現在に至る。

3等賞

中国と不可分の北海道——コロナ、インバウンド、地域経済

研究者　寺沢 重法

私と中国との関わりはさほど深くない。中国の統計データや社会調査に関する論文を書き、中国研究者が集う学会や研究会にお邪魔したことがある。大学院生だった約十年前、学術ワークショップで香港と深圳に計約一週間出張したことがある程度である。それ以外といえば、研究室の中国人留学生と日常的に交流をもっていた。過去の受賞作のエピソードと比べると、浅い交流にも思える。だが、コロナは、図らずも、日中間の密接な関係を私に認識させることになった。

私は人生の大半を北海道で生活している。バブル崩壊以降の経済不況や少子高齢化の中で、地元企業の経営が傾き、鉄道は年々廃線と廃駅に見舞われている。幼少の頃から親しんできた百貨店や小売店などは閉店、または規模を縮小していった。

だが、インバウンド需要の拡大とともに中国人観光客が増加し、街中で中国語の看板をよく目にするようになった頃から、徐々に様子が変わり始めた。

地元には大きな商店街がある。観光名所として知られてはいるが、特に二〇〇〇年以降、徐々に陰りが見え始める。歴史のある店舗がシャッターを下ろし、数館あった映画館も閉館していった。一部シャッター商店街に近い場所もあったが、ここ数年は勢いを盛り返しつつある。それは、はからずとも中国人観光客のおかげだったのである。

たとえば、道内で事業展開するドラッグストア数社が、この商店街の複数個所に店舗を開店しているが、店員は中国人または中国語のできる日本人である。出入口のある一階の陳列棚にはほぼ全て免税品が並ぶ。医薬品や日用品の場合も、同じ商品を一列に並べるという、海外のショッピングモールを彷彿とさせるようなスタイルにな

インバウンド観光客に対応した店舗。ビルにはアニメ専門店も入っている

っている。近所で慣れ親しんだドラッグストアと同じだからという理由で入店すると、相当戸惑うだろう。かつては「近づきにくかった」ビルにもドラッグストアが入っている。もちろん免税品店もある。

　バブル経済期には大規模なテーマパークが構想され、建設されたが、崩壊以降に閉鎖したものも少なくない。現在も順調に稼働しているものは、中国人観光客で占められており、海外でも観光名所として知られている。家電量販店や百貨店はインバウンド需要を見越した経営を行っている。知り合いの中国人留学生にも、こうした場所で通訳の仕事をしている人がいた。

　他の都市も状況は似ている。観光スポットや飲食店は総じてインバウンド需要を前提としたスタイルにアレンジされている。画期を徐々に取り戻しつつあるようだった。

　もっとも、私自身はインバウンドそのものを特に意識していたわけではない。「爆買い」が流行語大賞に選ばれ、「自撮り」が報じられる中、私もメディアでの報道に違わず「爆買いや自撮りをしている中国人観光客が大勢いるな」という程度の認識だった。

　だが、こうした状況を大きく一変させたのが二〇二〇年のコロナである。街中や店舗からは中国人観光客がほとんどいなくなり、それに伴って、インバウンド向けに設定された陳列や中国語の館内放送はほぼ意味がなくなった。通訳の仕事をしていた知人達も、シフトを減らすか、あるいは離職することになった。インバウンド需要が始まる前の、一昔、二昔前の状況に逆戻りしつつあるのは、せっかく地域や商店街が再活性化されつつあったところ、なんともさびしい。

私のような一生活者の感覚からすれば、「活気がありながらも人通りの少ない街」を歩けるのはメリットなのかもしれない。だが、外国人観光客の激減で売り上げが激減したことを従業員から聞き、陳列方法を変更した店舗で買い物をし、閉店セールを始めた店舗を見れば、当然、そうした悠長なことは言っていられなくなる。

ここにおいて「北海道経済がインバウンドを介していかに中国と結びついていたか」「中国経済がなければ北海道経済自体が危ぶまれるか」、そして「北海道民の生活がいかに中国経済と不可分であったのか」を認識するに至ったわけである。生活者として実感すると同時に、「中国人観光客を通じて北海道社会と中国社会を知る」というテーマに一研究家として関心を抱いた。だが、それはコロナによって日中間の人的移動が大幅に制限されてしまって以降のことであった。時すでに遅し、である。

コロナは我々を引き離した。だが、その一方で、中国経済と北海道経済が不可分一体の関係にあることを確認させた。コロナがいつ収束するのかを予測するのは難しい。何年も先かもしれないし、最悪収束しないのかもしれない。だが、収束し、再び往来できるようになった暁には、コロナ以前とは違った認識ができるだろう。私個人としてのみならず、地域社会としてである。今もコロナは多くのものを奪っている。だが、そのような日が来ることを想定すれば、収束に向けた奮闘も一層磨きがかかってくるに違いない。

寺沢 重法（てらざわ しげのり）

北海道大学大学院博士後期課程修了。博士（文学）。日本学術振興会特別研究員（ＤＣ２）、北海道大学助教などを経て、現在はフリーランス。専門は社会学、特にセクシュアリティ研究、価値観研究、社会調査法、地域研究に取り組んでいる。

3等賞

中国で記した名前

元団体職員　平手　千瑛

二〇一三年の夏、マス・コミュニケーション学専攻所属の大学三年生の私は中国の首都である北京を訪れていた。中国人の先生が運営するゼミに所属していてその夏合宿の地が先生の故郷でもある北京だったのだ。私にとってこれが初めての海外経験だった。合宿の目的は、海外を経験することで知見を深めることと海外のメディアに触れること。初めての海外、初めての中国でどんな経験ができるのだろうかと出発前から心を躍らせていた。

滞在中は、ゼミの活動として中国のメディアや日中における報道について、中国人ジャーナリストにお話を伺うことができた。日本における中国関連の報道の仕方や、日本人が持つ「中国」や「中国人」に対するイメージとその形成と影響力について深く考える機会になった。このときのお話は今現在においても、メディアをはじめ、人同士のコミュニケーションの際にも（メディア）リテラシーを意識する習慣を私に与えてくれた。

ゼミ活動の合間の自由時間には、天壇公園に行ったり、顔の倍以上はあるどんぶりに入ったラーメンを食べたりもした。「中国は国土や人口だけでなく食べ物までスケールが大きいのかなぁ」と思った。

北京合宿でさまざまな経験をした中でも、特に台湾の出版社である漢聲雑誌の北京オフィスでの体験は未だに記憶が鮮明で、当時がありありと思い出される。私たちはマス・コミュニケーション学専攻の学生ということもあり、就職先はマスコミ、メディア関係を目指す者も少なくない。そのため、雑誌社の見学に皆、興味津々だった。漢聲雑誌は、日本など中国国外にもファンがいる。中国のさまざまな民間文化を紹介している雑誌で、オフィス内には中国の民芸品などがいたるところに置かれていた。それらの用途を教えてもらったり、雑誌のバック

さまざまな国の人たちが名前を残してきた壁に名前を記す

ナンバーを見せてもらったりした。紙面は色とりどりで細部にまでこだわりが感じられてとても美しく、そこにあったものすべてから異文化の香りがした。

見学を終え、オフィスを後にしようとしていた私たちに雑誌社の方が、壁に名前を書いていかないかと声をかけてくれた。見ると、ある一部の壁全面、脚立などに乗らないと手の届かない高さにまでこのオフィスを訪れた人々の名前が残されていた。

子どもの頃でさえ壁に何かを書いたことはない。だから壁にペンで文字を書く行為そのものにかなりのインパクトがあった。さらに自分の名前を書くとなると、なんだか背筋が伸びる思いがした。ましてや、国内外にファンがいるような雑誌社だ。対して、こちらはただの大学生。壁に書かれている名前を眺めていると、ここにはさまざまな国の人が訪れていることが分かった。このような稀有な状況にいて、せっかく書かせてもらうのだから、と自分の中では一番きれいな字で書こうと意気込んだ。意気込みすぎてすこし失敗してしまったほどだ。名前を「書いた」というよりも、名前を「記した」という気分だった。

名前は、私を私たらしめる、つまり私という存在を支えるものの一つだと思う。その重要な意味をもつ名前を異国の地において、簡単には消せないうえに、よく目につく壁に書かせてもらうのだ。それはつまり最大の歓迎をされているようでとても嬉しく、また気恥ずかしかった。けれども「まだ社会にも出ていない、何者でもない私」と、自分自身を規定して萎縮していた私を、人種や国境、立場を越えて、一人の存在として受け入れてもらえた心地がした。このような、人同士のコミュニケーションの場においても中国のスケールの大きさのようなものを感じた。名前を記し終わると、見慣れたはずの自分の名前を携帯で写真に撮った。その時にはすっかり、中国人や、ひいては中国という国や文化に親近感を抱いていた。この国や人をもっと深く知り、もっと仲良くなってみたくなっていた。

　そしてふと昔のことを思い出した。小学二年生の頃、中国人の女の子が転校生としてクラスにやってきたことを。外国人にはそれまで出会ったことがほとんどなかったので私は興味津々で話しかけていた。中国語の単語を教えてもらったり、中国の小学校の様子を聞いたりした。その子はまたすぐに転校していったのだが、本当はもっと仲良くなりたかった。もっとたくさん中国について聞いてみたかった。どうやら私は北京を訪れるかなり前から「中国」を知りたいと思っていたようだった。

　中国を訪れたのはこの夏の北京だけだったが、今、中国と私の関係はまだまだ続くことになった。私の夫が昨年末に中国の上海に仕事で赴任したのだ。ビザが取れ次第、私と二歳になる娘も渡航する予定だ。中国に住み、中国という国や人をもっと身近に感じるチャンスに恵まれたのだ。せっかく行くからには大いに異文化と関わり、見識を広げたい。数年後に日本へ戻った時に、私や家族がどのような成長や変化をしているか今から非常に楽しみだ。

平手 千瑛（ひらて ちえ）
二〇一五年、関西大学社会学部マス・コミュニケーション学専攻（現メディア専攻）卒業。二〇一五～一七年、学校法人追手門学院専任職員。

3等賞

忘れられないおまぬけと親切と

自営業　馬渡 愛

初めて中国大陸へ降り立ったのは、香港返還の年。地元、長崎県島原市の高校を卒業してすぐの春。図書館でみつけたダイヤモンド社刊「中国留学熱烈ガイド」にあの憧れの北京電影学院のページを発見してから三年後でした。

現在鎮西大学と名前を換えたウェスレヤン短期大学の先生方の力添えを頂き、福建省泉州市にある華僑大学で一年弱の語学研修。同室の香苗さんから「勉強してるか、手紙書いてるか、寝てるかだね」と言われる位の日々を過ごし、途中夜遊びやお酒も覚えつつ、中国語ネイティブな香港、澳門、マレーシア出身の留学生仲間達に可愛がってもらって中国語の初歩を習得。そして改めて、拙いながらも中国語でなんとか入学希望の手紙を書き、北京電影学院国際培訓中心に移ったのはその翌年頭でした。

北京に着いて、まずびっくりしたのは、本当に皆が何を言ってるのか理解できなかったこと。いや、もちろんそれまでいた土地の人たちの話し方とは違うっていうのは知ってたんですよ。華僑大学の留学生仲間からも、北京に移ると告げてからはやたら巻舌で話しかけられたりして、からかわれてもいましたし。とはいっても、福建省だとて授業で習っていたのは閩南語ではなく、普通話。普通話であることには違いない。違いないはずなのに、全く解らない。全く、です。耳が慣れ始めるのに一週間くらいかかったように記憶しています。

そして、しばらくして、もうひとつびっくりする事件が起こります。

それは北京に移って数カ月経ち、北京語も聞き取れるようになり、友人もできて、少しずつ北京の地理にも詳しくなってきて留学生活が再び楽しくなり始めた頃のこと。

その日の夕方、留学生仲間数人で北京語言学院横の五《ウー》

北京電影城にて。日本人の俳優さんが主演の映画の撮影に、現場通訳として参加したときの一枚

道口《ダオコウ》まで食事に行きました。日本人の方が経営されてたとんかつ屋さんに行ったのだったか、北京烤鴨を食べたのだったか。それともサンドイッチのSammy'sだったか。と、それは兎も角、電影学院の門の前で今はなき真っ黄色の面的《ミエンディ》を降り、タクシー代を皆で割り勘して精算していたときに気づきました。オーバーオールの胸のポケットに入れていたはずの財布を失くしていることを。間違いなく胸のポケットに、ここなら絶対に安全って思って入れてたのに。もう、瞬時に顔は真っ青！　頭のなかは真っ白！

　そんなに高額を入れてはいなかったとはいえ、留学生の身。少しのお金も無駄にはできないのに。更に、グリーンカードと呼ばれる在留資格カードを入れていたのも大いなる痛手。身分証でもあり、改めて申請するにも結構な額が必要なのです。自分が落としてしまったとんま具合にも呆れるし、悲しいし、うちひしがれること暫く。

　とはいっても、嘆いていても戻ってくるわけでもなし。しょうがないので、今日明日にでも早急に故宮横の事務所に出向いて、改めて申請しなくちゃな、となんとか気持ちを切り替えられた翌日。外出から戻って国際培訓中心の受付カウンターに挨拶した私に、寮の管理の小張《シャオジャン》

（本当は我々よりは年上だっただろうけれど、みんなこう呼んでいた）が「ここに電話しろ」と電話番号を書いたメモを渡してくれました。

ん？　電話？　北京に知り合いなんていないよ。と訝しむ私に、小張が説明してくれます。なんと昨日の夜、我々のすぐあとにその面的に乗った方が私の落としたお財布を拾って、ご連絡くださったのだと！　なかに入っていた在留カードをみて、学校にご連絡頂いたとのことでした。

「何かで必要になるかも」と日本から持ってきていた物の中からお土産になりそうなものをここぞとばかりに見繕い、ご連絡くださった女性とお会いしたのはその日だったか、その翌日だったか。もう、その待ち合わせた場所すらもはっきりとは覚えていないのだけれど、その方も大学に勤務されていて、緑のカードが重要なものだとご存じだったとか、見つけた時に「運転手に渡したら、絶対に戻らない」と思ったから直接連絡くださったのだとかをお話してくださったのをはっきり覚えています。持参したお土産も固辞なさったのだけれど、ほんの気持ちだからと何とか受け取っていただいて、手元に戻ってきたお財布は、一毛《イーマオ》までもそのまま入っていたのでした。

それまで、ずっとどこかで緊張し続けていた中国での暮らしで、初めて深呼吸できた瞬間だったような気がします。

その後、寮の鍵付きの机からパスポートを盗まれたこともあったし、留学生どうしの殴りあいの喧嘩があったり、留学生仲間の恋愛がらみでてんやわんやになったりと、なかなかに刺激的で充実した留学生活を送りましたが、この出来事は、もう二十年以上経つ今でも忘れられない、大切な思い出のひとつです。

馬渡 愛（まわたり あい）

長崎県南高来郡（現島原市）生まれ。高校卒業後、福建省華僑大学対外漢語教学部へ。その後、北京電影学院国際培訓中心を経て、導演系進修班。現在は都内在住の二児の母で、自宅では日本語とスペイン語の二カ国語を使っている。

3等賞

十九歳の夏休み

会社員　西村　範子

人生を振り返ったとき、誰にでもその後の人生を大きく変える転機というものがあると思う。私にとってそれは、十九歳で姉と旅した二十四日間の中国での日々だった。

一九九九年の夏、大学一年生だった私は、当時中国に語学留学していた姉と二人で北京から新疆ウイグル自治区を目指す旅に出た。中国語が全く話せない、海外旅行の経験もほとんど無い五歳下の妹を、通訳となりガイドとなって世界に連れ出してくれた姉には今でも頭が上がらない。

私たちの計画は、まず北京から西安に向かい、その後敦煌、トルファン、カシュガルを巡って、ウルムチから北京に戻るというもの。私にとってこの旅は、中国という国、そしてそこで暮らす人々の多様性に触れる「出会いの旅」となった。

見るもの全てが珍しかった。西安では兵馬俑の数に驚き、敦煌では莫高窟の壁画の美しさに圧倒され、トルファンでは『西遊記』に出てくる火焔山が実在することに仰天した私だが、中でも最も印象深いのは、西安から敦煌を目指すために乗った三十四時間の汽車の旅だった。

私たちが乗ったのは「硬卧」という硬いベッドのある車両。当時はまだ海外からの旅行者がほとんどおらず、乗客の中で外国人は私たちだけだったと思う。初めは視線を感じるくらいだったのが、暫くすると他の乗客たちから質問攻めに遭うようになった。どこの国から来たんだ、どこに行くんだ、名前は?など、みんな興味津々で話しかけてきてくれる。それなのに中国語が全く解らない私はニコニコしているだけ。楽しそうに話をしている姉を見て、「言葉ができれば会話に入れるのにな」と残念で仕方がなかった。ただ、中には筆談で私に質問を

三等賞　西村 範子

ベゼクリク千仏洞にて

してくれる人もいて、中国語は解らなくとも漢字を通してコミュニケーションが取れるという事が新鮮で、中国と日本の文化的な繋がりを見つけたようで嬉しかった。

　長い時間を共に過ごす中で、お菓子や果物を分けてくれる人がいたり、一緒に写真を撮ったり。私の服が破れているのを見て、繕ってくれたおばちゃんもいた。この人達ともっと仲良くなりたい。自分の言葉でお礼が言いたい。この旅をきっかけに、その後私も北京に留学し上海で働くようになるのだが、この時の経験があったからこそ、新しい世界に飛び込んでいけたんだと思う。あの時間が無ければ私の人生は大きく変わっていた。そう思える汽車の旅だった。

　この旅行で私に大きな影響を及ぼしたことがもう一つある。それはトルファンで訪れたベゼクリク千仏洞だった。

　ベゼクリク千仏洞はトルファン郊外にある五～十四世紀に造られた石窟群で、かつて内部の壁は敦煌の莫高窟のように美しい仏教美術で覆われていたそうだ。描かれていた壁画は異教徒に破壊されたりヨーロッパや日本の探検隊が持ち去ってしまったため、損傷が激しく現在はごく一部しか残っていない。

ひんやりとした暗い石窟の中で、表面を剥ぎ取られて白く浮かび上がった壁を眺めながら、かつてこの場所にはどれほど美しい絵が描かれていたのだろうと遠い昔に思いを馳せる。旅行を終えて日本に帰国した後も、この時に感じた悲しい気持ちは長く胸に残っていた。

それから十九年後の二〇一八年の初め、三十七歳になった私はロシアを訪れていた。中国への旅を終えた後、すっかり旅好き・美術好きになっていた私は、この時も世界三大美術館の一つであるエルミタージュ美術館に行くために一人でロシアまでやってきたのだ。

世界の至宝や名品を所蔵するこの美術館は、長い間私にとって憧れの場所だった。しかし、今回飛行機を乗り継いで真冬のロシアまでやって来たのにはもう一つの大きな理由がある。ここには、あのベゼクリク千仏洞から持ち去られた仏教壁画が展示されているのだ！

西洋絵画ゾーンの賑わいが信じられないくらいひっそりとしたその場所に辿り着いた時、緊張して身体が震えているのがわかった。幾つかの美術品の前を通り過ぎ、とうとう色鮮やかで美しい仏教画が目の前に現れる。千年前に描かれ、異教徒からの破壊行為を免れて、今は世界中に散逸してしまった数奇な運命をもつ仏教画。ああ、あの夏の日の二倍近い年齢になって、やっとその姿を見ることができた。中央に描かれた、優しいお顔の仏様に心の中で話しかける。

私、まだ十代の時にあなたの故郷まで行ったんですよ。あの頃は一人じゃ何もできなかったけど、今ではこんなに遠くまであなたに会いに来られるようになりました。この十九年間に色んなことがあったけど、沢山の人たちに助けてもらって、成長することができました。そのきっかけをくれたのは、あなたの母国の人たちの優しさだったように思います。

照明が煌々と光る美術館にいるのに、一瞬だけ自分があの薄暗い石窟の中でひとり壁画と向き合っている気がした。ひと気のないアジア美術コーナーの壁画の前で泣いている私の横を、ロシア人らしい観光客が不思議そうに見ながら追い抜いて行った。

西村 範子（にしむら のりこ）
同志社大学文学部卒。卒業後は北京に語学留学し、その後上海にて二年間勤務。現在は大阪在住。

3等賞

ユチョロマ

大学教員　梅田 純子

私が中国語を学び始めた四十年ほど前は、外国語といえば英語が主流で、まして若い女性が中国語を学ぶことは珍しかった。

「なぜ中国語?」としばしば聞かれたものだが、そんなとき私は二つの理由を答えていた。

その一、漢詩が好きで、内容をより深く理解するために原語で読みたいと考えたから。その二、かつて中国を訪問した祖父から大地に沈む夕陽の美しさを聞かされ、いつか私も彼の地に行きたいと思っていたから。

ロジカルな人には一を、ロマンチストさんには二を言うと満足そうな表情で頷いてくれる。でも実は、もう一つの理由があった。それは「ユチョロマ」を解明することだ。

物心ついたころから私と祖父の間には秘密の合言葉があった。それが「ユチョロマ」だ。

私が落ち込んでいると、祖父は私を膝にのせ、両手を耳の脇でひらひらさせて目を大きく見開き、独特の抑揚をつけて「ユチョロマ」と言った。私はその語調が無性におかしく、コロコロと笑わずにはいられなかった。

反対に祖父がむずかしそうな顔をしているときには、私がおどけた調子で「ユチョロマ」と言うと、途端に祖父はいつもの明るい笑顔に戻るのだった。

そんなやり取りを繰り返したある日、それまで気にならなかった「ユチュロマ」の意味が突然、気になり出した。私は「ねえ、おじいちゃん『ユチョロマ』ってなあに?」とたずねてみた。

「さあね、おじいちゃんも解からないんだよ。中国のどこかで誰かが言っていて、耳にこびりついて離れないのさ」「じゃ、私が大きくなったら中国語を勉強して『ユチョロマ』の意味をおじいちゃんに教えてあげるね」

私は大学生になると第二外国語で中国語を選択した。当初、「ユチョロマ」は挨拶のような簡単な中国語に違

1999年、三条市の姉妹都市である湖北省鄂州市での通訳

いないと思っていた私は、大学で勉強すれば、すぐに解明できるものと軽く考えていた。

ところが一年生の中国語の教科書には「ユチョロマ」という単語は出てこなかった。先生にも聞いたが、首をひねるばかりだ。

基本的な文法事項を理解したら、今度は単語表や辞書を調べたり、中国の小説や雑誌など入手できるものを手当たり次第に読んだりもしたのだが、結局、大学の四年間で解明することはできなかった。

こうして「ユチョロマ」を追いかけるうちに、第二外国語であった中国語が、いつしか私の専門になり、仕事で頻繁に中国を訪問するようになっていた。

湖北省鄂州市での公式行事を終え、江蘇省南京市に滞在していたときのことだ。「庶民の暮らしぶりが見たい」と希望される訪中団の方々と共にホテル近くの市場を散策することになった。

半地下の市場へ続く入り口のドアを押し開けると、そこには連日の公式訪問で見てきた格調高く厳粛な世界とはまるで異なる、パラレルワールドが広がっていた。

通路いっぱいに広げられた山積みの商品、色彩の乱舞に目が奪われる。香辛料と生鮮食品が入り混じった匂い、歌うような物売りの声や陽気な笑い声……。

私達はまず、買い物客が長蛇の列をなす餃子売りの屋台を覗いた。給食当番のような白い帽子と白衣を身につけたおばさんが二人、小ぶりの麺棒をコロコロと転がしながらぷっくりとした餃子を作り上げていく。その手際の良さに感嘆しつつ、狭い通路をさらに奥へと進んだ。

豆腐屋では、一メートル四方ほどの巨大な豆腐がベニヤ板にデーンと載せられ、客の注文に合わせて中華包丁でストンストンと切り分けられる。軒先にはきつね色に揚がった油揚げのようなものが束になって吊り下げられ、大豆つながりなのか足元には大量のもやしが盛られた大ザルが置いてある。

しかし、何といっても団員の興味を引いたのは肉売りの屋台だ。軒先には針金に引っ掛けられた腸詰や部位別の肉片がぶら下がり、台の上には毛をむしられた鶏たちがシンクロナイズドスイミングの選手よろしく、両足を突き上げて整然と並んでいる。

実験室で牛や豚の解剖をしているかのような光景が私には見るに耐え難く、いつもなら足早に通り過ぎるのだが、同行のお客様がご所望とあらば致し方ない。私も恐る恐る眺めていた。

そのときだ。後方から愛らしい子どもの声がした。

「ヨウ・ジュー・ロウ・マー」。この懐かしい響きは……。

細かな違いはあるが、その独特の尻上がりの抑揚は間違いなく祖父の「ユチョロマ」だ。

くわえ煙草の肉屋の主が、「ヨウ（有・あるよ）」と言いながら豚肉（ジューロウ）の塊を針金からヒョイと外し、お使いの子の買い物かごにポンと投げ入れた。

この瞬間、私はすべてを合点した。長年追い求めてきた「ユチョロマ」の正体は、そう、「豚肉有りますか」だったのだと――。

私は今、新潟で語学スクールを経営している。三十四年前に小さな中国語教室として始め、外国人向けの日本語教室や、学習塾、さらには念願の通信制高校の開設にも至った。

その原点である「ユチョロマ」、私を語学と教育の道に導いてくれた、この魔法の言葉に感謝している。

梅田 純子（うめだ じゅんこ）

一九五八年新潟県生まれ。新潟大学大学院人文科学研究科終了。日本語講師や通訳を経て現在は語学スクールの経営を行う。また、新潟経営大学、長岡技術科学大学、新潟中央短期大学で客員教授・非常勤講師として中国語を教えている。

3等賞

トウモロコシ畑の出会い

国家公務員　豊田　恭子

今まで、中国各地を旅行した。私は中国の古代史が好きで、ゆかりの地を訪れてきた。ただ、目的地が観光地ではないところが多く、道が分からずに現地の人に尋ねて回った。中国の人は親切だ。外国人でも、わざわざ目的地を探してまで案内してくれる。おかげで私は沢山の人に助けられた。

二〇一〇年の夏、私は河南省新鄭市を訪れた。新鄭市は、春秋時代の鄭、戦国時代の韓の都であった。その宿泊先ホテルに置かれていた現地の地図に、韓王陵の遺跡の場所が載っていた。事前に調べた観光情報には無く、韓の遺跡は無いと思っていたので、私は見つけた時、思わず叫び声を上げたくらいとても感激した。

そして翌日の早朝、私は王陵近くへ行くバスに乗った。車掌に王陵の話をすると、行くのを止められたが、何とか説得し、近くで降ろしてもらえることになった。私を乗せたバスは町を抜け、野原の中の一本道を走ると、小さい集落の中に入って行った。そして食品を売る店の前で止まった。車掌が私を連れて降り、店長らしき女性に私を託した。走り去るバスを見つめている私に、店長が「王陵に行くのは無理よ。止めなさい」と言ってきた。私は驚き、「道だけ教えてくれれば一人で行きますから」と言ったが、呆れた顔をして店の奥に引っ込んでしまった。一人、店の前に残された私はひどく心細い気持ちになった。楽しみにしていた遺跡に行けないかもしれないと悲しくなった。しばらくその場に立ちすくんでいると、店の前に村人たちが集まって来て、私を物珍しそうに見て何か話し合い始めた。どうやら、王陵は一人で行けない場所にあり、道案内を誰にするかで相談しているようだった。すると、小柄なお爺さんが煙草をふかしながら遠くから歩いてきた。村人の一人が私に近づいてきて、

李さんとトウモロコシ畑

そのお爺さんを指さして言った。

「あの人が案内してくれるよ！」

お爺さんは李さんと言った。中山装を着て、傷んだ靴を履いていた。その昔気質な様子が私の祖父と似ていて、初対面なのに私は親近感を持った。私たちはトウモロコシ畑のあぜ道を歩いた。最初、李さんは寡黙だったが、私と打ち解けると、辺りの畑を指さして「この畑もあの畑も全部私のもの」と話し出した。代々トウモロコシ農家で、今は、子供が都会へ働きに出たので、夫婦だけで暮らしているという。李さんは私がカメラで風景を撮っているのを見て、好奇心に駆られたのか、「自分を撮ってほしい」と言ってきた。私は喜んで承諾すると、畑をバックに李さんを撮った。背筋をピンと伸ばしたその姿はとても誇らしげだった。

目的の王陵はあぜ道とトウモロコシ畑を抜けた先にあり、一時間くらいかかった。到着した時、私はそれが王陵とは分からなかった。それは立派な公園ではなく、淡い黄緑色の畑の中に埋もれるように濃い緑色の小高い丘が四つ並んでいるだけのものだった。その墓とおぼしき塚は蔦に覆われ、説明を受けないと王陵とは分からなかった。

李さんは「王陵は東西に四つ並んで、北を向いている」と教えてくれた。そして私に「せっかく来たのだから登ろう」と言って、二メートルほどの高さの丘の上へ、蔦をかき分けながら先に登って、私を引っ張り上げてくれた。私は草と泥まみれになりながら登った。丘の上からの景色は、見渡す限りのトウモロコシ畑だった。村は見えなかった。李さんは私に何度も「満足したか？」と尋ねた。私は笑顔で「満足したよ」と答えた。本当に心の底から満足していた。こんな所まで来ることができるとは思わなかった。しばらく私たちはそこに佇んで風景を眺めた。

王陵から帰る途中、私は李さんにお金を払うと言った。こんな遠くまで案内してもらって申し訳ない気持ちだった。だが、李さんは「不要」と言うばかりで、何度私が言っても頑なに断った。そして村に戻ってくると、心配していた村人たちが私たちの姿を見て集まってきた。私が村人の質問攻めにあっている間に、李さんはいなくなってしまった。結局、私はお別れもお礼もできないまま帰りのバスに乗ることになってしまった。

李さんは単なる親切心で私を案内してくれたのだろうか。私は今まで、李さん以外にも、中国で親切な人に沢山会った。他の国々にも旅行したことがあるが、そういう出会いは中国だけだ。それはよそから来た人をもてなす文化なのだろうか、それとも地元に誇りをもっているからなのだろうか。はっきりとは分からない。だが、私はそういう中国人の気質が好きだ。だから中国に何度も旅行しているのだと思う。

最近は技術革新のおかげで、スマホ一つあれば、簡単に交通経路が分かるようになり、中国の人に道を教えてもらう必要はなくなった。もう、あのような出会いは少なくなってしまうのだろう。

日本に帰った後、私は一筆したためた日本の絵葉書を、あの時の写真に添えて李さんに送った。も一緒に添えた。私のせめてものお礼のつもりだ。

豊田 恭子（とよだ きょうこ）

一九七三年大分県生まれ。一九九七年、福岡県立福岡女子大学文学部国文学科卒業。同年、国家公務員として採用。二〇二一年八月現在は検察庁にて勤務。

3等賞

ついに実現した私の夢、それは中国……

元教師　伊藤 茂夫

私には上海人の弟、景麟《ジンリン》がいる。私より五歳若い。私は今年の八月で七十四歳になる。

弟と言っても親は別人である。弟の両親は中国人で私の両親は日本人である。早い話が、三国志演義の玄徳・張飛・関羽のような「結拝《ジエバイ》」（義兄弟の契りを結ぶ）関係なのである。私が上海に行った時は弟の家に泊り、彼が来日の時は私の家に泊る。日本人と全く同じ付き合いで、家族同士の交流は二十九年にも及ぶ。

彼は上海市の研修生の副団長として一九九二年に来日し、一年間茨城県の旧那珂湊市の魚加工団地で働いた。就労の内容には日本語学習も含まれていた。地方公務員だった私はボランティアとして日本語を教え、独学の中国語を少々あやつった。また県の要請で中国残留孤児（配偶者はほとんど中国人である）に日本語を教えていた時期もあり、二〇一四年に帰国してからは彼らの生活相談や医療通訳も行った。

私は定年前、五十七歳で公務員を辞職し、二〇〇五年に単身で中国に渡った。もちろん日本語教師をするためである。中国の友人に大学の先生もいて、日本語教師の要請があったからである。私は、体力や精神的余力があるうちにと、家族に対する経済的な手当を確保して旅立った。息子二人はすでに社会で自立していたが、私の中国行きを決定的にしたのは母の死である。認知症の母の世話は泣きながらの妻の介護があり、その期間は七年にも及んでいた。ある意味、母が「中国に行きなさい」と無言で背中を押してくれたと理解している。今では小さな仏壇を購入し、父母の遺影を本尊にして手を合わせている。家督は兄が引き継いでいるからだ。

さて、ステージを二〇〇五年の中国大陸へ移そう。ある日、私は上海市経済管理幹部学院で授業をしていた。

息子の結婚披露宴にて、中国語で挨拶をする筆者。既に50°以上の白酒をいただいていたが、何とか大任を果たし、人生の集大成となった。

「皆さん！　今日は妻が成人式に着た和服一式を持ってきました」と話し始め、和服を広げ、帯・足袋《たび》・草履《ぞうり》等を展示した。それらを学生たちに触れさせ「よく見てください。金糸・銀糸も使われています。これは本物の金や銀を使っています」と話すと「え!?　え〜本当ですか？」と学生たちは驚愕した。「そうなんです。持ってみると結構重いでしょう」学生たちは改めて持ち上げ「本当だ！　重い！　重い！」更に「この刺繍技術は中国の唐のころから日本に伝わっています」学生たちは「へー!?」とまた驚いた。「すごいな〜中国は！」私も「すごいね〜中国は！」と一緒に称賛していた。中国の若者と波長が溶け合った時ほど嬉しいことはない。日中間の悠久の歴史の重みをこの肌で体感し、全身で受け止めた瞬間でもあった。

　和服をさらに説明した。「日本人は桜の花が咲く時、桜の柄が入った着物を着ません。なぜなら桜を愛《め》でるということは、桜に対して畏敬《いけい》の念を持ち、謙虚な心で鑑賞するのです」続けて「もし桜花爛漫の時に桜の柄が入った着物を着たら、なんと傲慢《ごうまん》で恥ずかしいことでしょう。人間は自然の生業《なりわい》には勝てません」「大自然の移り変わりの中に、人間も桜も共に生かされていることを感じとることが大切です」私の説明に「うん！　うん！」と頷《うなず》いていた。説明が終わると女子学生たちに着付けをした。教室は華やかなムードに包まれ、着物を着た学生が私の腕に手を回し、「先生！　一緒に写真を撮りましょう」と私を誘惑した。教室は撮影会と化し、にわかモデルの私は鼻の下を伸ばし、自慢げに教室内を歩き回った。民間大使の任務は成功裏に完了したのである。他校も含め十年間で教えた学生数は千人に上った。

　二〇一七年、ついに私の夢が実現した。私はあるレストランの披露宴会場にいた。そこで新婦（中国人医師の娘）と新郎（上海で就労の息子）と一緒に客を迎えていた。景麟夫妻や恩人の周氏夫妻も臨席した。酒精五十度の白酒《バイジュウ》も振る舞われ、宴もたけなわになったころ、司会者が私を紹介した。「皆様、新郎の父より中国語で挨拶があります。伊藤様は上海で日本語教師をしていました。中国語は独学とのことですが、私たちネイティブが聴いても『標準《ビャオジュン》』です」会場は声援と驚きに似たような賑やかさで溢れた。高揚した弟が「いいぞー兄ちゃん！」。息子の日本人同僚と私たち以外すべて中国人である。両家を代表して私は「紳士・淑女の皆様、本日はお忙しい中、若い夫婦のためにご臨席を賜り誠にありがとうございます……」と話し「二人が共に偕老同穴を迎えるまで末永く幸せに暮らせますよう祈ります」と言って挨拶を結んだ。すると再び「オー、好《ハオ》！」会場は盛大な拍手と歓声で最高潮に達した。

　私はこの挨拶を人生の集大成として捉えていた。日本人が中国に赴き中国語で挨拶をすれば、お互いの友好が更に深まると考えたからである。私が中国に関わってきた時間には五十年の歳月が流れていた。日本では幼稚園や福祉施設で〝二胡〟を演奏し、上海に住む女児孫とはWeChatで交流し、私の人生に大きな喜びと希望を与えてくれているのである。

伊藤 茂夫（いとう しげお）
一九四七年水戸市生まれ。一九六三年、県立水戸商業高校入学、ブラスバンド部に入部。一九六六年、東京のバンドでトランペッターとして活動したが健康上の理由で帰郷。一九七四年、高校時代を自叙伝にし『ある水戸ッポの青春高校時々出鱈目記』を出版。一九七五年、水戸市役所に就職。ボランティアで上海研修生や残留孤児に日本語を教える。二〇〇四年早期退職、翌年、上海市経済管理幹部学院等で日本語を担当し、二〇一四年帰国。二〇一五～二〇二〇年、県の要請で中国残留邦人の支援活動。現在、福祉施設・図書館・幼稚園で二胡演奏活動を行う。

3等賞

僕の初めての中国

会社員　木山誠一朗

僕が初めて中国を訪れたのは、二〇〇八年夏のこと。北京オリンピックで沸く、熱狂の真っただ中に飛び込んだのであった。当時大学生の僕は、大阪から上海までフェリーで渡り、上海から長江を遡上していく旅を計画していた。大阪から退屈な船旅に耐え、上海に入った時、とても興奮したのを覚えている。

上海の街は、あまりに立派なビルディングと、あまりに庶民的な家屋が、ごちゃ混ぜのカオスだった。東京にもそういう場所はあるが、そのインパクトは比じゃない。上海の歴史、そこに醸成された空気感の中に、弾丸の如く撃ち込まれた経済成長が作り上げた圧巻のコントラストであった。中国では、英語が通じないと聞いていたが、上海では思いのほか通じた。特に若い世代は、僕よりもはるかに流ちょうな英語を操っていた。大学生の僕は、ドミトリーのあるユースホステルに宿泊した。この渡航前にキャンプをしていた僕は、全身が真っ黒に焼けており、さらには丸刈りでタンクトップという、いかにも貧乏旅行者の恰好であった。そんな僕を見て、ユースホステルの若いスタッフは、「あなたは日本人に見えない。中国人みたいね」と嘲笑った。どうして、自国民のようだと貶したのか、よく理解できなかった。中国という広大な国の一部を旅行してみて、当時の上海の若者は、飛躍的経済成長を遂げ、五輪開催を成し遂げた中国人であることを誇りに思いながらも、自分たちはまだまだ発展途上の中国人とは違う、というような深層心理があったのだろうか、そんなことを邪推してみた。

上海から、鉄道で宜昌という街へ向かった。意外にも、この街を知らない日本人は多い。この宜昌には、世界最大の三峡ダムがあるのだ。中国では、大河が二つあり、河を制すことで覇権を握ると言われてきた。それだけ、

土家族の集落にて。日本人の放浪者を珍しがって、駆け付けてくれた

治水事業というのは困難なことであった。その大河の一つ、長江に世界最大のダムを建設する、それはまさに中国にとって威信をかけた国家的事業であった。もちろん、それだけ大きなプロジェクトの裏には、涙もある。ダム建設のために、多くの町や村が沈んでいったのも事実だ。光と闇をあわせもつ世界最大のダムをどうしても見たかった。三峡ダムの見学ツアーの参加者の多くは、中国人であった。三十人ほどのグループで、外国人は、僕と、フランス人の若者二人だけ。フランス人の若者は見るからに外国人の風貌、対する僕は一見、外国人とわからない。明らかに外国人とわかり、ちやほやされるフランス人に少しだけ嫉妬していた。その夜、僕とフランス人の三人は、庶民的な食堂で食事をした。食堂では、中国ポップス独特の甘く情的な歌声が響いていた。僕は、どことなくアジアらしさの共感と中国らしさの好奇心で聞き惚れていたのだが、フランス人たちは突如、この旋律に発狂し、店を飛び出していった。フランス人よりも僕のほうが、この国とシンクロ出来るのだと思うと、少しだけ気を良くしたのであった。

長江沿いを気の向くままに辿っていると、土家族の集落に行き着いた。そこは、幹線道路からも大きく外れ、二度と訪れることが出来ないような村であった。親切な村人に、山の奥の小さな家へと招かれ、昼頃であったが、突如豪勢な食事を振舞われた。僕は初めて飲む白酒で一気に酒が回り、気づいたら部屋のベッドまで通され、寝ていたのであった。夕方くらいに目を覚まし、やってしまったと焦ったものの、お金や荷物を触られた形跡は一切なく、少し疑ってしまった自分を恥じた。目を覚ました僕に気づいた家主が、家の周りを嬉しそうに案内し、有り難い言葉が彫られているという石碑をいくつか自慢してきた。その夜、僕が泊めてもらう部屋の隣で、家主たちがテレビを視ていた。そのテレビは、ほとんどが砂嵐だった。テレビをつければ、綺麗な映像が映るという常識は、世界の常識ではなかった。無論、あれから十三年たった中国では、我が家のテレビよりも立派で綺麗なものを使っている可能性が高いのだが。

二〇〇八年のオリンピック熱狂が渦巻く中国、そのたった二年後に中国はGDPで日本を追い抜き、世界第二位の経済大国となった。そこからも飛躍に飛躍を遂げ、世界の工場から世界のスタンダードに変わりつつある。このコロナが収束したら、もう一度中国を見てみたい。できれば、僕が辿った長江沿いを再び旅してみたい。あれからたった十三年、大学をなんとか卒業し、嫌々働き、職を数度変え、いまだ自分の人生の道を、だらだらと彷徨っていたこの十三年。きっとコロナ明けに訪れる中国を見れば、はたして時の流れとは絶対的な速度なのだろうか、と疑いたくなってしまうだろう。僕のようなマイペースな日本人は、中国を見ておくべきだ。中国山椒のピリッとした刺激を味わうのは、まだまだ長い人生において、いいスパイスになるに違いない。

木山 誠一朗（きやま せいいちろう）

二〇〇七年に早稲田大学教育学部国語国文学科に入学。第二外国語で中国語を選択するも、二年連続で落第。二〇〇八年に初めて中国を訪れるも、なんとか漢字で筆談し、二カ月間無事に滞在。その後、中国文学のゼミを受ける。卒業論文では『聊斎志異』の狐について執筆し、二〇一二年に無事卒業。そこから二〇二一年まで、全く中国と縁のない生活を送る。

3等賞

玉林での出会い

元大学教員　秋元 文江

「先生、こっち、こっち」

何の変哲もない六階建ての四角い白いビルの前で、学生が手招きをしている。それに従って中に入ると、外見のそっけなさとは裏腹に、そこは様々な色に彩られた世界だった。頭上には、ロの字型のビルによって四角に切り取られた真っ青な空があり、中庭には、おびただしい数の自転車が並んでいた。そして、一階から六階まで、同じサイズの何百という部屋が中庭を取り囲むように並び、その中庭に面した廊下には、隙間なく干された色とりどりの洗濯物が静かに風に揺れていた。まるで、現代版の土楼のようだった。ここは、中国の南西部、ベトナムと国境を接している広西チワン族自治区の玉林という町にある大学の寮で、この日は、寮の見学という私のたっての希望を学生がかなえてくれたのだった。

一九七九年大学二年の夏、第三次西日本学生訪中団の一員として、改革開放後間もない中国を初めて訪れて以来、何度か中国へ語学留学した。その時知り合った中国人女性との縁で、この玉林という日本人が一人もいない町の大学で、日本語を教えることになった。北京の友人からはやめたほうがいいとさんざん言われたが、不安よりも行ってみたいという好奇心のほうが勝っていた。

二〇一一年、福岡空港から上海を経由して広西チワン族自治区の中心都市、南寧の空港に着いた時、私の中にある空港のイメージとはあまりにかけ離れたその規模の小ささに、すでに後悔し始めていた。空港から大学の車で玉林に向かう五～六時間の間に、その後悔はどんどん膨らみ、「はたして私はここでやっていけるのだろうか」という不安で胸がつぶれそうだった。

一年のうち十カ月は続く暑さ、北京のような大都市では手に入っていたバターやコーヒーなどが手に入らない

雨上がりの校庭で撮った学生（2年生）との写真。今となってはなぜみんなで写真を撮ったのか思いだせないが、みんなこぼれるような笑顔

こと、大学から一歩外に出ると、普通語《プートンホア》とは全く違う言葉（玉林話）が話されていること、市場の店頭に、生きた鶏やアヒルなどを入れた籠や檻が所狭しと置かれていること、生活を始めてみると、このような環境の違いに驚きやストレスを感じることもあったが、学生はとても素直で人懐っこく、大学で彼らと過ごす日々は本当に豊かで楽しいものだった。八年余り日本語教師としての経験を積んだ今となっては、当時の学生には謝りたいくらい教授技術は未熟であったが、新米教師ならではの情熱とエネルギーだけはあふれていた。授業のあと、一緒に食事をしたり、授業のない日でも、私のアパートまで来てもらい、手作りカレー付き勉強会をしたり、私が学生の寮を訪ねたりした。

そうやって学生と過ごす日々は過ぎていき、いよいよ離任が近づいたある日、学生が私のために送別会を開いてくれることになった。場所も内容も全く知らされないまま、当日案内されたのは、キャンパス内の薄暗くて、だだっ広い食堂だった。学生が食堂のおばちゃんに頼んで作ってもらっていた餃子の餡を、みんなでワイワイ言いながら包み、それをまたワイワイ言いながら食べた。食事の後はショーの始まりである。学生手作りの小さなステージで歌や踊り、クイズなどの出し物が続き、そして最後、「先生、こちらへ」という声に促されてステージにあがると、以前私が好きだと言ったことのある中国の歌、「伝奇《チュアンチー》」の大合唱が始まった。

　レストランでもホテルのきらびやかな広間でもなく、薄暗くて、ただ広いだけの学生食堂ではあったが、学生たちの受け止めきれないほどの誠意がまっすぐに伝わってきて、何とも言えない熱い感情が、胸の奥底から湧き上がってくるのを抑えることができなかった。最初「えっ、こんな所で」と思った自分を恥じた。

　玉林にいた時、私は学生を助ける立場であったが、実は、助けられていたのは私の方だったのかもしれない。私の存在は学生によって意味あるものとなり、彼女たちの存在が私を輝かせてくれていたのだ。彼女たちは、日本人が誰もいない中国の町で、五十歳を過ぎて、無謀にも新しいことを始めようとしていた私への贈り物だった。

　日本人が一人もいなくても、どんな環境や場所でも、誠意をもって接してくれる相手がいれば、豊かに暮らしていけるのだ。

「誠に人に優しくしてあげたら、同じような優しさをもらえます。先生はそう思いますか。うちの姉は私が単純すぎと言ったが、私はそう思いません。」これは、ある学生からもらったメールの中の言葉である。彼女のお姉さんが言うように、この世界はそんなに単純ではないのかもしれない。しかし、少なくとも私は、彼女の人というものへの信頼を裏切らない人間であり続けようと強く思っている。

　日本でマスク不足が深刻になっていた昨年の三、四月ごろ、彼女たちから「もしマスクが足りなかったら送りましょうか」というウイチャットが次々と届いた。まだ収束の見通しが立たないコロナ禍のさなか、彼女たちがいると思うだけで、何とか乗り越えていけそうな気がしている。

秋元 文江（あきもと ふみえ）

一九七八年、九州大学文学部東洋史学科入学。一九七九年 西日本学生訪中団の一員として中国（北京・天津・済南・上海）を訪問。一九九九年、二〇〇五年、中国に語学留学。二〇〇七年、通訳案内士資格取得後、通訳・通訳ガイド。二〇一〇年、北京で日本語教師（個人指導）。二〇一一年～二〇二一年、中国の大学（広西チワン族自治区、北京、西安）で日本語教育に携わる。

3等賞

夢はあきらめない

大学教員　柳井 貴士

「わたしは日本に行ってみたいのです」

流暢な日本語で熱心に訴えたのは、中国人の学生Kさんだった。

三年前、私は日本語教育のため中国は甘粛省の省都蘭州市にある大学へ赴任した。私は二年生の授業を主に担当した。日本語を学んでまだ一年程度の学生たち。中にはアニメやゲームを通して日本語学習を行っている者もおり、学びの進度はまちまちだった。ひとつ嬉しかったのは、彼らが一様に、学習に対して一生懸命だったことだ。本学には三年次に日本の国立大学への派遣留学制度がある。みな、未知の国への留学の機会をうかがっていた。

Kさんは、天津市出身の女子学生だ。私が赴任した初日から、数人の仲間と共に、大学の施設案内をしてくれたり、日本語サークルの顧問になるよう熱心に勧誘してくれた。日本語が上手だな、それが彼女の第一印象だった。

日本語サークルは、文化や自然、若者たちの日常会話などを紹介し、日本への関心を深めることに一役かっていた。日本語学科以外の学生も数多く参加してくれ、サークル活動は盛況だった。会後にはかならず懇親会が行われた。懇親会の席、慣れない中国語に戸惑う私に、Kさんは丁寧に通訳をしてくれる。「彼は、女の子たちにいじられて泣きそうになっています（笑）」、「彼女は生魚を食べる日本人を理解できないと言っています」、「先生は日本のアイドルで誰がいちばん好きか、皆が知りたがっています」。私の目を見てゆっくりと話す誠実さに感心した。でも、ときどき、彼女は苦笑する。「方言なので、何を言っているかわかりません」。

中国は広い。多様な民族が生活しており、言葉も文化も多彩だ。そして、歴史も深く長い。私が中学生のとき、

学内予選後の懇親会（これが楽しみ！）

社会科の先生が言っていた。日本文化にとって中国は祖父、朝鮮半島は父なのだ、と。その祖父との関係は、近代になって大きく展開した。その先に、不幸な戦争があった。多くの中国の人々が犠牲になった。その中に、Kさんの曽祖父母もいた。

Kさんの父も母も、娘が日本語を勉強することを快く思ってはいなかった。桜の美しさを知り、日本のアニメ映画のとりこになっていたKさんは、日本語学科への進学だけはなんとか認めてもらった。しかし、留学については許してもらえなかった。

「わたしは日本に行ってみたいのです。その自然を感じ、文化を学びたい、たくさんの日本人と友達になりたい」ある日、Kさんは真剣なまなざしで私にそう告げた。留学が難しいなら、他に日本へ行く方法はないか。

調べると、いくつかのコンテストがヒットした。上位入賞者には副賞として日本行きのチャンスがもらえる。私はまず彼女に「作文コンクール」への参加を促した。授業の成績は抜群によい。作文も会話力も、学年でトップクラス。「自信がありません」という彼女の言葉は無視した。とにかくテーマに沿って、日本への思いを素直に書いてみなさい。すると、素晴らしい作文が出来上がった。手直しを繰り返し、完成原稿をコンクールへ送った。

数か月後、結果が発表された。彼女は全中国で二等賞を受賞した！　一等の日本旅行は逃したけれど、初めての挑戦での好成績に、Kさんは涙を流しながら喜んだ。

授賞式は日本大使館で行われる。私たちは北京へ向かった。盛大な授賞式だった。中国のいろいろな大学で日本語を学ぶライバルたちに接し、彼女は自分が学んできたことの正しさを実感したに違いない。晴れやかな笑顔で式に臨むKさんはまぶしかった。同時に、手が届かなかった一等賞への思いもあふれたようだった。満足と悔しさ。Kさんはその思いを来年につなぐと宣言した。

「実は、母がこの授賞式に来たいと言いました。大使館でやるなんてすごい、と言ってくれたのです」授賞式後、Kさんは言った。

仕事の関係もあり、当日北京に来ることは出来なかった。だけど、Kさんの受賞は、両親の心を確実に動かしたのだ。「日本語の勉強を頑張れ」。両親からその言葉を受け取れたことが、受賞よりも嬉しいご褒美だったとKさんは笑顔で言った。私は作文の学習機会を通し、大げさに言えば、民族や家族にとっての希望の光を見たような気がして、Kさんとの打ち上げの席、ビールを片手に目頭があつくなった。

大学三、四年のコンクールでは思うような成績を残せなかった。私は指導者として責任を感じた。Kさんの日本語能力はさらに進化している。スピーチコンテストでも好成績を残していたのに……。

だけど彼女は笑顔だった。「先生、両親が大学院で日本語の研究をすることを許可してくれました！　私は西安の大学院に合格しました！　先生の指導のおかげです、ありがとうございます！」嬉しい報告だった。彼女の実力なら、大学院在学中に日本に留学もできるはずだ。Kさんは自分の夢を、その努力と素直さで手繰り寄せたのだ。諦めない心、日本を好きでいてくれる気持ち。私の方こそ、たくさんのことを学ばせてもらった。

柳井 貴士（やない たかし）

二〇一七年から中国は甘粛省にある蘭州大学外国語学院にて教員となる。中学生時代に読んだ井上靖「敦煌」と、その映画『敦煌』を見て以来、甘粛省をふくめたシルクロードに関心を抱いていた。中国の多くの友人の助けもあり敦煌を中心とした西北地域を旅行できたことと、蘭州大学で日本語を一生懸命学んでくれる学生との出会いが一番の思い出。現在は愛知淑徳大学創造表現学部で教員を務める。

3等賞

祖父母との夏休み

会社員　安 佳夏

まだ小学校の低学年だったころ、夏休みのあいだ張家口の祖父母の家にひとりで置き去りにされたことがある。どういった経緯でそうなったのかは憶えていないが、父も母も、わたしに中国でしばらく過ごす経験を、まだ幼いうちに持たせたかったのかもしれないし、中国語が全くわからない私に、中国語しか使えない祖父母のもとで過ごさせることで中国語を習得する機会にしてほしかったのかもしれない。

張家口の夏は日本のねっとりとした暑さとは違い、からりとしていて過ごしやすい気候だった。夜になれば少し肌寒いくらいで、祖父は毎日、涼しくなった夜に近所に散歩に出かけ、私もよくついていった。

祖父母の家から少し歩くと、広場にはいつも怪しげな夜店が出ていて、店主が思い思いに広げている店先には様々なものが売られていた。街灯の暗いオレンジ色に包まれて、パチンコで空に飛ばす光るおもちゃや、手作りの小物入れやバッグ、靴や洋服、色とりどりのあまりなじみのない果物、米粒に絵を描くおじいちゃん、そんな有象無象がひしめき合ったナイトマーケットとも呼べないほどの超地域的な市場が、私はとても好きだった。好きだった、といっても、当時そう思っていたのかはわからない。ただ毎日毎日することもなく、友達もおらず、過ごしたことのない土地で普段離れて暮らす祖父母と三人きりの生活は、退屈で退屈で仕方がなく、夜の散歩が楽しみだったことを思えば、きっとあの夜の市場が好きだったということだろう。ガイドブックにも載っていない、検索しても出てこないあの夜市が、いまは亡き祖父の記憶とともにとても懐かしく思い出される。

夏休みのあいだの期間だったので、たかが一カ月程度の話だと思うが、言葉がほとんど通じない環境で過ごす

中国の祖父母の家に家族で遊びに行ったときの写真

時間としてはとても長く感じたことを覚えている。言葉が通じないながらも、小学生の私は、父と母の目もない中尽くしうる限りのわがままを尽くした。

祖母が良く、何が食べたいか？と聞いてくれたが、当時中華料理に全く興味がなかった（今は大好物だ）子どもの私には、「チンジャオロースー」くらいしか食べられるものが浮かばなかったのだ。加えて祖父母の住む張家口は、日本で目にするようないわゆる「中華」ではなく、中国東北料理がメインだったため、本当は身になじんだ日本食が食べたかったし、たぶんそうわがままを言って祖母を困らせたと思う。困った祖母が一度、日本にもあるでしょ？といってケンタッキーに連れて行ってくれたが、中国のケンタッキーのチキンはデフォルトが辛いのか？と思うほど辛すぎて小学生の私には到底食べられなかった。

手を変え品を変え私の食べられるものを探して色々なものを食べさせてくれた祖母の努力の甲斐あって、私は張家口で好きな食べ物ができたことに気が付いた。羊の肉をしゃぶしゃぶして、臭豆腐やゴマダレなどの独特のたれでいただく、「涮羊肉」だ。

子どもながらに変わったものが好きになったなと思う。

でも涮羊肉を食べるときにはたいてい大人数で、親戚のおじさんやおばさん、いとこのお兄さんたちも集まった時だったので、みんなが集まるのが楽しかったのかもしれない。

さて、いつものように何が食べたい？と祖母に聞かれた私は、涮羊肉が浮かんだ。しかし、当時私はその食べ物の名前を知らなかったし、日本語なら「お肉をしゃぶしゃぶする鍋料理」と説明できたかもしれないが、「しゃぶしゃぶ」も「ゆでる」も「鍋料理」も中国語で言えなかった。何とかジェスチャーを交え伝えようとするも、なかなか伝わらず、しまいには祖父まで出てきて三人で頭を抱えてしまった。

私はその時、あの独特な鍋の形を思い出した。鍋の中心が筒のようになって高くなっており、その筒の周りで肉をしゃぶしゃぶする仕様だった。

私はその鍋の絵を描いて、祖父母に見せた。

その絵はお世辞にも全く上手ではなかったが、その絵と「肉《ロウ》」の言葉で祖父母は「わかった！　涮羊肉だよ！」と理解してくれ、孫の言っていることが理解できたうれしさからか、その日のうちに親戚を呼び集めて、涮羊肉を食べに連れて行ってくれたのだった。

それからというもの、祖父母の中では私の好物は涮羊肉だ、ということになって、大人になって何年かに一度しか祖父母を訪ねられなくなっても、いつも必ず涮羊肉に連れて行ってくれて、親戚が集まると、あの日私が描いた鍋の絵の話をした。

当時を思えば、かなりのわがままで祖父母を困らせたと思うし、孫なのに言葉が通じないことに悲しいとも思っていたと思う。先日祖父が亡くなり、もっともっといろんな話ができていたらよかった、と思った。いろいろなことに、ありがとうも伝えられなかった。

あの夏、祖父母の家で過ごした夏休みが人生で一番長い夏休みだったと思う。中国をもう一つの故郷のようにしてくれたのは、あの夏休みだったと思うと、忘れられない滞在だった。

安 佳夏（あん よしか）
一九九六年茨城県生まれ。日本人の母、中国人の父のもとに生まれるが、中国での生活経験はほぼなし。日本女子大学人間社会学部現在社会学科卒業。現在は広告制作会社に入社し広告関連の制作を行っている。

3等賞

Always 上海の彼女と過ごしたダイアリー

高校生　有村　歩汰

「いつもの場所ね」。彼女はそう言って僕の家に上がって掃除をし始める。彼女は僕にとって家族であり、そんな彼女との別れは突然だった。

僕が上海にきたのは四年前で、理由は父の仕事の関係だった。当初は、初めての転校が海外ということもあり、友達作りや新しい環境に慣れることに非常に苦労していた。日本に住んでいる仲間を思い出すと、いっそう日本に残っていたほうがよかったと思うこともあった。そんな時彼女が僕の家にやってきた。

ある日僕が学校から帰宅すると、使い古したエプロンを颯爽と着こなすおばあさんがいた。僕の家で働くことになっていたお手伝いさんだった。その着こなし方から、掃除のプロ感が漂っていたがそれだけではなかった。おばあさんはびっくりするほど元気であった。僕がたどたどしい声で「ニーハオ」と挨拶をすると、すかさず僕の声量の二倍で「ニーハオ！」と返してきて、身振り手振りを使い僕に中国語を話してきた。彼女の眼に、僕のたどたどしさ、日本人らしさが好奇の対象になったのだろう。立て続けに中国語を浴びせられ、「どぅいどぅい」「しえしえ」で切り抜けた。その時、まったく話し相手がいない学校とは違って、家の中にはおばあさんがいる、僕に向き合ってくれる人がいる、と自信がつき、新上海生活という暗いトンネルの向こうに光が見えた気がした。

それ以降、彼女は僕の家に週二回来るようになり、僕の中国語の練習相手になってくれた。友達ができない原因が僕の言語力にあると悟った彼女の気遣いであった。毎回彼女の仕事が終わると、僕に中国語で話しかけてくれてピンインの基礎から教えてくれた。「中国語は発音

夜の上海にて。上海生活を通して僕もお手伝いさんとともに成長し続ける

が大事だからしっかりやらないと！」は彼女の口癖だった。また、学校の中国語のテストでいい結果を持ち帰ったり、学校の先生に発音を誉められたことを話すと自分のことのように喜んでくれるため、いつしか、僕は彼女のために中国語を勉強していた。

こうして半年が経ち、僕はだんだんと中国語を使い自分の気持ち・意見を述べられるようになり、クラスメイトと打ち解けられるようになった。暗いトンネルも完全に抜けきったと思った。しかしそんな時、彼女からメールがきた。彼女の故郷である深センに帰らなければならない、という内容だった。実は、僕の家族は薄々気づいていた。彼女は以前から深センの病院に通っている配偶者の話をしては、非常に心配そうな顔をすることがよくあった。彼女の深刻そうな顔から、その日が近いことはわかっていたが、彼の若死には僕と彼女の今までのような関係に終止符を打つことになった。

彼女との別れは一瞬だった。最終日、彼女が僕の家に上がると「いつもの場所ね」と言って掃除をし始めた。いつもの慣れた手つきとは違い、彼女は突っ立ってキッチンのほうを見つめ、何をするか迷っている様子は今でもはっきりと覚えている。僕たちは彼女をそっとすることにし、彼女の仕事が終わるのを静かに待っていた。掃除が終わると、僕たちは行きつけのローカル飲食店に向かい、彼女との最後の時間を過ごした。僕と彼女は隣に座ったが、喋る話題がなく黙々と拌面を食べた。涙をこらえながら。

それっきり、彼女とは連絡を取っていない。僕たちと連絡を取ると亡くなった配偶者のことを思い出させてしまうのではないかと心配しているからだ。それでも別に寂しくない。彼女が深センに向かう直前残してくれたことわざを通して、僕たちは今もつながっているからだ。「寧喫小年苦、不受老来窮」。これは日本語で「若いころの苦労は買ってでもせよ」と解釈できる。きっとこの言葉は、なんでもかんでも彼女に頼りきっていた僕への忠告だったのかもしれない。つまり、これからは僕自身が難問に直面して、七転八倒して、解決していく姿を彼女は望んでいるのだ。そんな思いが詰められたこの言葉は、今では僕の拠り所となっている。例えば、二校目の現地校に転校した際、自らクラスメイトに声をかけ友達を作ることができた。すべてが順風満帆ではなかった。国籍の違う仲間とのコミュニケーションは必ずしも思い通りには進まず、口論に至ることもよくあった。逃げたかった。しかし、この努力はいつか自分のためになる、と彼女が教えてくれたおかげで、自分のやっていることに自信を持つことができ、目の前の状況から逃げるのではなく独りで立ち向かってゆくことができた。

「彼女は今どこにいるのだろうか」。町で元気なおばあちゃんを見かけると、ふと彼女の姿が脳裏をかすめる時がある。またいつか、使い古したエプロンを着こなす彼女が僕の家にやって来ることがあるだろうか。その時は、僕の成長した姿を見てもらいたい。

有村 歩汰（ありむら あゆた）
二〇一八年三月、上海外国語大学附属外国語学校国際部入学。

3等賞

約束を果たすために

大学生　吉村 美里

私は当時、ドン底に突き落とされた気分だった。二〇二〇年が始まって早々、新型コロナウイルスが出現し、徐々に世界中で広がりを見せた。当時の私は、高校三年生でちょうど卒業を間近に控え、卒業旅行などの計画も立てていた。さらに、大学生になったら長期休暇を利用して、旅に出かけてみたいと考えていた。しかし、現実は思い描いていたものとはかけ離れたものとなってしまった。旅行どころか、充実したキャンパスライフを送ることさえもできなくなった。しかし、一年経った今は現実を受け止め、今後中国や世界へ旅行できるようになった時のために行動しようと動き始めている。このように考えるようになったのは、あの時約束した友達に再会するためである。

私が高校二年生の時、一人の女子中国人留学生と同じクラスになった。その頃の私はちょうど第二言語として中国語を習い始めたばかりであった。さらに、奇跡的に席も前後になったのだ。初めはどう接して良いのかわからなかったが、彼女が日本語を使い、私が習った中国語を駆使してお互いに教え合い、会話をしていくうちに、毎日一緒に過ごす仲になった。しかし、仲良くなってからしばらくして、お別れの時が来てしまった。私はとても寂しかった。たった半年ほどしか一緒に過ごせなかったので、もっと一緒にいたかった。そのような気持ちで参加したフェアウェルパーティのことを私は一生忘れないだろう。なぜなら、そのお別れ会で二人だけの約束をしたからである。

彼女とお別れしてからの私は、中国語の能力を伸ばすためにスピーチコンテストや資格試験の学習に挑戦するようになった。親身になってご指導いただいた先生方の扶助もあり、実際に私は訪中するチャンスを手にするこ

全国高校生中国語スピーチコンテスト（2019年12月）

とができた。しかし、残念なことにコロナウイルスの蔓延によってそれを叶えることができずに終わってしまった。それでも私の中国、そして彼女に対する思いは変わらない。なぜなら、彼女が私の人生、そして中国に対するイメージを変えてくれたからである。さらに彼女とは、微信を使った交流が今でも続いている。私はそれがとても嬉しくてたまらない。離れていても相互に繋がれる社会がとても有難いなと感じている。

今の時代、SNSを利用して交流したり、言語学習やバラエティ動画に触れたりする機会がたくさん存在する。私自身、YouTubeを用いた中国語関連動画を見て、楽しみながら中国語を学習している。また、大学の講義でも中国の歴史や文化など、幅広い分野の講義を受けている。中国語や中国について深く学ぶごとに、より一層中国に対するイメージが変化していくのを感じている。日本人は中国に対してマイナス感情を抱いている人が少なくないだろう。しかし、同じ歴史でも相互の立場になって歴史を見つめ直すことで、これからどのような時代を歩んでいくべきなのかを考えるきっかけにもなり、相互理解につながると考える。

また、身の回りにある商品や食料などを通しても、知らず知らずのうちに中国と関わっていることを、私自身忘れないようにしたい。どうしても私は、コロナ禍でできない旅行や留学などに注目してしまう。しかし、身近にあるものやＳＮＳを通じて、日中間で深いつながりを持つことは可能である。だからこそ、今ある環境の中で自分自身が精一杯できる行動をしていきたいと考えるようになった。

そのように考えるようになったのを機に、言語学習にも力が入るようになった。今旅行や留学ができなくても、オンライン留学など新しいものが生まれている。もちろん、実際に現地に行って多様な人々と関わり、生の中国を肌で感じることが一番の相互理解に繋がるだろう。実際、これまでに一度だけ中国に行ったとき、日本で学習するだけでは得ることのできない現地の雰囲気や人々の優しさに触れることができた。これこそが肌で感じるということであり、相互理解を深めるということだと感じた。しかし、現地に行けないから今何も行動しない道を歩み続けると、結果として将来必ず後悔することになるだろう。だからこそ、たとえオンラインであったとしても、今ある環境の中で日中間の相互理解できるチャンスを逃さないように活かしていきたい。

最後に、私には夢がある。それは、あの時彼女と交わした約束を果たすために、いつか彼女に会いに行くことだ。コロナウイルスによる生活や移動の制限がいつまで続くのかわからない。私にとって今すぐにでも訪中できないことが非常にもどかしい思いである。その上今できることは限られている。しかし、いつか世界中を自由に移動できるような時代に戻った時、何不自由なく行動できるための言語力を身につける。そして、中国を多様な視点から思う存分堪能できるように中国についての知識を深める。これらが今の私にできる、夢を叶えるための目標である。何年後になるかはわからない。それでも私は、いつか訪中できる日が来ることを願って相互理解を深めていく。

吉村 美里（よしむら みさと）

立命館大学国際関係学部国際関係学科二回生。二〇〇一年京都府生まれ。二〇二〇年立命館大学国際関係学部入学。現在、国際協力開発プログラムで国際的な社会・経済発展の条件や貧富の格差の問題を実践的に学修している。最近は、第二言語などの言語学習に熱中している。

3等賞

中国文化から伝わる交流意識

高校生　松村　萌里

日本と中国は同じアジアであり、とても近いし、両国の文化や生活習慣が似てるところもあれば、全然違うところもたくさんあります。私は小さい頃から両親の影響で、日本にいながらも中国に対する興味があり、中国語を勉強したり、中国人の友達を作ったりして、中国に関する知識を学んでいるうちに、いつか中国へ留学したい思いがますます強くなりました。

中国文化が大好きだったので、高校生になり中国に留学することにしました。しかし、二〇二〇年一月、新型コロナウイルスが始まり、これまで当たり前に過ごしていた生活が余儀なく奪われました。コロナの影響で中国への留学の道が遠くなり、日本でのオンライン授業になってしまいました。慣れない授業と先が見えない不安な毎日でした。

中国は私にとって小さい頃過ごした思い出の場所です。半年過ぎたある日、やっと中国へ行けるという知らせを受け、嬉しかったです。しかし嬉しさよりこれからの不安の方が大きかった。なぜなら、日本のニュースなどで中国へ対してあまりいいイメージがなかったからです。また、コロナ対策で二週間の隔離の必要があり、不安でしたが、考えても解決できるものではないので前向きになるしかなかったからです。

「私も囲碁やりたい！」

私は小さい頃、両親の仕事の関係で中国に住んでいました。当時、まだ幼かった私は周りの子供たちが囲碁を遊ぶのを見て、興味を持ち囲碁教室に通い始めました。そこで出会ったのが尹先生でした。細くて、背が高いおじさんでした。いつもニコニコしていて、子供たちにはとても優しくて、囲碁で負けてすぐ泣き出す私にもいつも笑顔で慰めてくれます。勝ったときもすぐ褒めてくれ

囲碁をする筆者。コロナで世界中の人々の生活が制限されている中、中国へ留学でき、現地で中国文化を学べ、人々と出合えた貴重な体験をみんなに伝えたい。

ます。こんな優しい先生でも、挨拶と囲碁の礼儀作法に対してはとても厳しいです。礼から始まり、礼で終わり、いつも口癖のよう言っていました。そのおかげで、私が囲碁をもっと好きになりました。しかし、小学校入学を機に、私が日本に帰国することになり、先生がそのことを知ったとき、私が囲碁を学び続けられることを願って、囲碁の盤をくれました。帰国後、慣れない小学生活の中、囲碁の本を読んだり、囲碁をしたりすることが楽しみの一つになり、その後も学び続けています。

二〇二一年二月、私は初めて学校に入ることができました。まだオンライン授業でしたが、初めての学校は私にとってとてもわくわくする一日になりました。寮に住むことになった私は初めて友達とも話すことができました。

ある週末、家の近くの図書館に本を借りに行きました。本を借り終えると、隣に囲碁の活動室がありました。不思議に思って入ってみると多くのおじさんたちが囲碁をしていました。その中の一人が過去に囲碁を教えてくれた尹先生でした。あまりの偶然に、びっくりしてしまいました。先生もすぐに私に気づき、笑顔でやって来て、「中国に来ましたか？　囲碁まだやっていますか？」と聞かれ、私はうなずき、まだ続けていることを伝えました。先生は嬉しそうに一緒に囲碁をしようと言いました。十年ぶりに先生との囲碁はとてもわくわくで緊張しました。昔に戻ったようです。囲碁をする楽しさを改めて感じさせられました。中国に来た時の緊張も和らぎ、時間があるとき尹先生の囲碁教室へ遊びに行き、先生の教え子たちと囲碁するのが今の楽しみでもあります。中国人はとてもフレンドリーで親切で、初めての人でもすぐ受け入れてくれるし、困ったときもすぐ助けてくれます。

　ある日の金曜日、家へ帰ろうとバスに乗ろうとしたところ、交通カードを寮に忘れたことに気づき、帰って取ろうとしたが、その時間寮には入れませんでした。また、バス停へ戻り、バスが来ても乗る勇気がなく、そのとき、隣のおばちゃんに、なんで乗らないのと聞かれ、事情を話したら、おばちゃんが運転手に相談して、到着駅で親が払いに来てとアドバイスをくれました。次のバスが来たとき、勇気を出して運転手に話したら、運転手は「大丈夫ですよ」と言ってくれて、一瞬涙が出そうになり、親切なおばちゃんと優しい運転手に感謝の気持ちで一杯になりました。

　またある日、大きなショッピングモールへ買い物した帰り道、地下鉄で同じホームの線を乗り間違え、途中で気づき、慌てて降りましたが、行ったことがない駅でした。ちょうどホームに駅員さんが居て、帰りの方法聞いたら、中国語で一所懸命説明してくれましたが、私があまり理解できてないことに気がつき、事務室まで案内してくれました。紙に電車の乗り方を詳しく書いてくれ、私はその紙を見ながら無事に帰れました。駅員さんの優しさに感動しました。中国では困った時、常に周りの人が助けてくれることが多いと実感しました。

　中国にいる時間はまだ短いですが、私自身の個人的な経験から日本で聞いたニュース、集めた情報とは多くの違いを感じます。将来の留学生活では、一生懸命勉強し、学んだことと見たこと、実際に使い、日中の友好交流に少しでも貢献できるよう頑張りたいと思います。

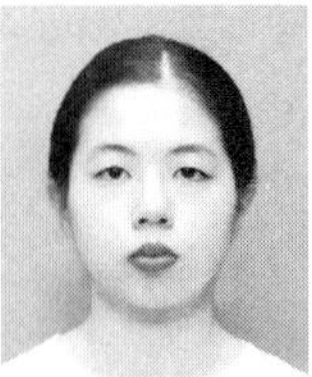

松村　萌里（まつむら　もえり）

上海外国語大学附属外国語学校国際部高校三年。二〇〇三年神奈川県生まれ、神奈川県育ち。二〇一八年湘南白百合学園中学校卒業、現在中国上海外国語大学附属外国語学校在学中。趣味は囲碁で、日本囲碁アマチュア五段。

貢献賞

日本の俳句と中国の漢俳

―劉徳有先生と有馬朗人先生との交流―

創価学会元副会長　三津木　俊幸

中国・光明日報の記者として、国交回復以前から、日中記者協定により中国から最初に派遣され、一九六八年の池田会長の創価学会学生部総会の席での日中国交回復提言をいち早く新華社の記者と共に内容を本国に打電され、それにより、周総理と田中角栄首相の会見で一九七二年に国交が回復した。

劉徳有先生は、日本に滞在、広い分野ので交流を持ち、特に文化人の人脈が多く、作家・有吉佐和子さんとも親しく、有吉さんの著作を中国語に翻訳出版し、日中文化交流を推進する過程で、有吉さんの仲介で、創価学会と中国との最初の会見を実現してくれた。いわば中国側の日中友好推進の窓口の一人であった。

私は創価学会の中国担当として、三十年。劉先生との交流が続き、仕事で北京を訪問の折には、機会をとらえ友好を深め。一九九〇年代のあるとき、北京で劉さん夫妻と懇談した折、劉さん夫妻から「友好のしるしとして、妻が書いた画に私が添え書きを致しました」と。見事な紅梅の画を贈られた。夫人は画家である。

脇書には劉さんの文字で、こう書かれていた。

「梅花万朶喚春風」
三津木俊幸先生　雅正
劉徳有　印
顧娟敏画

毎年、我が家に飾らせていただいている。

また、ある年の暮れ、徳有先生からメールで俳句が送られてきた。

爆竹に　打ち消されし　除夜の鐘

北京の晦日の風景を知らせてくれ、添削をお願いしたい。との内容であった。

丁度そのころ私は俳句を始め三年ぐらいで添削なんてとんでもないと思ったが長い間の親しい友人のよしみから、これも友好の印かと、生意気にも勝手に判断し以下のように添削した。

爆竹の　音の合間に　除夜の鐘

私はある日本の俳人が「俳句は逆的な文学」という人がいる。と言うことから、爆竹で鐘の音が聞こえないがその爆竹の合間に除夜の音が聞えるというとらえ方にして劉徳有先生に伝えた。

ところが大変なことをしてしまったことが後に気が付いた。それは、劉徳有先生が、中国漢俳学会会長だったことだ。

「めくら蛇に怖じず」とはこのことだ。劉先生が現会長とは知らず添削した失礼のお詫びのメールを送った。劉先生は、「元の会長は林林先生でしたが、高齢のため、私があとを引き継ぎました」との返事と同時に、「添削の御礼と共にこのような表現に勉強になりました……」と、激励して下さった。

これが縁となり、俳句、漢俳の交流となったことと、劉先生は日本の有馬朗人先生（元東大総長、文化大臣、俳人協会顧問）との日中両国の往来を続け旧知の間柄であることも知る。

それは一九九九年初春に四川人民出版社に池田先

生の著作出版に関する打ち合せのため、成都から、車で楽山、峨眉山に向かう途中の沿道は延々と続く金色の菜の花畑、数十キロ。風景が脳裏から離れず、帰国後一句詠んだ。

西域に　続く菜の花　蜀の国

この俳句が二〇〇九年の朝日新聞主催の第四四回関西俳句大会で特選となり表彰を受けた。選者は有馬朗人先生で、鷹羽狩行俳句協会会長の表彰状を受けた。

劉さんに報告すると、「有馬先生の特選を受け、鷹羽狩行先生からの表彰状を受けられたこと、羨ましい限りです」と大変に喜んでくださり、ご自身が成都に行った時に詠んだ句を漢俳にしてメールでくださった。

遍地菜花黄　遨月持杯沫水旁　麻婆豆腐香

俳句と同じく五七五の十七文字の漢俳である。「四月に四川を訪問しました。菜花は少し盛りを過ぎていましたが一句詠みました。ご指正下さい。」

この十七文字を見ているだけで四川に居るような気分になる。また機会を得て四川に行きたくなった。

その有馬先生が二〇二〇年十二月に九十歳で逝去された。

実は第十五回角川俳句全国大会に拙句を応募していたところ、今年の三月俳句誌に私の句が、有馬先生の選で秀句になり掲載された。これは先生の逝去直前に選んでいただき、逝去後に掲載されたことになる。

カシュガルの　驢馬の積み荷や　豊の秋

劉徳有先生に有馬先生の訃報と共に報告したところ、以下のお返事をいただいた。

「九九が過ぎると耕作の季節に入ります、この度の秀句、おめでとうございます。中国新疆の風景を吟詠下さり感謝に堪えません。先生の秀句を力及ばずながら漢俳にしてみました。

喀什喀尔辺
驢駄貨物圧彫鞍
秋爽喚豊年

在りし日の有馬先生を偲びご冥福をお祈りいたします。今後もご健筆をお祈りいたします」

私が、創価学会の中国担当三十年後、嘱託としての任を報告をしたときに、劉先生から「私も文化部の要職をはなれましたが、余熱を持って友好に尽力してゆきます。余熱は大事ですので三津木さんも頑張ってください」との温かく、しかも前向きな激励を頂いた。私は人間の生き方の中で、生涯、いかに生きてゆくことの大切さを教えていただき感謝している。

吉川英治の言葉に「会う人、出会うもの、すべてが師匠なり」とある。

出会う方々との友情を大切にして自身のさらなる精進をしよう。

貢献賞

万歳！ キジル千仏洞世界遺産 残念！ ニヤ遺跡は次段階へ

佛教大学内ニヤ遺跡研究機構代表
新疆ウイグル自治区政府文化顧問
小島 康誉

私は一九八二年以来、新疆ウイグル自治区を百五十回以上訪問し、日中双方の絶大な支援・尽力の下、多民族諸氏と国際協力を実践してきた。世界的文化遺産保護研究や人材育成・博物館建設など様々であり、それらの成果は学術報告書・国際シンポジウム・文物展・出版・講演・ウェブなどで公開してきた。日中間の相互理解を僅かばかり促進した。尽力いただいた日中双方の政府関係者・研究者・保護技術者・模写専門家・カメラマン・運転手・駱駝使いなど多くの方々に心からの感謝を申し上げたい。

二〇一四年六月二十二日、カタール・ドーハでの世界遺産会議は中国・カザフスタン・キルギスが共同申請していたキジル千仏洞などを構成資産とする「シルクロード：長安－天山回廊の交易路網」を世界文化遺産と決定した。パソコン生中継を見続けていた私と妻は決定の瞬間、「万歳！」と拳をつきあげた。二十八年前のキジル千仏洞との出会いが脳裏をかけめぐった。

一九八六年五月、中国四大石窟のひとつ、天山山脈南麓クチャ西方約七十キロメートルのキジル千仏洞を訪れた時の感動は忘れられない。ラピスラズリの青で描かれた釈尊の前世物語には圧倒された。日が暮れて道に迷う旅人に自らの手を燃やす釈尊、飢えた虎の親子にわが身を差し出す釈尊……。三百余の石窟に三〜七世紀頃描かれた一万平方メートルもの壁画が残っている。今なお色鮮やかに残る人々の願い。「人類共通の文化遺産」と直感した。中国の辺境の辺境で生活も十分に賄えない中で、それらを保存しようと汗水を流す人たち。

感動していると工芸品公司の王氏が「十万元出してくれたら、専用窟を造ってあげる」と冗談。当時の十万元は約四百五十万円。感動から「分った、出します。窟はいらない」と即答。彼は驚いた。私たちが大金のことを「一億円！」と表現するのと同じ感覚で、十万元と言ったのだ。ウルムチへの帰途二日間「冗談です。忘れてください」、「冗談は分かっている。保護に使って」の繰り返し。彼はついに私の文化財保護精神を理解。「分かりました。政府を紹介します」と。

紹介された新疆文化庁文物処の韓翔処長も「なぜ？　本当？　真の目的は？」を繰り返した。簡単なメモにサインして帰国、しかし、振込先が中々来ない。新疆では外国からの初寄付申し出で、半信半疑、別の目的があるのではと、許可が得られなかったのだ。協力金を振り込んだのは十月末。新疆の最高実力者である王恩茂前新疆党書記が承認したと後日聞いた。

その後も新疆を訪れると、外国人も重視するほどであればと、中国政府が二千万元で本格的修復を行うことになったという。私はそれなら十万元では足りないから、日本で浄財を募り一億円寄付すると申し出た。当時の物価などを考えると、現在の一億元（約十七億円）にも匹敵する巨費である。新疆文化庁の庁長はじめ皆が「エーッ！」と声をあげ驚いた。日本の大谷探検隊や独・露・仏・英などの探検隊による壁画の持ち出し、現地人による金箔剥がし、異教徒による破壊、長年の自然崩壊が荒廃の主な原因である。

キジル千仏洞はシルクロードに咲いた仏教芸術の名花であり、中国だけでなく人類共通の文化遺産であり、次世代に引き渡す責任があると考えたからだ。一九八七年五月、新疆迎賓館での調印式には、王恩茂全国政治協商会議副主席も出席。協議書は私と王成文新疆文化庁書記がサインした。

一九八七年十一月、「日中友好キジル千仏洞修復保存協力会」を設立、政界・宗教界・経済界・学界の著名人に会長・副会長・顧問をお願いし、私が専務理事を担当した。十二月、「人類共通の文化遺産を後世へ」をスローガンに募金パンフレットやテレカなどを作成し募金活動を開始したが、敦煌と違って殆どの方がキジル千仏洞をご存知ない。「聞いたこともない石窟保存協力なんて！」と言われるなど募金は難渋した。諸氏と募金に奔走した。多くの皆さんの尽力を得て募金は少しずつ積み上がった。

一九八八年、八九年と、二次にわたり計一億五百四十四万円余を新疆政府へ贈呈した。新疆人民会堂での贈呈式には松原哲明副会長や私が代表団を率いて参加し、キジル千仏洞を参観した。

本格的工事を開始した。石窟外壁や壁画保護には敦煌などから専門家を招いた。キジル千仏洞は輝きを取り戻した。その後も世界的文化遺産保護の重要性を理解いただくため参観団を度々派遣。また職員通勤用バスや飲料水浄化装置贈呈なども行ってきた。

二〇一五〜一六年に写真集『新疆世界文化遺産図鑑』中文・日文版を出版。一七年十月に私も出演したＮＨＫ「シルクロード・壁画の道をゆく」が人気を博した。番組は好評でそれ以降も度々再放送されている。一八年にも参観団を案内。文化財保護の重要性を訴え続けている。

一九八八年十月、キジル千仏洞保存活動がきっかけで日中共同ニヤ遺跡学術調査を開始した。西域三十六国の「精絶国」であるニヤ遺跡は東西約七キロメートル・南北約二十五キロメートル（周辺を含む）の広大な範囲に仏塔・寺院・住居・貯水池・生産工房・家畜小屋・並木など約二百五十の遺構が残存している。古代西域研究に欠かせない重要遺跡である。調査開始七年後に発掘した「五星出東方利中国」錦は西域と中原王朝との密接な関係を示す貴重文物として、中国の国宝中の国宝に指定された。

キジル千仏洞は前記のように世界遺産となったが、

ニヤ遺跡は不運にも次段階へ繰り越された。二〇〇六年、中国国家文物局（文化庁相当）などはトルファンで「シルクロード」申請予備会議を開催。中国の他にカザフスタン・キルギス・タジキスタン・ウズベキスタンなども参加し、国をまたぐ共同申請活動が開始された。二〇〇七年、国家文物局が六省区四十八カ所の申請を決定。新疆ではキジル千仏洞・ニヤ遺跡はじめ楼蘭遺跡など十二遺跡。

二〇一一年、タジキスタン・ウズベキスタン側の準備遅れで申請延期と分離申請を決定。規模も縮小、天山山脈周辺に絞られ、ニヤ遺跡や楼蘭などは次段階へ繰り越された。「一帯一路」歴史交流実例である「ニヤ遺跡」の追加登録に向け、各種準備が行われている。二〇一五年、広大な遺跡の保護強化のため巡視用小型沙漠車 POLARIS を寄贈した。やがて登録されるであろう。

多民族の温かい心と豊富な文化遺産に魅せられ、「大愛無疆」（大きな愛に境界はない）精神で活動してきた。二十一世紀は自然・環境と「調和」し、民族・性別・出自などをこえ「共生」、国家をこえ「国際協力」の世紀でありたい。国際協力は戦争をさけ平和をまもるために必須の活動。

二〇一八年『中国新疆三十六年国際協力実録』出版、ブログ「国献男子ほんわか日記」などで国際協力の重要性を訴えている。

今年は日本僑報社創立二十五周年、段躍中同社編集長来日三十周年、日中相互理解促進で多くの貢献をされた。「相互理解実践同志」として心からのお祝いを申し上げる。私は今年数えで八十歳、新疆での国際協力足掛け四十年。来年は満八十歳、満四十年。昨年はコロナで訪問できず、新疆大学奨学金・新疆文化文物優秀賞・シルクロード児童育英金の贈呈も延期した。今年あるいは日中国交正常化五十周年の来年には是非とも訪問したい。嗚呼八十歳四十年。

三拝

貢献賞

中国と国交のない一九六〇年代の北京駐在

関東日中平和友好会長　新宅　久夫

⑴渡航手続の複雑さ

今も仕事で中国を往来していますが、毎年訪中して三百二十九回、駐在を含め延べ滞在日数は四千五百日を超えました。残念ながらコロナ禍で継続が途切れました。それでも仕事はWeChat（微信）で相手の顔を見ながら商談をしています。

さて、今から約六十年前の訪中の渡航を再現してみましょう。

まず、中国渡航には北京の貿易機関の招請状が必要でした。持ち出し外貨制限が五百ドルあり、銀行でパスポートを持参して、五百ドルの外貨に両替して記載されました。香港経由のため、四十八時間の通過ビザを英国領事館で取得しなければなりません。香港到着後中国国際旅行社を訪ね、入境の手続を済ませ係員にパスポートを預けます。その間ホテルにチェックインして待機。翌日広州市公安局に手配書が届いていれば、北京までの通過ビザの申請ができますが、四十八時間内に香港を離れなければならない為、慣れないと大変でした。ギリギリ間に合って九龍駅から国境の羅湖駅まで列車に乗り、境界線の深圳河に架かる鉄橋を、トランクを持って徒歩で渡って中国側の深圳駅税関で入境手続を済ませ、広州駅行きの列車を待ち、約五時間で広州に到着。その日は外国人専用のホテルに宿泊して、旅行社と北京行きの切符の手配。運良く週一便の飛行機に当たれば吉、駄目なら特急で三泊四日の旅になります。

飛行機も途中長沙・鄭州に給油や乗務員の交代のため寄港。北京着の時間が不明で出迎えの人に大変迷惑をかけましたが、みな慣れっこになっていて不満にはなりませんでした。日本を離れて北京にうまく行って一週間で到着し、ホテルに着いてほっとしました。

⑵駐在生活の楽しみ

定宿の新僑飯店は日本人村と呼ばれ、日本の新聞記者・長期滞在者が多く集まり、ソ連航空のクルーの定宿にもなっていました。

ホテルの一階には中華料理・五階は洋食（ロシア料理）で、日常の食事は一階の食堂を根城にして、マネージャーと親しくして、材料持ち込みの特別料理を、気持ちよく受けてくれました。

当時日本は外貨不足のため、海外渡航は持ち出し外貨は五百ドルに制限され、パスポートの最後の頁に銀行の承認捺印が記載されていました。仕方無く銀行の紹介で闇ドルを購入して出境しました。

当時の人民幣は内債外債の無い、安定した通貨を誇っており、為替は固定制で一人民幣＝百五十円・一米ドル＝二・四元（米ドルの持ち込みは禁止）。香港で米ドルを英ポンドに交換して持参しました。

ホテルの宿泊料は標準タイプで一泊八元、一日三食の定食で三・五元でした。

当時の北京市内には外人専用のレストランが十数軒有りまして、予約制で店内は清潔で、値段が高く宴会料理中心のメニューでした。身元引受けの招待公司は歓送迎会には外人専用の店で飲食の招待を受けました。また駐在中は何かとお世話になり、退屈解消に市内の観光・映画鑑賞・演劇鑑賞・工場見学（自動車・葡萄酒）など招待して頂きました。

ホテルの定食に飽きてきて、土曜・日曜日は街に出て外食を楽しみましたが、日本の浅草と称した前門や大柵欄を散策していると、庶民が集まり安くて美味しい家常菜（家庭料理）の店を見つけましたが、全て糧票（食料切符）が必要でした。繁盛している餃子舗・包子舗で糧票が無いと断られましたが、何度か尋ねると顔馴染みになり、糧票が無くても特別席を設けて受け入れて貰いました。個人で行ける店として、王府井の廖承志さんが経営する日本料理店「和風」はホテルから徒歩十分ぐらいで、よく足を運びました。

前門の老舎茶館は演目として、京劇のさわりの場面、雑技、講書（講談）、相声（漫才）などを、庶民的な小菜（お惣菜）を頂きながら気楽に鑑賞する贅沢を味わいました。

また駐在員仲間と誘い合わせて、ホテルのタクシー（出租車）を呼んで、北海の烤肉季（ジンギスカン焼肉）、延吉飯店（朝鮮料理）、晋陽飯店（山西菜刀削麺）など、駐在生活で味わった懐かしい思い出でした。

貢献賞

中国各地に残した足跡を振り返って

埼玉県日中友好協会理事長　橋本　清一

私は、子供の頃から中国が好きでした。小学生時代に読んだ「少年三国志」に胸をおどらせ、壮大なスケールの物語に一喜一憂したものでした。宮崎駿監督も所属した、東映動画の「白蛇伝」「猿飛佐助」「西遊記」は、日本初の長編動画で第一作目と三作目の中国のものに夢中になり、主人公の漫画を描いたり中国風の宮殿を描いたりしていました。

高二の頃、中国語を既に学んでいたクラスメートから、ピンインで「草原情歌」を教えてもらい、初めて中国語に接しました。それから、中国語を学んで、中国へ行き中国との橋渡しを出来るような仕事がしたいと思うようになりました。大学では、「中国語研究会」というサークルに入り、第二外国語で中国語を学び、四谷の「善隣書院」と市ヶ谷の「中国語研修学校」のダブルスクールでも、中国語を学びました（生来の怠け者で、ちっとも身につきませんでしたが）。

中研卒業後、念願の友好商社貿易部に配属され、現場の倉庫勤務を一年で終了し、一週間後に「広州交易会」に出張する予定でしたが、友人の勧める待遇改善交渉に一人で立ち上りその結果、退職する羽目になりました。その後、周恩来総理の要請で創立したといわれる、日中専業旅行社に転職することになりました。

入社早々、終電後に帰宅する日々が続く大変苛酷な「広州交易会」渡航手続き業務をへて、団体旅行の担当となり中国各地をくまなく訪れることになりました。二十三省五自治区台湾も含め、全中国に足跡を残したことになります。忘れられない思い出は、ほんとうに沢山あります。中でも、未だに目に焼き付いている何回かの訪問があります。例えば、王羲之の開いた「曲水の宴」を再現し、日本当代最高の書家二十一名と中国最高の書法家二十名が紹興の「蘭亭」にて一堂に会し、席上揮毫した日中書法交流や、シルクロードをシルクロードというオートバイで走破したスポーツ交流（私自身バイクに乗り玉門関、陽関を走った）など。

中国空軍の創設に関わった、留用日本人の「中国回娘家団」は、とても深い印象を私の心に刻み込みました。それぞれでドラマがありましたが、行程を追って説明すると、北京にて王海空軍司令など元教え子数人と、当時延安からきて日本人の面倒を親身になって見てくれた、高齢のご夫妻との再会では、団員の頬を感動の涙で濡らし、長春の「老航校＝空軍大学」では思いがけない表彰を受け、牡丹江で約二十名が病死され埋葬された共同墓地を、儀仗兵に護られて墓参した際、上空をジェット戦闘機が一機旋回していました。まるで我々を見守るように！大連では随行の空軍幹部二名、随行医師一名、随行記者一名の方々とお別れ宴会を催してくださり、翌日帰国しました。先の、ジェット戦闘機は、我々の墓参が終わると上空から、さようならというように翼を何度も何度も振り、名残惜しそうに飛び去っていきました。その様子を見ていて、とてつもなく胸が熱くなりました。中国の方々は、「受けた恩は忘れない」といわれるが本当にその通りだと思いました。また、日本政府は、戦時中の一九四二年より、約四万人の中国の方々を「強制連行」して、炭鉱、鉱山、港湾などで強制労働させ、約七千人が亡くなるという事件を引き起こしました。このことを知った華僑総会、日中友好協会、宗教者の三者が協力して、三千人のご遺骨を祖国に送還しました。（第一回一九五三年七月～第九回一九六四年十一月）その主催団体「中国殉難者慰霊実行委員会」（会長の大谷瑩潤師が私の属する旅行社の初代会長）の後継組織、「日中友好宗教者懇話会」の理事に就任（五十周年を区切りとして退任）し、中国各地の寺院などを訪問しました。

一番印象深かったのは、「中国仏教協会」趙樸初元会長の安慶市（合肥市以前の省都）の生家を訪れ、豪壮なお屋敷（趙元会長誕生の部屋もある）の玄関に「四代翰林」という額が掛けてあり、それが清朝の宰相李鴻章（日清戦争の下関条約中国側首席代表、暴漢に撃たれて重傷となる西太后の最大側近）の書でびっくりしました。また、趙元会長のご先祖の趙文楷は、嘉慶五年（一八〇〇年）に沖縄首里に到着した「琉球冊封使」の正使として琉球尚温王に迎えられた清朝の高級官僚でありました。趙樸初元会長来日の折、沖縄行を希望されたことがあり、那覇に行かれご先祖のものを確認出来てよかったと大変喜んでいらっしゃったとのこと。後で調べると沖縄県立博物館・美術館及び図書館に、趙文楷の「扇面」「聯」「軸装」「拓本」などの墨跡が六点収蔵されていたのです。孫娘の趙継蓮は李鴻章に嫁ぎ、彼らの孫娘も張愛玲という小説家、脚本家として活躍していることも分かりました。

琉球冊封使は、一四〇四年から始まり、琉球王の代替わり時に約半年、大型船二隻六百人前後の大団体で久米島までやってきます。琉球王の使いが久米島で一行を出迎え、琉球本島まで伴い、前王の葬儀を主宰し、新琉球王、后、皇太子などの人事を承認するという役目を持っていました。正使は、科挙状元（皇帝の面前で行われる最高位の試験、殿試第一位）というエリート官僚であり、琉球冊封使の重要性を表しています。久米島で出迎える人々は、今でいう通訳兼コーディネーターで、航路から滞在中の作法まで全てを仕切る中国籍の専門家集団でした。中でも阮国という方は福建省の出身（秦に滅ぼされた小国阮国で、末裔は竹林の七賢阮籍、阮咸及びホーチミン、グエンバンチュー、グエンカオキというベトナムの指導者まで含む）で、琉球王国に召し抱えられ、活躍した方でした。子孫が、「一般社団法人沖縄阮氏我華会（久米三十六姓）」という団体法人を設立して、一族の結束と行事を主宰していることも分かりました。安慶市郊外の太湖県にあった旧宅（ダム湖に沈んでいる）を移した、「趙樸初先生平生館」という展示館を参観しました（私も映っていた日本からの訪中団との記念撮影写真など展示）。近くの丘の上に先生の銅像があり、九十二段（先生の享年）の階段を登り切った先にある「樹木葬の若木」を参拝しました。

趙樸初先生のご先祖のことを調べて、琉球冊封使は、朝鮮冊封使、越南冊封使と並び、大変重要な外交使節であることがよく分かりました。我々日本人のよく知らない「琉球冊封使」が、久米島を目指して航海を続け、目的地に近付いて「ホッ」としたであろう場所が、大海にぽっかり浮かぶ尖閣列島の島々であったことでしょう。

趙樸初中国仏教協会元会長生誕の地太湖県を訪ねて、先生のご先祖「琉球冊封使」を通し、尖閣列島の重要性を再認識させられました。そして、一九七八年の園田直外相と鄧小平副総理（当時）との日中平和友好条約締結交渉で、「小異を残して大同につき、解決策を子孫に託す」とした苦労話を思い出しました。

貢献賞

「中日友好楼」存続に思う

舞台女優　神田　さち子

二〇二一年五月五日、日常の朝刊読みから一日が始まった。

紙面下部の「日中のはざま 孤児育てた証し」というタイトルで、～「中日友好楼」存続に期待～という小見出しの記事と写真に釘づけになった。

同時に二〇〇八年十月のハルピン～長春への旅が彷彿と蘇ったのだ。そしてあの時出会ったおばあちゃんのお姿が!!

でもその記事で思いがけず、友好楼の最後の住人のおばあちゃんこと崔志栄さん（当時八十七）の訃報も併せて知ることになった。

養母として日本人孤児「ケイコさん」を育て、日本人の親の元へ返した後もあんなに親身に「ケイコは元気かな？　最近は連絡もないし……」と気にかけていらしたあの養母の崔さんがお亡くなりに……合掌。

ふり返ると二〇〇八年十月、残留婦人の舞台をもって訪中したハルピン公演。胸が張り裂ける心地で演じた終えた後、私は旅の同行者と長春へ向かった。そこにたった一人で住んでいる崔さんを訪問するのが目的だった。

一九九〇年、日中友好楼は長春市在住の日本人故笠貫尚章氏の援助で建立された養父母さんらのアパート。当時はまだ若かった養父母さんらの語らいの場でもあり、そこでは日本流井戸端会議も見受けられていたようだ。名誉市民でもある笠貫氏は今でも多くの市民や関係者から感謝、尊敬されているそうだ。

さて私たちが訪問した時崔さんはかくしゃくとして楼内で待っていてくれた。狭い個室だが、きちんと整頓されていて団長ほか私たち仲間十名はぎゅうぎゅうの感じで話を伺うことになった。無礼を顧みず崔さんのベットに座った者もいる空間での出会い、語らい。

少し緊張が走る。

「日本人孤児ケイコは当時三人くらいの手を経て私のもとへやってきたんだよ。痩せた体でね……えっ、どうして日本人の子を育てたかって？　そうだね、たとえ敵国の子だって命は命。目の前に差し出された命に敵も味方もないよ」と養母さんは仰った。

我が耳を疑った。即通訳の方にもう一度念を押した。「命に敵も味方もないって仰ったんですよね……」と。

部屋中に安堵のどよめきが沸きお互いに顔を見合わせた。私達にとってはその一言にどれほど救われ、どれほど待ち望んでいた一言だったろうか。

旅の疲れもいずこへ、みな戴いたお茶をしきりとすする穏やかな時間が流れたのだった。

ちょうど最近までこの楼に住んでいた損貴臣さん（八十七）も、この時から参加してくれた。訪問を心待ちにしていてくれていて、「私も栄養失調で死にかけていた日本人の女の子を育てたんだよ」。ボソッと言って洒落た帽子を取り話の輪に加わった。

二人とも文化革命の頃の苦労、敵国の子を育てたときの大変さなど思いだしながらも、最後に一言、「……もう忘れたよ……」。

別れ際に崔さんは前述の「ケイコは元気でいるかな。帰国したばかりの時は始終連絡が来たけど、今はあまりこないんだよ」と何度も口にした。

お茶を飲む手を止め私に目をやり、「あんた、そんなブラウス一枚で寒くないのかい」と声かける崔さんは、娘を思う母の姿そのものだった。私は帰国したら必ず川崎に帰国したらしいケイコさんのその後を調べてみようと思い崔さんと別れた。

同行者のナナミさんは、帰路「戦後の混乱期に日本人の孤児を我が子として育て上げ、その後日本への帰国も快く受け入れ、あげく帰国後も我が子の幸せを祈り続けていることに養父母さんや中国の皆さんの大きな愛をひしひしと感じたわ……」と感慨深げに言い続けていた。私は周恩来首相の「前事不忘後世之師」の言葉をこの時ほど噛みしめたことはなかった。

あれから十三年。

私は自分の使命であるひとり芝居「帰ってきたおばあさん」をひたすら演じ、伝えて、ついに二百回。三月三十日ラスト公演を終えた。

世界中を震撼させている前代未聞のコロナ禍の中、「戦争は唯々弱い者が犠牲になる」と訴えることに〝ごまめの歯ぎしり〟的な心境に襲われたりもした。芸術文化の持つ力も試されるような諸説が飛び交った。しかし今こそ崔志栄さんの生きざまに学びたい。


狂気の戦時下、銃を持って殺めることが平然と行われていた敵国同士間で「命に敵も味方もないよ」と淡々と、ある時はこぼれんばかりの愛情で慈しみ育て、そして心の底から言える一庶民の金言。

見渡せばまだまだ世間では、嫌中・警戒派が多々。あからさまに「中国の人って、ああだ、こうだ〜」。時代錯誤も甚だしい話題を持ち出す仲間もいる。

紙面で結ばれていたように、「敵国の子でも手を差し伸べて育てる善良さが、名をなしたわけでもない庶民の中にあった。(後略)」。

決して饒舌でもなく、ことさら社交的でもない崔志栄さんの沁みる言葉を私は終生忘れず、日中のみならず世界平和へとつなげたいものだと思っている。そして「当時の庶民の絆を後世に伝える館」として中日友好楼が存続できるように、微力を尽くしたい。

貢献賞

文化大恩の国と永遠の友好を

元前橋市市議会議員　浦野 紘一

私は六十二歳の任期満了で多くの皆様から御支援をいただいた前橋市議会議員を退職し、北京外国語大学に二〇〇五年留学（本科四年）しました。目的は、中国語を学び、中国の文化や歴史、中国の人々の心に直接触れ、日中友好活動を進めたいと思っていたからです。これは、日中国交正常化提言（一九六八年九月八日）を行った池田大作創価学会会長（当時）の講演を直接会場で聞くことができたことと、第一回公明党青年訪中団（一九七七年九月、五百名）随行記者としての体験が大きな要因となっています。

中国人学生と交流する中、中国の大学で日本語教師を勤め、日中友好活動を深めてまいりたいと決意しました。大学修了後、日本にいったん帰国し、日本語教師の資格を取りました。二年後の二〇一二年、素晴らしいことに関係者の御尽力で、私が心から尊敬する周恩来総理の故郷（江蘇省淮安市）の総合大学、淮陰師範学院に招聘されました。この感動は筆舌に尽くしがたいものでした。ちなみに、北京外国語大学の私の卒業論文は、「周恩来総理と日中友好」でした。淮陰師範学院は正門を入ると、「中華の興隆のために学ぼう」との周恩来総理の筆による大きな石碑が横たわり、校内の所どころに周総理のスローガンが掲げられています。また、周恩来研究所が学内にあり、教師と学生の独自の周恩来研究会が活発に開催され、その研究実績は高い評価を受けています。市内には、周総理を敬愛する市民の心情が至る所に見られます。また、広大な周恩来記念館や周恩来総理の生家があり、中国各地から訪問客が訪れ、平日にもかかわらず大いに賑わい、中国の人々が、いつまでも周総理を慕い、誇りに思っていることがよく理解できます。

私も時々、大学の図書館や併設された周恩来研究所で学習しました。図書館には日本で出版された図書が少なく、蔵書を見ると発刊年数が古いものが目立ちました。タイミングよく、日本の日本僑報社が「中国人の日本語作文コンクール」の原稿を募集し、受賞学生には日本招待や表彰、指導教師（大学）に対しては提出原稿数によって、上位各大学に日本語の優良図書三十〜十万円分を、園丁賞として贈呈することが報道されていました。「学生の日本語能力向上」と「大学への優良日本語図書の贈呈」というチャンスが訪れました。しかし、相手は全中国の各大学であるため、至難の闘いであることを自覚しました。この賞を獲得するには、私一人では何もできません。学生の理解と意欲的な取り組み、さらに中国人の日本語教師と日本人の日本語教師の積極的な協力が不可欠でした。日本語の各教師と協議を重ね、具体的な戦略を練り上げました。学生にも趣旨を納得いくまで説明し、理解を深めてもらいました。全員で力を合わせ、「日本語能力を向上させよう！」「図書館に最新の日本語の優良図書を置こう！」と目標を定めました。

結果は園丁賞で、二〇一四年、中国全国第一位となりました。学生の入賞者は二等一名、三等一名、佳作二名が受賞することができました。学生と教師が一体となって、見事に勝ち取った立派な成果であり、全員で大いに喜び合いました。さらに、江蘇省の淮安テレビは、関係した詳細な報道をゴールデンタイムを使って三回も再放送し、江蘇省教育部からは、国際貢献賞を受賞することができました。その後、北京の日本大使館で表彰式が盛大に開催され、入賞者受賞と園丁賞の受賞がありました。待望の日本語の優良図書三十万円分が、主催者の日本僑報社から贈呈され、感動を新たにし合い、大学の図書館に寄贈することが実現しました。

ところで、淮安市は周恩来総理の故郷ですが、晩年の周総理がまさに命がけで、日本では松村謙三、高崎達之助、浅沼稲次郎、池田大作などの各氏が命を削って出来上がった一九七二年の「日中共同声明」、一九七八年の「日中平和友好条約」には、日本も中国も「アジア・太平洋地域において覇権を求めるべきではない」「武力又は武力による威嚇に訴えない」と明確に条文に記されています。ところが現在は、周総理をはじめ多くの心ある中国人と日本の先駆者の命を懸けた戦いの結晶が、打ち砕かれようとしています。現在の状況を見ると、日中両国の関係は尖閣問題などで最悪の状態となり、各紙の世論調査にも、それを裏付ける結果が出ています。誰の目にも覇権の勢いが拡大され、軍備増強が行われています。我々日本人は、日本が中国を侵略し、中国国民に莫大な損害と災難をもたらしたという正しい歴史認識と深い反省の上に立たねばなりません。そのうえで、今こそアジアの平和、世界平和の原点である「日中共同声明」「日中平和友好条約」の条文を、中国と日本の両国は確実に実践する時であります。周恩来総理は、かつて「中日両国が相争えばアジアは乱れ、両国が協力すればアジアは安寧となる」と訴えています。中国は、私たち日本人にとって、まさに文化大恩の国であります。今後、日本と中国は、崩れることのない永遠の友好を築き上げ、アジアの平和、世界の平和の実現に向けて協議を重ね、力を合わせて貢献すべきであると考えます。

あとがき

謝辞に代えて

日本僑報社創立二十五周年記念事業の一環として、二〇二一年第四回「忘れられない中国滞在エピソード」コンクールを、無事開催することができました。これもひとえに皆様のご支援、ご協力あってこそで、心より感謝申し上げます。

中国駐日本大使館には引き続きご後援をいただいたほか、最優秀賞「中国大使賞」の授与に対し、孔鉉佑大使をはじめとする大使館の関係各位の多大なるご理解とご支援をいただきました。また孔大使より、本書出版にあたり、温かなメッセージを頂戴しました。心より感謝申し上げます。

著名な落語家の林家三平様には大変お忙しい中、特別にご寄稿いただきました。ここに深く御礼申し上げます。また、お母様であるエッセイスト、絵本作家の海老名香葉子様からも、多大なご支援をいただきました。ここに厚く御礼を申し上げます。

本コンクールに対しては、これまでに福田康夫元首相、二階俊博前自民党幹事長、近藤昭一衆議院議員、西田実仁参議院議員、伊佐進一衆議院議員、鈴木憲和衆議院議員、矢倉克夫参議院議員、海江田万里衆議院議員など、多くの方々からご支援をいただきました。深く感謝申し上げます。

ご後援をいただいた中国駐日本大使館、読売新聞社をはじめ、公益社団法人日本中国友好協会、日本国際貿易促進協会、一般財団法人日本中国文化交流協会、日中友好議員連盟、一般財団法人日中経済協会、一般社団法人日中協会、公益財団法人日中友好会館の日中友好七団体、そして中国日本商会の皆様にも、厚く御

主催者代表　段　躍中

礼申し上げます。各団体の皆様には、それぞれの機関紙（誌）、会報、ホームページなどの媒体を通じて、本コンクールの開催を広く告知し、大きく盛り上げていただきました。

日中両国のメディアには精力的に報道に取り組んでいただき、本コンクールへのご理解とご協力に厚く御礼申し上げます。日本側からは、読売新聞、共同通信、NHK、日本テレビ、朝日新聞、毎日新聞、東京新聞、中日新聞、北海道新聞、西日本新聞、山陰中央新報、福島民報、沖縄タイムス、福井新聞、佐賀新聞、東奥日報、四国新聞社、岩手日報、聖教新聞、公明新聞、しんぶん赤旗、観光経済新聞、YOMISAT、日中友好新聞、日本と中国、日中月報、国際貿易、日中文化交流、週刊読書人、新文化、エキサイトニュース、ニフティニュース、公募ガイド、登竜門、BOOKウォッチなど、また中国側からは、人民日報、新華社、経済日報、光明日報、中国青年報、中国新聞社、北京日報、中国国際放送、人民中国、中青在線、中国網、中文導報、東方新報、仙游今報などから、多彩なご紹介をいただきました（巻末に一部記事を掲載）。ここに改めて各社に御礼申し上げます。

株式会社トーハン、日本出版販売株式会社をはじめとする日本の図書取次関連会社、全国各地の書店や図書館、とりわけ創業二十五年となる弊社の書籍を長年ご愛読くださっている国内外の読者の皆様には、日本全国津々浦々で受賞作品集を通じて「中国故事（中国滞在エピソード）」を広げることにご尽力いただき、誠にありがとうございます。

応募していただきました皆様、誠にありがとうございました。本コンクールに例年同様全国各地から大変優秀な作品がたくさん寄せられたことに深く感謝し、心から御礼申し上げます。

今回のコンクールでは、北海道から九州まで、二十五都道府県にわたる日本各地、および中国各地から、約二百十本にも及ぶたくさんのご応募をいただきました。年代別では四十代以下を中心に、最年少は十四歳、最年長は八十五歳と幅広い世代にわたりました。応募者の職業は大学教員などの文化人から、国家公務員、芸能人、スポーツ選手、会社経営者や会社員、団体職員など多岐にわたり、中学生から大学院生までの若い世代も含め、それぞれの異なる視点から中国を見た個性豊かな作品をお寄せいただきました。厳正な審査の上、最優秀賞となる中国大使賞（一名）、特別賞（一名）、一等賞（四名）、二等賞（十名）、三等賞（二十五名）、貢献賞（六名）を選出させていただきました。

お寄せいただいた作品は経験者以外にはあまり知られていない、日本人が見たありのままの中国の姿が綴られており、真実の体験記録です。そこには中国滞在中の国境を超えた心のふれあいや中国の奥深い魅力、そして不幸な歴史の記憶への共感などがつぶさに記されています。この貴重な記録の数々を、より多くの方々、特に若い世代の皆さんに伝えたいと思い、ここに一冊の作品集にまとめて弊社から刊行する運びとなりました。

本書を通じて、日中間の懸け橋となるかけがえのない体験を発信し、それをより多くの人々と共有したいと考えています。そして読者の皆様が、本書を通じた〝追体験〟により、中国により深く関心を持ってくださることを心より期待しています。

来年の日中国交正常化五十周年に向けて、本活動が微力ながら日中両国の相互理解と文化交流、人的交流の促進に役立つものとなることを願ってやみません。今後ともますますの日中関係発展のため精進してまいりたいと存じます。引き続きご支援、ご協力のほどよろしくお願い申し上げます。

二〇二一年十月吉日

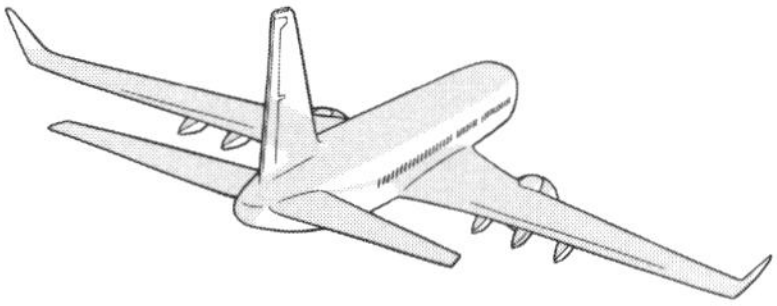

付　録

忘れられない中国滞在エピソード

第3回 表彰式 開催報告

2020年11月29日(日) オンラインにて

主催 **日本僑報社**

後援 **中華人民共和国駐日本国大使館、読売新聞社**

（公財）日中友好会館、（一財）日中文化交流協会、（公社）日中友好協会、
日本国際貿易促進協会、（一財）日中経済協会、日中友好議員連盟、
（一社）日中協会、中国日本商会

第三回「忘れられない中国滞在エピソード」表彰式開催にあたり

孔鉉佑大使からのメッセージ

第三回「忘れられない中国滞在エピソード」受賞作品集の出版にあたり、中国大使館を代表して、受賞者の皆さま、そして、日本僑報社および関連団体の皆さまに、お喜びとお祝いを申し上げます。

「忘れられない中国滞在エピソード」コンクールは関係者のたゆまぬ努力により、年々成長をし続けてきています。三年目となる今年のコンクールに、合計二百十九本の応募作品が中国、日本、フランス、チリなど四カ国に在住する日本人の方々から投稿されています。応募者の居住地域で言えば、過去最多です。また、応募者の職業も国会議員、会社役員、団体職員、公務員、大学教師など、社会各界を網羅することとなっています。さらに、年齢層も九歳の小学生から定年退職者まで幅広く及んでいます。

そして何よりも、特筆すべきなのはバラエティーに富んだ応募作品の内容です。実体験で語る新中国七十一年間の発展、中国産品質への再認識、「三国志」との出会いで迎えた人生の転機、中日間の悲惨な戦争の歴史への自らの探究、貧困脱出に命を捧げた中国地方幹部への感心など、どれも読者に感動を与え、人々に中日関係を深く考えさせるテーマです。

また、新型コロナウイルス感染症対応をめぐるエピソードも多数寄せられており、それらの作品の中では、感染症という共通の試練を前にする中日両国国民の「一衣帯水、同舟共済」および「山川異域、風月同天」の精神が生き生きと語られています。

多くの応募者は、中国そして中国人と触れ合う前後の対中感情の変化に言及しており、口をそろえて「百聞は一見にしかず」と感心しています。まさに、中国での自らの体験を通して、初めて中国の発展の脈拍に触れ、中国人の親切さと気さくさを肌で感じ、メディア報道の影響で、ステレオタイプ化した中国認識の殻を打ち破ることができました。

国の交わりは民の親しみにあり、こういった認識の好転が必ず国民感情の改善につながり、両国関係発展の民意的基礎を打ち固めるものとなるでしょう。

現在、中日関係は改善と発展の勢いを保っています。この間、習近平国家主席と菅義偉首相が電話会談をし、双方は政治的相互信頼を絶えず増進し、互恵協力を深化させ、人的文化交流を拡大し、新しい時代にふさわしい中日関係を構築することで一致しました。新しい情勢のもとで、中日両国の民間交流がよりいっそう活発になるものと確信しております。

今回の作品集の刊行で、より多くの日本人の方々が、「等身大」の中国を認識し、中国そして中国人と進んで触れ合い、自らの全面的で客観的な「中国観」を持つことを希望しております。また、皆さんの積極的な行動で、両国国民の相互理解のさらなる深化と中日関係の持続的な改善と発展が実現できることを祈念し、私からのお祝いのメッセージといたします。

二〇二〇年十一月二十九日

中華人民共和国駐日本国特命全権大使

二階俊博幹事長より お祝いの言葉

日本僑報社主催第三回「忘れられない中国滞在エピソード」コンクールの表彰式が、本年、オンラインを通じて盛大に開催されますことを心よりお祝い申し上げます。また、入選作品集『中国産の現場を訪ねて』のご出版、重ねてお慶びを申し上げます。

本日の表彰式に際し、受賞者の皆様にお祝いを申し上げるとともに、本コンクール開催にご尽力された日本僑報社、孔鉉佑大使閣下をはじめとする駐日中国大使館、並びに関係者の皆様に心から敬意を表します。

本コンクールを通じて、中国滞在経験者の皆様には「日中の懸け橋」として、そのかけがえのない体験を広く発信し、より多くの人々と共有していただきたいと思います。また、読者の皆様には、本書を通じた〝追体験〟により、中国に一層の関心を持ってくださることを期待しています。

日本と中国の相互理解、相互交流がますます深まり、新しい時代にふさわしい日中友好が促進されることを心より祈念しお祝いといたします。

二〇二〇年十一月二十九日

自由民主党 幹事長　二階俊博

後援団体を代表して挨拶する読売新聞社の幸内康国際部次長（画像右上）。本コンクールの活動に対し、「素晴らしい取り組みであり、高く評価します。受賞作品集の内容には感動しました」などと語った

特別賞を受賞した海江田万里衆議院議員は、受賞の喜びを語るとともに、本コンクールなどを通じた日中交流を引き続き支援していくと表明した

特別賞を受賞した矢倉克夫参議院議員。この日の表彰式と続く第3回「日中ユースフォーラム」の開催による青年交流の促進について喜びを表すとともに、自身の中国留学時代に得た一番の宝が多くの友人たちとの交流であったことなどを紹介した

最優秀賞（中国大使賞）を受賞した池松俊哉さん。受賞作については「一回行けば（誰もが）私のように中国のファンになる。そのことを伝えたかった」と語った

中国滞在エピソード友の会「中友会」にご参加を

武田 勝年
元三菱商事常務執行役員・中国総代表、
中友会アドバイザー

「忘れられない中国滞在エピソード」の活動がますます発展し、本日第三回表彰式が開催されたことを大変嬉しく存じます。受賞された方々に心からお祝いを申し上げます。今回は、二百件を超えるエピソードの応募がありました。幾つかの作品を読ませて頂きましたが、いずれも中国滞在中の貴重なご経験、中国の友人達との交流、中国での多くの発見などが生き生きと書かれており感動致しました。「友好の基礎は民間にあり」と言われる通り、皆さんの応募作品の中には日中友好の神髄が詰まっていると感じました。私も自分の駐在時代を思い出して感慨深いものがありました。

日本僑報社では、「中友会」（中国滞在エピソード友の会）を立ち上げる準備をされています。中友会は、中国滞在のご経験のある方々の自由な交流の場となることを目指しています。日本に帰国した後、何らかの形で中国との接点を持ち続けたいと希望している方々に中国関連の様々な情報をお届けし、更に懇親会や食事会で会員或いは中国の方々の交流を深めること、専門家の講師をお招きして一緒に勉強すること等が企画されると聞いております。

段景子社長、段躍中編集長が頑張っていますので、是非、皆様にもご参加頂きたいと思ってご案内を申し上げます。宜しくお願い致します。

二〇二〇年十一月二十九日

＊中友会のご案内は二二五頁をご参照ください。

閉会のご挨拶

応募者の広がりが日中関係の明るい希望に

瀬野 清水
元重慶総領事
第1回「忘れられない
中国滞在エピソード」
一等賞受賞者

本日は「忘れられない中国滞在エピソード」コンクールの晴れの表彰式、まことにおめでとうございました。このコンクールは今年で三回目ですが、二年前の第一回目は九十三作品中四十人が入賞、去年の第二回目は二百九十三作品中七十人が入賞しているのに比べると、今回はコロナ禍の影響もあり、二百十九点と前回より応募作品が少ないにも関わらず、過去最多の八十人もの入賞者がありました。このことは、それだけ優秀な作品が集まって甲乙つけがたかったことの表れと思います。

応募作品が減少したとはいえ、今回が前二回と比べて大きく進化している点がいくつかあります。一つは、応募者の居住地が日本の他、中国やフランス、チリといったところにまで、地球規模の広がりを見せるようになったことです。年齢層も九歳から九十歳まで、文字通り親子四世代の大家族のような構成で、特に小学生から大学生まで、学生の応募が全体の二割以上を占めており、会社員や主婦などの若い世代を入れると半数近くになるのではないかと思います。このように若い人たちが、中国で体験した優しさや感動など、これだけはどうしても誰かに伝えたいという思いでペンを執ったことは、将来の日中関係に明るい希望をもたらしてくれるものです。

今回のコンクールのもう一つの大きな特徴は学生や会社員や主婦に混じって、学校の先生、医療従事者、童話や小説作家、書道家、ネットで中国向けの動画配信をしている若者や一人芝居で戦争の愚かさや平和の尊さを訴え続けておられる女優さんなど、まるで日本社会の縮図のように、様々な分野で活躍している人からの応募があったことです。このコンクールのすそ野の広さと中国という国の懐の深さを感じさせてくれました。

審査の結果で、たまたま一等賞とか三等賞とかの区別がつけられていますが、どの作品もかけがえのない素晴らしいエピソードであり、応募者全員が最優秀賞でも不思議ではありません。そのため、読者の皆様には、できるだけ何等賞とかのところは見ないようにして、気になったテーマや作者のプロフィールを参考に、好きなところから読み始めるのが良いのではと思います。どこから読んでも、笑いあり涙あり、新鮮な驚きがあります。

例えば、全国に一万四千店舗もある大手コンビニ会社で食品の調達をしている責任者が、初めての訪中で中国の生産現場を見て回ったところ、今までに見た世界の工場の中でも五本の指に入るくらい品質管理や衛生基準のレベルが高かったというエピソードは、中国の当事者が語ったのでは宣伝にしか聞こえませんが、商品を買い付ける日本人の厳しい目を通して語られていることで大きな説得力をもって伝わってきます。一方で二年前に中国の深圳に移住したという青年は「トイレに仕切りのないニーハオトイレとの出会い」や「食事の前に茶碗を洗う文化」に驚いたと言い、深圳のような近代都市でも数十年前の古き中国が残っていることにほっこりとさせられます。マスクを贈ったり贈られたりと、共にコロナ禍を乗り越える中で友好の絆を深めたお話や、青年海外協力隊の一員として日中友好病院で中国の医療従事者と共にコロナと闘った日本人看護師の話は涙無くしては読めないエピソードでした。最後になりますが、このコンクールの主催者である段躍中さんは一九九六年に日本僑報社という出版社を夫人の張景子さんと二人で立ち上げ、この二十四年間に三百冊を超える書籍を出版しておられます。一冊出版するだけでも大変な労作業ですが、それを三百冊以上も出版し、日中の相互理解増進に尽力しておられるご夫妻を私は心から尊敬しています。今回出版された作品集もぜひ一人でも多くの人に読んでもらい、中国のありのままの姿が読む人の心に伝わってほしいと願っています。以上私の感想と希望と段躍中さんへの感謝の言葉を述べて閉会のあいさつに代えさせて頂きます。

二〇二〇年十一月二十九日

「忘れられない中国滞在エピソード」
第3回 受賞者一覧

特別賞

衆議院議員 海江田万里
参議院議員 矢倉　克夫

最優秀賞・中国大使賞

池松　俊哉

一等賞

星野　信
岩崎　春香
畠山　修一
田丸　博治
佐藤奈津美

二等賞

山本　佳代
築切　佑果
橋本　理恵
藤本　陽
宮坂宗治郎
濱岸　健一
橘　高子
湯山　千里
藤井　由佳
執行　康平
小椋　学
渡邊真理子
柳原　拓郎
浅岡　真美
上村　里央
五十嵐一孝
菅田　陽平
濱野穂乃香
角　文雄
沖島　正俊
久保田　嶺
大河原はるか
小牧陽二郎
平野　寿和

三等賞

与小田　茜
鈴木あいり
金戸　幸子
関本　康人
井上　尚子
平野　綾
山野井咲耶
石岡麻美子
高田　忍
長崎　彰
柳　文惠
浜咲みちる
尾崎健一郎
兼宗　遥
篠田　結希
一番ヶ瀬椿
大橋　拓真
芳賀　勲
有田穂乃香
赤池　秀代
山崎　惠子
岸　直哉
前川　友太
鈴木　啓介
井田　武雄
塚野　早紀
猪俣　里実
宮川　曉人
和田　廣幸
吉原　萌香
長崎美由輝
野田　義和
鈴木　高啓
橋本　岳
小田　紘平
神田さち子
三浦　功二
市原　佳子
柴野　知也
松山美奈子
千葉　由貴
船木　智美
鈴木　潤子
戸田　幸亜
畠山　友里
新井　博文
吉岡菜々美
齊木　桃子
中曽根正典
藤原　剛史

「忘れられない中国滞在エピソード」第2回 受賞者一覧

特別賞

衆議院議員 鈴木 憲和

最優秀賞・中国大使賞

乗上 美沙

一等賞

山崎 未朝
入江 正
横山 明子
片山ユカリ
森野 昭

二等賞

原田あかね
為我井久美子
田上奈々加
伊藤 美紀
野間 美帆
逸見 稔
中島さよこ
南部 健人
杉江 裕子
南 沙良
三輪 幸世
芦田 園美
小嶋 心
高橋 史弥
森原 智美
福島 達也
澤野友規子
神田 康也
岩崎みなみ
後藤 明

三等賞

宮崎 圭
藤盛 耕嗣
中村 美涼
丸山 香織
小田登志子
金子 聖仁
池田 亜以
永田 容子
伊藤 奏絵
岩崎 茜
井上 直樹
合田 智揮
豊崎みち子
河原 紫織
池乃 大
日比 野敏
大友 実香
金戸 幸子
張 美紗子
大野美智子
梅舘秀次郎
吉田 陽介
奥村 眞子
森 眞由子
辻 尚子
松本 匡史
玉城ちはる
日田 翔太
五十嵐真未
原山 敬行
前川 友太
松本 健三
谷川 靖夫
長崎たまき
安田 翔
田中 敏裕
新井 香子
吉岡 孝行
高橋 稔
桑田 友美
荒井 智晴
伊勢野リサ
森井 宏典
佐藤 正子

特別掲載

横井 陽一
白井 省三
和中 清
伊藤 俊彦
堀江 徹
安田 太郎
市川 真也

「忘れられない中国滞在エピソード」
第1回 受賞者一覧

特別賞

伊佐 進一
衆議院議員

最優秀賞・中国大使賞

原 麻由美

一等賞

中関 令美
三本 美和
相曽 圭
瀬野 清水
田中 弘美

二等賞

浦井 智司
青木 玲奈
浅井 稔

佐藤 彩乃
秋山ひな子
大友 実香
大岡 令奈
吉田 怜菜
星出 遼平
坂本 正次

三等賞

濱田美奈子
石川 春花
長谷川玲奈
大石ひとみ
佐藤 力哉
山本 勝巳
臼井 裕之
古田島和美
中道 恵津

須田 紫野
大北 美鈴
桑山 皓子
金井 進
浜咲みちる
堀川 英嗣
小椋 学
中瀬のり子
岡沢 成俊
佐藤 正子
福田 裕一
清﨑 莉左
牧野 宏子
浦道 雄大
小林 謙太

佳作賞

藤田 安彦

奥野 有造
金谷 祥枝
中島龍太郎
北川絵里奈
宮川 暁人
服部 哲也
菅 未帆
西田 聡
伴場小百合
荻堂あかね
小山 芳郎
村上 祥次
高橋 豪
荒井 智晴

特別掲載

小島 康誉
武吉 次朗

「忘れられない中国留学エピソード」
受賞者一覧

特別賞

衆議院議員
近藤　昭一
参議院議員
西田　実仁

一等賞

堀川　英嗣
五十木　正
中村　紀子
小林　雄河
山本　勝巳
髙久保　豊
岩佐　敬昭
西田　聡
市川　真也

二等賞

宮川　咲
林　誠孝
千葉　明
鶴田　惇
林　斌
小林　美佳
山口　真弓
伊坂　安由
高橋　豪
吉田　咲紀
細井　靖
浅野　泰之
宇田　幸代
瀬野　清水

三等賞

田中　信子
桑山　皓子
廣田　智
岩本　公夫
稲垣　里穂
井上　正順
平藤　香織
畠山絵里香
矢部　秀一
吉永　英未
平岡　正史
池之内美保
石川　博規
井本　智恵
中根　篤
宮脇　紗耶
遠藤　英湖
塚田　麻美
根岸　智代
大上　忠幸
小林　陽子
坂井　華海

特別掲載

幾田　宏

付録

忘れられない中国滞在エピソード

報道ピックアップ

日中両国のメディア各社などによる本コンクールへのご理解と精力的な報道に厚く御礼申し上げます。紙面の都合上、一部ではありますが報道記事を掲載し、コンクールの歩みを振り返りたいと思います。

中华人民共和国驻日本国大使馆
EMBASSY OF THE PEOPLE'S REPUBLIC OF CHINA IN JAPAN

中文　日本語

首页　使馆快讯　聚焦中国　中日动态　倾听中国　探索中国

首页 > 滚动新闻

驻日本大使孔铉佑向第三届"难忘的旅华故事"征文比赛线上颁奖仪式发送书面致辞

2020/12/02

11月29日、由日本侨报社主办、中国驻日本大使馆任后援单位的第三届"难忘的旅华故事"征文比赛举办线上颁奖仪式、驻日本大使孔铉佑向仪式发送书面致辞。

孔大使祝贺比赛成功举办并表示、在各方不懈努力下，"难忘的旅华故事"征文比赛连年取得新发展。今年共有居住在中国、日本、法国、智利等四个国家的日本朋友投稿参赛、参赛者居住范围之广创历届之最。参赛作品主题涵盖新中国71年来的发展历程、阅读《三国志》获得的人生转机、对中国制造的重新认识、对中日间悲惨战争历史的独立探究以及对中国基层扶贫干部的崇敬等，不少参赛作品围绕抗击新冠肺炎疫情，生动描绘了中日民众面对共同挑战展现出的"一衣带水、同舟共济"、"山川异域、风月同天"的宝贵精神。

孔大使表示，许多参赛者在作品中谈到了与中国和中国人接触前后对华情感的转变，异口同声地发出了"百闻不如一见"的感慨。大家正是通过亲身体验，第一次直接触摸到中国强劲的发展脉搏，真切感受到中国人的亲切随和，从而打破了受媒体报道影响而形成的脸谱化对华印象。

孔大使表示，国之交在于民相亲，对华认知的好转有助于两国国民情感的改善，也将有助于巩固中日关系发展的民意基础。当前中日关系保持改善发展势头。不久前，习近平主席与菅义伟首相首次进行通话，双方一致同意不断增进政治互信，深化互利合作，扩大人文交流，努力构建契合新时代要求的中日关系。新形势下，中日民间交流必将进一步蓬勃发展。

孔大使表示、希望更多日本朋友通过征文比赛、认识一个真实的中国，独立形成全面客观的"中国观"。期待大家积极行动起来，推动两国民众相互理解不断深化，实现中日关系持续改善发展。

"难忘的旅华故事"征文比赛由日本侨报社主办，中国驻日本大使馆、日中友好协会等担任后援单位。征文对象为所有有旅华经历的日本人，第三届比赛共征得稿件219篇，获奖文章已编辑成册，由日本侨报社在日本出版发行。

"中国大使奖"获得者、公司职员池松俊哉

中華人民共和国駐日本国大使館HP　2020年12月2日

人民日报　2021年10月6日　星期三　3 要闻

多国政要和国际组织负责人祝贺中华人民共和国成立72周年

为地区经济发展繁荣夯基垒台

“祖国的发展让海外中企更加行稳致远”
——海外共建一带一路项目建设者心系祖国、坚守岗位

“让数字文明造福各国人民”

“为我们提供了学习实践的重要平台”

第四届“难忘的旅华故事”征文比赛结果揭晓

人民日報
2021年10月6日

第四届“难忘的旅华故事”征文比赛结果揭晓

《人民日报》（2021年10月06日　第 03 版）

本报东京10月5日电　（记者岳林炜）日前，由日本侨报社主办、中国驻日本大使馆等担任支持单位的日本第四届“难忘的旅华故事”征文大赛评选结果揭晓。田中伸幸撰写的《支持我中国生活的小伙伴们》获得“中国大使奖”，林家三平撰写的《继续传承日中文化交流》获得“特别奖”。

田中伸幸在一家日本企业工作。他的获奖作品回顾了他赴杭州工作期间，在周围中国人的热心帮助下融入当地生活的温暖故事。他在文中感慨：“在中国，我和很多小伙伴度过了充实的时光。我引以为傲的是，我的中国朋友越来越多。”日本相声演员林家三平在获奖作品中写道：“我从年轻时开始就多次访问中国，感受到了中国人的温暖。我认为，从古至今一脉相承的日中文化交流要不断地传承下去，这对于今后日中关系向更好的方向发展非常重要。”

另外，日本大学生服部大芽的《在中国感受到的温暖》、公务员西村荣树的《真正的宝物》、高中生林铃果的《我爱你，中国！》、在华日语教师久川充雄的《愉快的中国人》等4部作品获得一等奖。据主办方介绍，本次征文比赛的获奖作品将和往年一样辑集出版，并于今年11月在日本全国上市。

第4回「忘れられない中国滞在エピソード」大募集

最優秀賞・中国大使賞1名に賞金10万円も！

日本僑報社（段躍中代表）は2021年、中国に行ったことのある日本人を対象とした第4回「忘れられない中国滞在エピソード」作文コンクールを実施します。

募集要項は以下の通り。

1、テーマ

【今年の特別テーマ】

①コロナとの闘いから感じた日中の絆

②ポストコロナ時代の日中交流

【一般テーマ】

①「中国のここが好き、これが好き」

②私の初めての中国

③中国で叶えた幸せ

④観光、留学、ビジネス、文化交流などを通して感じた中国の魅力

⑤中国で人との出会い、文化・認識・価値観などの違いから気づいたこと

⑥中国のSNSやIT技術の進歩、イノベーションなどから見た中国

⑦不幸な歴史の記憶への共感

※テーマの選択は自由。複数応募も可能。

2、応募資格

留学・駐在経験者、旅行者など、実際に中国に行ったことのある日本人（現在滞在している人も含む）。

特別テーマは中国滞在経験の有無にかかわらず、すべての日本人が応募できます。

3、賞・特典

応募作の中から最優秀賞・中国大使賞1名（賞金10万円）、1等賞4名（3万円相当の書籍）、2等賞10名（2万円相当の書籍）、3等賞25名（1万円相当の書籍）、団体2賞（10作品以上応募した大学・企業などを対象に授与）

4、応募方法

（1）文字数＝本文・日本語1900字以上2000字以内。（タイトルは含まない）

※本文のほか、エントリーシート（http://duan.jp/cn/taizai_entrysheet.doc）からダウンロードし必要事項を記入、本文とエントリーシートを添付。メール件名に「応募者の氏名と第4回応募」と明記すること。

（2）送付先＝40@duan.jp

（3）受付期間＝5月10日（月）～5月20日（木）必着

▼問い合わせ

☎03（5956）2808、FAX03（5956）2809

E-mail＝40@duan.jp

URL＝http://duan.jp/cn/

担当＝張本

日中友好新聞　2021年4月1日

読賣新聞　2021年10月5日

中国滞在記 田中さん最優秀賞

日中関係の書籍を出版する「日本僑報社」（東京都豊島区）が主催する「第4回忘れられない中国滞在エピソード」（読売新聞社など後援）の受賞作品が決まった。最優秀賞の中国大使賞には、三重県四日市市、会社員田中伸幸さん（44）が浙江省杭州に駐在中の思い出をつづった「中国生活を支えた仲間」が選ばれた。特別賞は落語家の林家三平さんが受賞した。応募総数は約210点だった。

読賣新聞　2021年3月23日

中国滞在エピソード募集

日中関係の書籍を多く出版する「日本僑報社」（東京都）が、日本人を対象に、「忘れられない中国滞在エピソード」（読売新聞社など後援）を募集する。

中国旅行や留学生活などで気がついた魅力や、滞在中にかなえた幸せを、2000字以内でまとめる。新型コロナウイルスの流行を受け、中国を実際に訪れたことがなくても応募できる特別テーマ「コロナとの闘いから感じた日中の絆」「ポストコロナ時代の日中交流」も設けた。

応募はメールで40@duan.jpへ。受付期間は5月10～20日。詳細は同社ホームページで。編集長の段躍中氏は、「自分の言葉で中国を語り、相互理解を深めてほしい」と呼びかけている。

日中のポジティブな情報発信を続ける

段躍中

30年前の8月、初めて日本の土を踏んだ。当時33歳の私は「日本円ゼロ、日本語ゼロ、日本人脈ゼロ」であることから「3ゼロ青年」と言われた。

留学生時代の5年間は、多くの日本の皆さんに日本語を教えていただき、アルバイトも一生懸命した。博士課程在籍中の1996年に、日本のメディアにおける在日中国人のマイナスな報道が大変多いことを少しでも変えたく、同胞たちの活躍情報を発信するため、出版社「日本僑報社」を創設し、以来25年間、『在日中国人大全』などの400点以上の書籍を刊行し、日中のポジティブな情報発信を続けている。

書籍出版のかたわら、中国人向けの日本語作文コンクール、日本人向けの「忘れられない中国滞在エピソード」を同時に主催している。日中友好の基礎は民間にあり、中国の日本ファン、日本の中国ファンを1人でも多く育てることができたらと考えているからだ。

中国人の日本語作文コンクールは今年で17回目、中国全土の大学や大学院、専門学校、高校など約500校から延べ約6万人の応募があり、たくさんの優れた作文が受賞した。特に最優秀賞受賞者の訪日の時、日中友好協会本部を表敬訪問させていただき、「日中友好新聞」にいつも大きく取り上げていただいたこと、この場を借りて深くお礼を申し上げたい。

「忘れられない中国滞在エピソード」は、今年で5回目。約9割の日本人が中国に対する親近感があまりない時勢に、実名で中国での感動を語ってくださる皆さんに感謝したい。特に多くの協会員が応募され、昨年は大阪と福岡在住の協会員2人が一等賞を受賞、素晴らしい作品が多くの読者から賞賛された。改めてお礼を申し上げたい。

中国に関する情報は依然マイナスなものが多く、日中友好をめざしている方、特に若い方は、もっと発信者として、SNSなどニューメディアを活用し、日中両国のポジティブな情報を積極的に発信してほしい。

そのような目標をめざして、2018年に日中ユースフォーラムを新たに創設し、日本語作文コンクールと「忘れられない中国滞在エピソード」コンクールで受賞した若者に主役になってもらい、それぞれの体験と提言を語ってもらっている。

昨年末に開催した第3回の成果として『ポストコロナ時代の若者交流』をタイトルに単行本の刊行もできた。日中両国の若者たちの知識に裏打ちされた意見は、これからの日中関係の改善と発展を促進するヒントを探り、両国に新たな活力とポジティブエネルギーを注ぎ込むものであり、若者ならではの視点による具体的かつ有意義なアイデアに満ちあふれている。日中交流正常化に向けた取り組みには、この本が参考になると信じている。

21世紀の日中交流に資することをめざして、より良い書籍、より実りあるイベント開催をこれからも頑張っていきたい。皆さん、よろしくお願い申し上げます。

（日本僑報社代表）

日中友好新聞　2021年10月15日

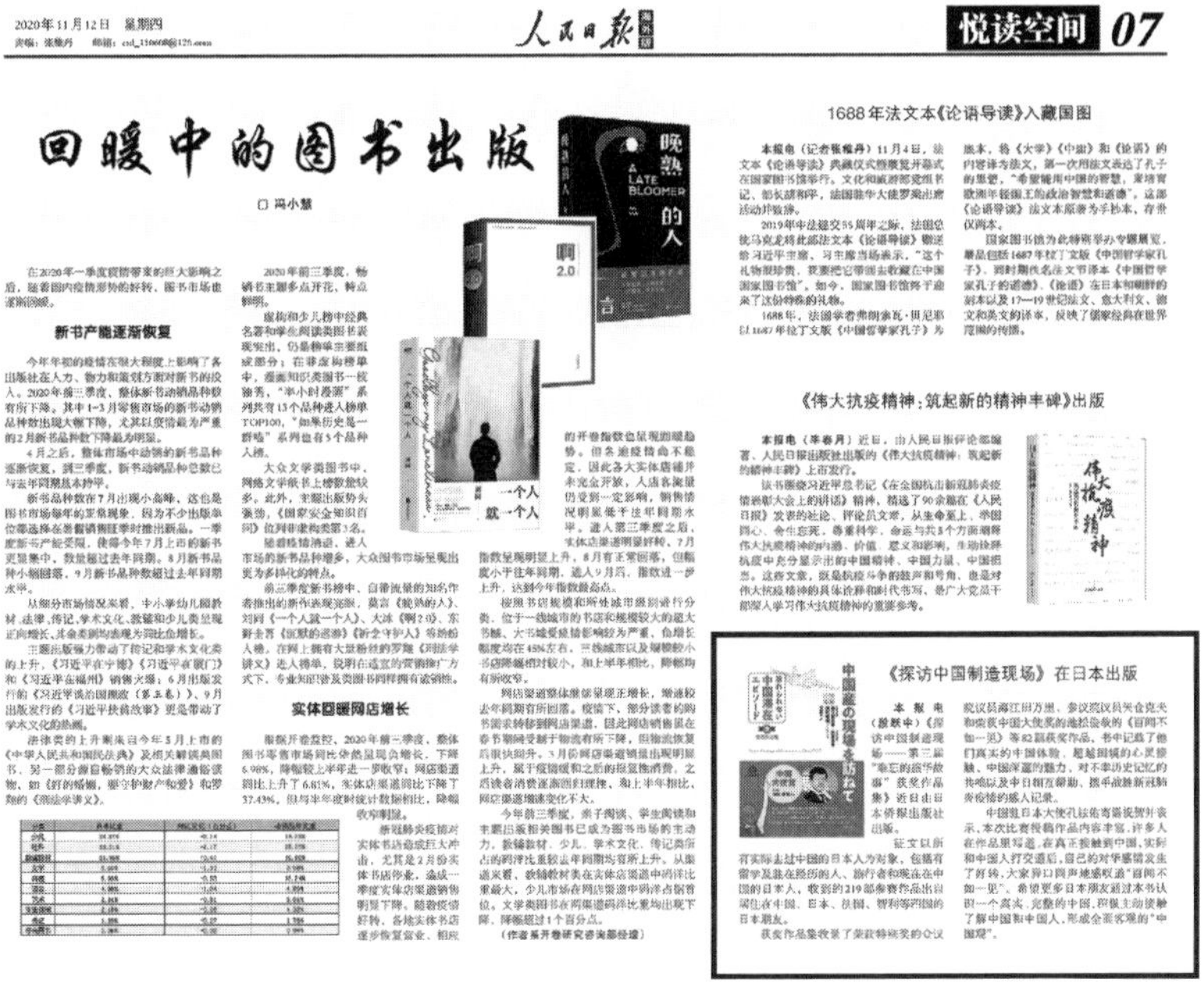
2020年11月12日　星期四

人民日报 海外版

悦读空间 07

回暖中的图书出版

□ 冯小慧

新书产能逐渐恢复

实体回暖网店增长

1688年法文本《论语导读》入藏国图

《伟大抗疫精神：筑起新的精神丰碑》出版

《探访中国制造现场》在日本出版

返回目录　放大　缩小　全文复制　上一篇　下一篇

《探访中国制造现场》在日本出版

《人民日报海外版》（2020年11月12日　第07版）

人民日報
2020年11月22日

本报电　（段跃中）《探访中国制造现场——第三届"难忘的旅华故事"获奖作品集》近日由日本侨报出版社出版。

征文以所有实际去过中国的日本人为对象，包括有留学及驻在经历的人、旅行者和现在在中国的日本人，收到的219部参赛作品出自居住在中国、日本、法国、智利等四国的日本朋友。

获奖作品集收录了荣获特别奖的众议院议员海江田万里、参议院议员矢仓克夫和荣获中国大使奖的池松俊哉的《百闻不如一见》等82篇获奖作品，书中记载了他们真实的中国体验、超越国境的心灵接触、中国深邃的魅力、对不幸历史记忆的共鸣以及中日相互帮助、携手战胜新冠肺炎疫情的感人记录。

中国驻日本大使孔铉佑寄语祝贺并表示，本次比赛投稿作品内容丰富，许多人在作品里写道，在真正接触到中国，实际和中国人打交道后，自己的对华感情发生了好转，大家异口同声地感叹道"百闻不如一见"。希望更多日本朋友通过本书认识一个真实、完整的中国，积极主动接触了解中国和中国人，形成全面客观的"中国观"。

讀賣新聞 オンライン

2021年10月4日

ニュース > 国際

「忘れられない中国滞在エピソード」、赴任の思い出つづった会社員が最優秀賞に

2021/10/04 23:31　　この記事をスクラップする

日中関係の書籍を出版する「日本僑報社」（東京都豊島区）が主催する「第４回忘れられない中国滞在エピソード」（読売新聞社など後援）の受賞作品が決まった。最優秀賞の中国大使賞には、三重県四日市市、会社員田中伸幸さん（４４）が浙江省杭州に駐在中の思い出をつづった「中国生活を支えた仲間」が選ばれた。特別賞は落語家の林家三平さんが受賞した。応募総数は約２１０点だった。

田中さんは作品で、慣れない環境に不安を抱えていた赴任当初、日本語を学びたい中国人が集う交流会に友人を作ろうと思い切って飛び込んだ経験を「大きな転機だった」と振り返った。

日本語の会話の練習相手になるだけでなく、中国人参加者から文化や考え方を学んで交流を深め、帰国から２年以上過ぎた現在も、オンラインで交流を続けているという。田中さんは「中国に滞在した思い出を記念に残そうと応募した」と話し、「当時の仲間たちにも受賞を伝えたい」と喜んだ。

２０２２年は日中国交正常化５０年の節目を迎えることから「貢献賞」を新設し、６点が選ばれた。受賞作を収めた作品集は１１月上旬に日本僑報社から刊行される。

中国网 Japanese.CHINA.ORG.CN　　チャイナネット　2021年10月7日

ホーム | 政治·安全 | 中日両国 | 経済 | 社会 | 文化·エンタメ | 観光 | フォトギャラリー | 生態 | 特集一覧

中日両国>

japanese.china.org.cn |07. 10. 2021

第4回「忘れられない中国滞在エピソード」コンクール受賞者発表

タグ：中国滞在

このほど日本僑報社が主催し、在日本中国大使館などが後援する第4回「忘れられない中国滞在エピソード」コンクールの受賞者が発表された。会社員の田中伸幸さんの「中国生活を支えた仲間」が最優秀賞（中国大使賞）に、落語家の林家三平さんの「日中文化のキャッチボールを絶やさないように」が特別賞に選ばれた。

日本企業で働く会社員の田中さんは受賞作の中で、杭州市に駐在している間、周囲の中国人の心のこもったサポートを受けて現地の生活に溶け込んでいった心温まる物語を伝えた。作品の中で、「中国滞在時は多くの仲間達と充実した時を過ごしていた。……私の自慢は、中国在住時から帰国した後の今でも素晴らしい日中友好交流を実施していることとたくさんの中国の仲間がいることだ」と感慨深く振り返っている。落語家の林家さんは受賞作の中で、「私は若い頃から幾度となく中国を訪れて人々の温かさを感じているので……昔から脈々と続いている文化のキャッチボールを絶やさないことが、今後の日中関係をいい方向にもってゆくために重要なことだと思います」と述べた。

このほか、大学生の服部大芽さんの「例えたどたどしくても、それはほんわか温かい」、公務員の西村栄樹さんの「本当の宝物」、高校生の林鈴果さんの「我愛中国！」、中国在住の日本語教師である久川充雄さんの「愉快な中国人」の4作品が一等賞に選ばれた。主催者によると、今年も例年に引き続き、上位受賞作品を1冊にまとめた受賞作品集を刊行し、11月に日本で発売するという。（編集KS）

「人民網日本語版」2021年10月7日

人民网
people.cn
日本語版
2021年10月6日

第4回「忘れられない中国滞在エピソード」コンクール受賞者発表

人民網日本語版　2021年10月06日15:59

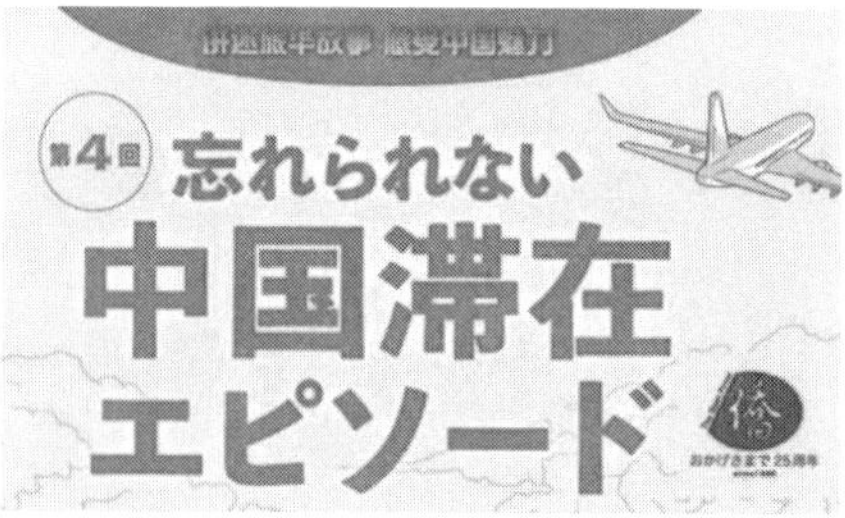

このほど日本僑報社が主催し、在日本中国大使館などが後援する第4回「忘れられない中国滞在エピソード」コンクールの受賞者が発表された。会社員の田中伸幸さんの「中国生活を支えた仲間」が最優秀賞（中国大使賞）に、落語家の林家三平さんの「日中文化のキャッチボールを絶やさないように」が特別賞に選ばれた。

日本企業で働く会社員の田中さんは受賞作の中で、杭州市に駐在している間、周囲の中国人の心のこもったサポートを受けて現地の生活に溶け込んでいった心温まる物語を伝えた。作品の中で、「中国滞在時は多くの仲間達と充実した時を過ごしていた。……私の自慢は、中国在住時から帰国した後の今でも素晴らしい日中友好交流を実施していることとたくさんの中国の仲間がいることだ」と感慨深く振り返っている。落語家の林家さんは受賞作の中で、「私は若い頃から幾度となく中国を訪れて人々の温かさを感じているので……昔から脈々と続いている文化のキャッチボールを絶やさないことが、今後の日中関係をいい方向にもってゆくために重要なことだと思います」と述べた。

このほか、大学生の服部大芽さんの「例えたどたどしくても、それはほんわか温かい」、公務員の西村栄樹さんの「本当の宝物」、高校生の林鈴果さんの「我愛中国！」、中国在住の日本語教師である久川充雄さんの「愉快な中国人」の4作品が一等賞に選ばれた。主催者によると、今年も例年に引き続き、上位受賞作品を1冊にまとめた受賞作品集を刊行し、11月に日本で発売するという。（編集KS）

www.news.cn
新华网
NEWS
www.xinhuanet.com

专访：百闻不如一见——日本侨报社“第三届难忘的旅华故事”征文获奖者池松俊哉眼中的中国制造

2020-11-18 20:07:49　来源：新华网

关注新华网
微信
微博

新华社东京11月18日电 专访：百闻不如一见——日本侨报社“第三届难忘的旅华故事”征文获奖者池松俊哉眼中的中国制造

新华社记者郭丹

“中国工厂的高标准、高效率让我吃惊。中国人的友善、好客让我感动。”近日，在日本侨报社主办的“第三届难忘的旅华故事”征文比赛中荣获中国大使奖的日本青年池松俊哉这样讲述他的中国之旅感受。

今年32岁的池松俊哉，在日本著名的罗森便利连锁公司总部从事原料采购、调配及商品开发工作。2019年7月，因工作原因，池松被派往中国相关食品供应企业进行考察，开始了他首次中国之旅，这也为他参加“第三届难忘的旅华故事”征文活动创造了条

2020年11月18日

仙游今报　侨界

凝聚侨心　贡献侨智

市侨商联合会第二次会员代表大会召开

仙游人书法被刚果女王收藏

日本民众撰文讲述“难忘的旅华故事”

返回　上一篇　放大+　缩小-　默认0　朗读

日本民众撰文讲述“难忘的旅华故事”

第三届“难忘的旅华故事”征文比赛近日公布评选结果。在日本一家企业工作的池松俊哉撰写的《百闻不如一见》获得“中国大使奖”。

池松俊哉讲述了2019年去中国考察食品工厂的见闻。“我在全国约有1.4万家店铺的连锁便利店总部、做着原料采购和商品开发的工作。现在，连锁便利店的供应离不开中国。例如，收银台旁边热柜里的炸鸡、配菜蒸鸡、鸡胸肉沙拉等，原料大多数都是中国产的。这不仅仅是因为其价格优势，还有高水平的品质管理和技术实力。”池松俊哉在文章开头写道。他亲眼见证了中国食品工厂的先进质量管理、高水平卫生标准以及中国人民的热情好客。文章最后写道：“百闻不如一见。只要去一次中国，你也会像我一样成为中国的粉丝。”

比赛还有5篇作品获一等奖，分别是星野信的《日中携手战胜新冠肺炎》、岩崎春香的《山川异域风月同天》、畠山修一的《和焦裕禄精神在一起》、田丸博治的《追寻战争真相之旅》和佐藤奈津美的《给予生活希望和光明的三国演义》。

人民网

仙游今報　2020年11月27日

人民日報

2019年11月19日

本だな

日中交流研究所所長　段躍中　編

中国産の現場を訪ねて第三回「忘れられない中国滞在エピソード」受賞作品集　日本僑報社刊

留学・駐在経験者、旅行者や現在滞在している人も含めて、実際に中国に行ったことのある全ての日本人を対象にした、日本僑報社主催第三回「忘れられない中国滞在エピソード」の受賞作品集。

特別賞に輝いた海江田万里衆議院議員、矢倉克夫参議院議員の作品をはじめ、最優秀作品・中国大使賞の「百聞は一見に如かず」など82編の受賞作品を収録。そこには真実の体験記録や国境を超えた心のふれあい、中国の奥深い魅力、不幸な歴史の記憶への共感、そして日中が互いに助け合いながらコロナ禍を乗り越えようとする感動的な記録がつぶさに記されている。

価格は2600円（税別）。320㌻。11月22日発行。問い合わせは、日本僑報社☎03（5956）2808。

観光経済新聞　2020年12月19日

毎日新聞　2020年6月3日

■「忘れられない中国滞在エピソード」募集中

日本僑報社は「忘れられない中国滞在エピソード」の原稿を募集している。一般テーマは「中国のここが好き」「中国で考えたこと」など。中国に行った経験のある日本人なら応募できる。3回目の今年は「中国で新型肺炎と闘った日本人たち」など特別テーマを設定。すべての日本人、中国人が応募できる。応募作のうち70点を作品集として刊行する予定。最優秀賞（中国大使賞）には賞金10万円を贈る。応募は原則メール（70@duan.jp）で6月15日必着。応募方法や過去の受賞作品などを専用サイト（http://www.duan.jp/cn/）で紹介している。

人民中国 PEOPLE'S CHINA　2021.1

『中国産の現場を訪ねて』

海江田万里など 著　段躍中 編集

同書は中国に行ったことのある全ての日本人を対象にした、日本僑報社が主催する第3回「忘れられない中国滞在エピソード」の受賞作品集だ。特別賞に輝いた海江田万里衆議院議員、矢倉克夫参議院議員の作品をはじめ、最優秀賞・中国大使賞を受賞した池松俊哉さんの「百聞は一見に如かず」など82編の受賞作を収録。そこには実際の中国での体験や国境を超えた心の触れ合い、中国の奥深い魅力、不幸な歴史の記憶への共感、そして中日が互いに助け合いながら新型コロナを乗り越えようとする感動的な物語がつぶさに記録されている。孔鉉佑駐日中国大使が同書の刊行に当たり、「この作品集の刊行で、より多くの日本の方々が、等身大の中国を認識し、全面的で客観的な中国観を持つことを希望しております」と特別メッセージを寄せている。（日本僑報社　2020年11月　2860円<税込み>）

中国滞在で得たこと

日中友好の進展をめざして出版する日本僑報社（東京）の作品集『中国産の現場を訪ねて／忘れられない中国滞在エピソード』に寄稿した。そこで要約してお伝えしてみたい。

◇

「中国に行こう」。米国の法律事務所で働いていた2005年、心が直感的に叫びました――「これからの世界を知るには中国を知らなければ駄目だぞ」と。06年6月、勇んで上海へ。タクシーの運転手に復旦大学の住所を書いた紙を手渡し、身振り手振りで何とかたどり着きました。

24時間すべて中国語、中国語、中国語漬け。学校に行く途中もベッドの中でも中国語。屋台で売っている3元（当時のレートで45円）の焼きそばを食べながら猛勉強でした。

時間があればバスで中心部へ移動。上海語と普通語が入り混じる車内が好きでした。

公明党参院議員　矢倉　克夫

日本僑報社「中国滞在エピソード」特別賞受賞の賞状と本を手にする矢倉氏

人民公園では、中国将棋をしている人たちといつも会話しました。古きと新しきが同居した新世紀中国の胎動を現場で感じることができたことは、間違いなく私の一生の財産です。

07年に北京へ。法律事務所の職に就きました。合間に太極拳を踊ったり、カフェでゆったり仕事も。当時は建設ラッシュ。新世紀中国の胎動を感じました。のちに公明党衆院議員になった伊佐進一さんも当時、北京にいらして、よく火鍋をおごってもらいました。この恩は忘れません（笑）。

友は宝　信頼、誠実の大切さ

中国滞在の一年、中国を知り、世界を知り、そして人間を知りました。なかでも一番の宝は多くの友人です。彼らとはよく卓球をしながら（絶対に勝てませんでした）、会話をしました。中国語と日本語の〝互相学習〟をした毛さんの協力には感謝してもしきれません。

彼ら彼女らは、私にとって単なる友人というより同志と言っていいものです。というのも、ともに連れ立ったバスツアーで事故に遭い、生命の危険を乗り越えた仲間だからです。私たちが乗ったバスが山道を走行中、天候不順もあってガードレールを突き破り、下に落ちてしまいました。幸い、すぐ近くが土手だったのでみな助かりましたが、今思い出してもゾッとします。

私たちは、喜怒哀楽の極限を共有し、互いがまるで生まれる前からの友人であるかのような絆を感じました。以来、私が中国を語る時、常に心に浮かぶのは、彼ら彼女らの顔なのです。

13年、公明党参院議員に送り出していただきました。18年5月、日中友好議員連盟の一員として訪中。帰国後には来日されていた李克強国務院総理を歓迎しました。

私の中国経験から、国と国との語らいといえども、最終的に、同じ人間同士の語らいであるという信念を与えてもらい、外交に必要な根気と辛抱強さ、信頼と誠実の大切さを教えてもらいました。私を「中国に学びにきた外国人」から「同じ大地に根付く同じ人間」に脱皮させてくれたのです。

公明党青年委員長として、日中の青年たちの交流をより深め合い、一人でも多くの青年たちが、同じ人間として魂と魂の触発を豊かに語らい合うことを望んでいます。人間主義の外交を草の根レベルから広めたい。それが私の決意です。　（やくら・かつお）

◆『中国産の現場を訪ねて／忘れられない中国滞在エピソード』（2600円＋税）の購入申し込みは☎03・5956・2808へ。

文化

公明新聞　2021年3月26日

公募ガイド

2021.2.10発売の3月号

体験記・作文ほか　＼第4回／「忘れられない中国滞在エピソード」募集

副賞 10万円　前回 219編　原稿 1900～2000字　〆 2021 5/20

中国を、あなたの言葉で語ろう！

コロナで揺れる今だからこそ、人々の心の交流が大切だ。中国に渡航経験のある人が対象の本公募。今回は誰でも応募できる、コロナ関連の特別テーマが設けられた。あなたの感じた中国をポジティブに伝えて。（瀧）

応募要項

●内容／中国滞在エピソードを募集。テーマは①中国のここが好き、これが好き、②私の初めての中国、③中国で叶えた幸せ、④観光、留学、ビジネス、文化交流などを通して感じた中国の魅力、⑤中国での人との出会い、文化・認識・価値観などの違いから気づいたこと、⑥SNSやIT技術の進歩、イノベーションなどから見た中国、⑦不幸な歴史の記憶への共感、⑧コロナとの闘いから感じた日中の絆、⑨ポストコロナ時代の日中交流。　●規定／メールで応募。Word形式で1900～2000字。文頭にテーマ、文末に200字程度の略歴をつける。〒住所、氏名、年齢、性別、職業、連絡先（メールアドレス、TEL、あれば微信ID）を明記。件名は「（応募者名）+第4回応募」とする。応募数自由。　●資格／中国に行ったことのある日本人（⑧⑨はすべての日本人可）　●賞／最優秀賞・中国大使賞1編＝10万円、ほか　●応募期間／5月10日～20日　●発表／10月上旬予定

応募先 40@duan.jp　問合せ 03-5956-2808　FAX 03-5956-2809　HP http://duan.jp/news/jp/20210113.htm　主催：日本僑報社

人民中国 PEOPLE'S CHINA　2021.1

東京　北京など　現地へ行き、その土地のファンに

日本僑報出版社が主催する第3回「日中ユースフォーラム」が昨年11月29日、テレビ会議形式で開かれた。中国の孔鉉佑駐日大使、日本の垂秀夫駐中国大使が祝辞を送った。

今回のフォーラムのテーマは「ポストコロナ時代の若者交流」。第3回「忘れられない中国滞在エピソード」作文コンクールで受賞した日本の6人の若者、第16回「中国人の日本語作文コンクール」で受賞した中国の6人の若者が代表者としてオンラインで交流し、約100人の中日友好事業の関係者が会議を傍聴した。

フォーラムで、第3回「忘れられない中国滞在エピソード」作文コンクールの最優秀賞（中国大使賞）を受賞した池松俊哉さんは、「中国の工場の高品質管理水準と中国人の温かさが忘れがたい。今や私は完全に中国のファンになった。中日の交流が今後いっそう活発化することを願う」と、中国の工場を訪問した時の印象を語った。参加者はインターネットとSNSの交流を通じ相手国の真の様子を知り、中日友好のバトンを多くの人につなぎたいと表明した。

正月の推薦図書

『中国産の現場を訪ねて―第3回「忘れられない中国滞在エピソード」受賞作品集』（池松俊哉他著・日本僑報社・2600円＋税）

厳しい現実だが希望も

今回のコンクールにはこれまでの最多219本の応募があり82本の受賞作が収録されている。書き手は留学・駐在経験者、旅行者など、現在滞在している人も含めて実に多様だ。

最優秀賞・中国大使賞を受賞したのは大手コンビニで原料調達・商品開発を担当する社員。日本では中国産を避ける消費者が少なくない。だが彼は製造現場での品質管理と衛生基準のレベルの高さに驚き、その理由を知って納得した。そしてこう結んでいる。「イメージと実際は全然違う。百聞は一見に如かず。1回行けば、あなたも私のように中国のファンになる」。

稲作指導をきっかけに中国を訪れ、貧困脱出に命を捧げた「英雄」に鼓舞された地方公務員。戦争の歴史をたどる旅で平和の大切さを痛感し、友好を深めることの意義を訴える団体役員。三国志への関心から留学し、10代の多感な時期にいじめを受けた痛手を中国の「恩師」との出会いで克服した作家。バラエティーに富んだ数多くのエピソードは、自らの体験に基づくものだけに説得力があり共感を呼ぶ。

新型コロナウイルスを巡っても多数の原稿が寄せられている。感染拡大の初期段階に中日友好病院でボランティアとして活動した看護師。「中国の友人を助けたい」という夫の一言からマスクを中国に送る活動に懸命に取り組んだ教師。隔離病棟で感染疑惑患者としての過ごした大学院生。江西省南昌市でコロナに見舞われた街の様子を綴る日本語教師。マカオでの感染拡大の状況と政府の支援策をレポートする会社員。それぞれに興味深い。

多くの執筆者が中国・中国人と触れ合う前の自らの中国への感情が決して良いものではなかったと正直に告白している。それが実際に中国へ出掛け中国の様子を知り中国の人たちと接する中でイメージが変わったと記す。

言論NPOが最近発表した世論調査結果によれば日本人の対中意識は一層の悪化をたどっている。国交正常化からもうすぐ半世紀が経つ。両国の相互依存関係は年を追って強まっているのになんという厳しい現実か。コロナ禍の中でいま中国を訪れるのは難しい。だが本書を通じて生々しい中国を知ることは可能だ。読者は調査の数字とは別にここに対中意識改善に向けての希望を見出すだろう。

（岡崎雄兒・元中京学院大学教授）

国際貿易　2021年新春号（2020年12月25日・2021年1月5日合併号）

受賞者代表らが喜びの声

中国滞在エピソードコンクール表彰式

「忘れられない中国滞在エピソード」作文コンクールを主催する日本僑報社は昨年11月29日午後、今年の第3回コンクールの表彰式を初めてオンラインで開催しました。

表彰式では、中国の孔鉉佑《こうげんゆう》大使のメッセージを鄒健《しゅうけん》・駐日中国大使館三等書記官が代読。本コンクールが年々成長を続け、3年目の今回は、合計219本の応募作が中国、日本、フランス、チリなど4カ国に在住する日本人から寄せられ、より国際化したこと、また応募者の職業も、国会議員、会社役員、団体職員、公務員、大学教師など多岐にわたり、年齢層も9歳から高齢者までと幅広く及んだことなどを紹介。

「多くの応募者は、中国そして中国人と触れ合う前後の対中感情の変化に言及しており、口をそろえて『百聞は一見にしかず』と感心している」「国の交わりは民の親しみにあり、こういった認識の好転が必ず国民感情の改善につながり、両国関係発展の民意的基礎を打ち固めるでしょう」と、本コンクール開催の意義を強調しました。

池松俊哉さん

星野信さん

自民党の二階俊博幹事長からのお祝いの言葉が、画面上で紹介されました。

この後、後援団体を代表して、読売新聞社の幸内康国際部次長、来賓として武田勝年・元日中友好会館理事長がそれぞれあいさつしました。

受賞者代表として「特別賞」を受賞した矢倉克夫参議院議員と海江田万里衆議院議員（ビデオ）、最優秀賞（中国大使賞）の池松俊哉さん（東京都）、1等賞の星野信さん（福岡県）、岩崎春香さん（神奈川県）、畠山修一さん（埼玉県）、田丸博治さん（大阪府）、佐藤奈津美さん（秋田県）があいさつし、それぞれ受賞の喜びと感謝の気持ちを伝えました。

閉会に当たり、瀬野清水・元重慶総領事が「コンクールのますますの発展を祈るとともに、受賞作品集を多く

日中友好新聞
2021年1月1日

原稿募集

第4回「忘れられない中国滞在エピソード」

日中の相互理解、文化交流、人的交流の促進をめざし、第4回「忘れられない中国滞在エピソード」コンクールが開催される。中国に行ったことのある日本人であれば、誰でも応募可能だ。

また日中両国が手を携えてコロナと闘うため、特別テーマ「ポストコロナ時代の日中交流」等も設定。こちらは中国滞在経験の有無に関わらず、全ての日本人が応募できる。

■応募受付期間：5月10日（月）～5月20日（木）※必着

■主催：日本僑報社

忘れられない中国滞在エピソード

応募要項

日本と中国　2021年4月1日

日本僑報社から新刊『中国産の現場を訪ねて』

日本僑報社（段躍中代表）から、『中国産の現場を訪ねて』が刊行された。

同書は、日本僑報社が今年実施した日本人対象の第3回作文コンクール「忘れられない中国滞在エピソード」（当協会後援）での受賞作82篇を収録したもの。中国での留学、駐在経験や中国文化の深い魅力、コロナ禍に関するエピソードが記されている。この中には、来年3月、中国残留婦人を描いた独り芝居「帰ってきたおばあさん」上演200回目を迎える俳優・神田さち子氏の作品も掲載されている。

お問い合せは、日本僑報社（電話03・5956・2808）まで。

日中文化交流　2020年12月1日

1等賞に協会から2人が受賞！

日本僑報社の作文コンクール

日中関係の書籍を出版する日本僑報社は2020年6月1日から15日まで、第3回「忘れられない中国滞在エピソード」の作文を募集。

中国に行ったことのある、または現在滞在中の日本人を対象に、①「中国のここが好き、これが好き」②「中国で考えたこと」③「私の初めての中国」④「中国で叶えた幸せ」の一般テーマのほかに、特別テーマとして①「中国で新型肺炎と闘った日本人たち」②「新型肺炎、中国とともに闘う―日本からの支援レポート―」の2つを設定しました。

今回のコンクールには日本、中国のほか、フランス、チリからも応募があり、作文総数は219本になりました。厳選な審査を経て、9月に受賞80作品（最優秀賞・中国大使賞1本、1等賞5本、2等賞24本、3等賞50本）を決定しました。

1等賞では、協会大阪府連合会堺支部の田丸博治さん、福岡県連合会の星野信さんの作文がそれぞれ受賞。次に2人の受賞の喜びをお伝えします。

日本僑報社は、入選作品を収録した『中国産の現場を訪ねて　忘れられない中国滞在エピソード』を20年11月に発行。定価2600円＋税。問い合わせ＝日本僑報社☎03（5956）2808

（表彰式の記事は14面）

心に残る戦争の真実をたどる旅

田丸博治

中国への8回の旅は、「烏魯木斉《ウルムチ》」から始まってシルクロードをたどり、上海までの感動の連続が第一の要因です。

妻の出生地のハルビンを訪れ、その近くの平房にある悪名高い731部隊の跡地を訪れ、日本の軍隊の実像を理解することになりました。

また、日中友好協会主催の旅で「侵華日軍南京大虐殺遇難同胞記念館」への訪問が強烈な悲劇的印象を私の心に与えました。南京陥落後、長期間にわたって、日本軍の行なった人類として許すことのできない残虐極まりない行為について今後に伝えなければならないという強い衝動を覚えました。

この残虐な行為を目撃した東史郎氏の言葉について訴えられました。裁判において、生々しい真実の証明、証拠が提出されたにもかかわらず、東京地裁、高裁、最高裁すべてにおいて却下された事実に強い憤りを覚えます。

以上の内容について私自身の感じた印象を作文に書いて、提出したものが想定外の1等賞5人の中に入れてもらって恐縮の限りです。2等賞、3等賞まで82人の作文すべてが、320㌻の1冊の単行本にまとめられ、『中国産の現場を訪ねて　忘れられない中国滞在エピソード』第3回受賞作品集の題名で発行されました。

私の作文も入れられ、喜んだり、恐縮したりしています。大阪府連合会堺支部の、浅田静美支部長にお願いされて、引き受け、副支部長として7年目になります。協会の目標が着実に実現することを切に望んで、私のメッセージとします。

（大阪府連合会・堺支部・副支部長）

友好発展に貢献、人生の歴史の1ページに

星野　信

このたび、1等賞を受賞いたしまして光栄に思います。この賞は、協会をはじめ福岡県連合会の皆さんの活動の結果です。ともに喜び合いたいと思います。

私がレポートした「ともにコロナの災いを乗り越え友好の絆強く」は三つの視点から書きました。

第一は医療支援です。武漢で新型コロナ感染が急拡大するなかで、協会がいち早く支援を呼びかけました。福岡県連合会は医療物資の調達に走りましたが、なかなか手に入りませんでした。その時、病院を運営する健和会より「救護キット」120セットが提供されました。八幡支部の皆さんの協力を得て福岡総領事館へ届けました。

第二は中国残留孤児帰国者の視点です。帰国者の皆さんは戦争中に孤児となり養父母に育てられました。「命の恩人である中国は故郷」という気持ちを一時も忘れることはありませんでした。四川大地震（08年）の時も募金を大使館へ送り、今回も募金を呼びかけて福岡総領事館へ届けました。

第三は友好の視点です。福岡県連合会は毎年、日本軍が中国へ侵略した戦跡を巡る平和の旅を行なっています。一昨年ハルビンにある日本孤児養父母連合会を訪ねました。この連合会より、このたびマスクが送られてきたのです。養母李淑賢さん(95歳)の優しい瞳が思い出されます。マスクとともに「山川異域　風月同天」「青山一道　同担風雨」の漢詩が添えられていました。

「コロナ終息へ向けてともに困難を乗り越え、友好の絆強く、命をつなぐ未来をともに切り開きましょう」と結びました。

このコンクールには219人が応募し、最優秀賞1人、1等賞5人が表彰されました。表彰式は大使館で行われる予定でしたがオンライン表彰式となり、フランス、カナダ、アメリカ、アジア諸国の関係者79人がアクセスされていました。

民間交流の一助となり、友好発展に貢献できたことは、私の人生の歴史の一ページを記すことになりました。

日中友好新聞　2021年1月1日

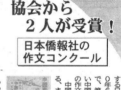

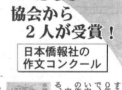

NHK WORLD JAPAN 2019年12月1日放送

来自第二届“难忘的旅华故事”征文比赛颁奖典礼的报道

2019年 12月 1日

《波短情长》节目由明治大学教授加藤彻和本台播音员林音主持，将分享听友们的来信与留言。

本期节目将为您报道11月15日在中国驻日本大使馆举办的第二届“难忘的旅华故事”征文比赛颁奖典礼的情况。（活动主办方：日本侨报社）

中華人民共和国駐日本国大使館HP　2019年11月15日

讀賣新聞　2019年12月1日

中国で叶えた幸せ　第2回「忘れられない中国滞在エピソード」受賞作品集

段躍中編　日本僑報社　2500円

評・加藤　徹（中国文化学者　明治大教授）

人の数だけ人生がある

中国に行ったことがある日本人を対象とした作文コンクールの受賞作品集である。老若男女がつづる体験談はノンフィクションだが、短編小説集のような味わいがある。

北京へ単身赴任した父が、一時帰国する。ひまわりの種をかじり、寝言で中国語をつぶやく父の姿を見て、中学生の娘はとまどう。その後、娘の反抗期は家庭崩壊レベルまで悪化。父は帰国を決意する。時は流れた。「結婚するから。あとさ、私、中国に行くことになったから」。上海勤務の辞令を受けた夫と中国に渡る日、娘は昔の「父の気持ちが少しわかった気がした」。

◇だん・やくちゅう＝1958年、中国湖南省生まれ。91年に来日。日本僑報社代表、日中交流研究所所長。

早稲田大の院生は回想する。彼女は小4から高校卒業まで大連に単身留学した。中学で、歴史の授業で日中戦争が取り上げられると、仲良しだった同級生から悪口を言われたり、無視されたりするようになった。2011年、高1のとき、東日本大震災が起きた。彼女は学校で赤い羽根の募金活動を始めた。「日本のために募金してくれるだろうか?」。結果は――。

上海日本人学校の校長となった男性は、87歳の老父を帯同する。中国語が全く分からない「おじいちゃん」は、毎朝6時には起きて一人で外出し、よく迷子になる。老人にやさしい国、中国を離れるとき「おじいちゃん」がぽつりと漏らした一言が、胸を打つ。

日本の私大で研究者間のトラブルに巻き込まれて大学を追われた教員は、再起の場を求めて中国の大学に就職する。学校の観劇会で京劇にはまった福岡の高校生は、一目惚れした役者の舞台を見るため21歳で北京に留学する。このほか、オタク文化を中国人と熱く語り合う大学生や、「優しさ貯金ゲーム」で中国人との共同生活を成功させたシンガーソングライターなど、興味深いエピソードは尽きない。

人の数だけ人生がある。ありのままの中国も、人の数だけある。日本人と中国人のふれあいの多彩さに驚かされる1冊だ。

KYODO 共同通信
2019年11月15日

忘れがたい中国経験つづる
日本語作文コンクール

高橋伸輔

中国滞在中の印象深い経験をつづった日本語作文の「忘れられない中国滞在エピソード」コンクールの表彰式が１５日、東京都港区の中国大使館であり、早稲田大学大学院生の乗上美沙（のりがみ・みさ）さん（２５）＝大阪市出身＝に最優秀賞が贈られた。

小学４年から高校卒業まで大連の学校に通った乗上さんは、東日本大震災の被災地支援のため学校で募金活動したことを紹介。日中戦争についての授業を機に同級生から反感を持たれ、「中国人とは分かり合えない」と思っていたが、募金を始めると予想外にみんな熱心に協力してくれ感銘を受けたという。

受賞スピーチで乗上さんは「見返りを求めない友情のおかげで被災地に思いを伝えることができた」と振り返り、「両国関係のマイナスの部分を下の世代には残したくない」と訴えた。

日中関係の書籍を手掛ける出版社「日本僑報社」（東京都豊島区）主催で、今年で2回目。１０代から９０代まで、昨年の倍以上の２９３作品が寄せられた。孔鉉佑（こう・げんゆう）駐日中国大使は「皆さんの有益な経験が貴重な将来の財産になると信じる」と述べた。（共同）

www.news.cn 新华网 NEWS www.xinhuanet.com
2019年11月17日

日本第二届“难忘的旅华故事”征文比赛颁奖

2019-11-16 15:08:11 来源：新华网

新华社东京11月16日电（记者郭丹）由日本侨报出版社主办的第二届“难忘的旅华故事”征文比赛颁奖典礼15日在中国驻日本大使馆举行。

在70篇获奖作品中，早稻田大学法学专业硕士研究生乘上美沙的《红羽毛给予的幸福》荣获比赛最高奖项“中国大使奖”。她在文中讲述了2011年在大连留学期间和同学们一起为“3・11”日本大地震发起募捐活动的故事。她希望能够将自己的亲身经历分享给更多的人，以此促进日中友好交流。

中国驻日本大使孔铉佑在颁奖仪式上致辞说，国之交在于民相亲，民间交流是中日关系不可或缺的重要组成部分，也是两国关系得以长期发展的坚实基础。希望大家通过此次活动，进一步了解中国，感知中国的魅力所在，也真诚欢迎大家有机会再去中国走一走，看一看，并把在中国的见闻分享给更多的人。相信大家的点滴努力，一定能够汇聚更多中日关系正能量，将中日友好的种子撒播得更广更远。

人民日报
国际面
2020年10月21日

第三届“难忘的旅华故事”征文比赛结果揭晓

本报东京10月20日电（记者**刘军国**）由日本侨报出版社主办、中国驻日本大使馆等担任支持单位的第三届“难忘的旅华故事”征文比赛20日公布评选结果，池松俊哉撰写的《百闻不如一见》获得“中国大使奖”。

池松俊哉在日本一家企业工作，他在文中讲述了去年7月去中国大连、沈阳、青岛等地考察食品工厂的见闻，对中国食品工厂完善的质量管理体系、高水平卫生标准以及中国人民的热情好客印象深刻。

人民网 people.cn
2020年10月20日

第三届“难忘的旅华故事”征文比赛结果揭晓

2020年10月20日11:11 来源：人民网-国际频道　分享到：

预计将于11月出版发行的第三届“难忘的旅华故事”作品集封皮

人民网东京10月20日电（记者刘军国）由日本侨报出版社主办、中国驻日本大使馆等担任后援单位的第三届“难忘的旅华故事”征文比赛10月20日公布评选结果。

在日本一家企业工作的池松俊哉撰写的《百闻不如一见》获得“中国大使奖”。池松俊哉讲述了2019年7月去中国大连、沈阳、青岛等地考察食品工厂的见闻与感受。“我在全国约有一万四千家店铺的连锁便利店总部、做着原料采购和商品开发的工作。现在，连锁便利店的供应离不开中国。例如，收银台旁边热柜里的炸鸡、配菜蒸鸡、鸡胸肉沙拉等，原料大多数都是中国产的。这不仅仅是因为其价格优势，还有高水平的品质管理和技术实力。”池松俊哉在文章开头便写道。在一周的中国考察过程中，池松俊哉亲眼见证了中国食品工厂的先进质量管理、高水平卫生标准以及中国人民的热情好客。在文章最后，池松俊哉表示，“我想挺起胸膛对全日本这样说：‘想象和实际完全不一样，百闻不如一见。只要去一次中国，你也会像我一样成为中国的粉丝。’”

主办方当天还公布了一等奖5名、二等奖24名、三等奖50名等评选结果。获得一等奖的5部作品分别是星野信的《日中携手战胜新冠肺炎》、岩崎春香的《山川异域风月同天》、畠山修一的《和焦裕禄精神在一起》、田丸博治的《追寻战争真相之旅》和佐藤奈津美的《给予生活希望和光明的三国演义》。此外，日本众议员海田江万里和参议员矢仓克夫获得特别奖。日本侨报出版社已把三等奖以上的82篇获奖作品集结成书出版，预计于11月在全日本发行。

（责编：苏缨翔、燕勐）

人民网 people.cn 2019年11月19日

3 要闻

“俄中文化交流成果正在不断扩大”

讲述旅华故事 感受中国魅力

顺应互利共赢世界潮

03版：要闻　PDF版下载　上一版　下一版

PDF浏览器下载　版面导航

日报　周报　杂志

人民日报 2019年11月19日 星期二

往期回顾　返回目录

人民日报图文数据库（1946-2019）

讲述旅华故事 感受中国魅力

本报驻日本记者 刘军国

《人民日报》（2019年11月19日 03版）

日中友好へ…“中国滞在”作文コンクール

ツイートする　シェアする　2018年11月22日 17:29

全文

日中平和友好条約の締結から４０年の今年、日本人を対象に、中国に滞在したときのエピソードを募った作文コンクールが行われた。

これは中国関連書籍の出版社「日本僑報社」が主催したもので、中国に滞在経験のある日本人から現地での思い出深いエピソードを募集した。２２日、都内の中国大使館では入選者への表彰式が行われ、程永華駐日大使は挨拶で日中の交流の重要性を訴えた。

中国・程永華駐日大使「まず交流から。交流から理解が生まれる。理解が深まって、初めて信頼が生まれる。信頼が深まって初めて友好だと。最初から友好が生まれるのではない。努力を通じて、友好に向かって（初めて）実現できる」

入選作には、母親の再婚相手である中国人の父との交流を描いた作品や、日中の文化の違いについての作品など４０本が選ばれ、本としても出版される。

日テレNEWS24
2018年11月22日

2020年1月25日

観光經濟新聞
kankokeizai.com

本だな

段躍中編
忘れられない中国滞在エピソード第2回受賞作品集　中国で叶えた幸せ
日本僑報社

あの瞬間、私は中国の人々の深い愛情と友情で、自分たちが今回の募金活動を成し遂げられたことに気付き、素晴らしい人々に恵まれている幸せを感じた。私のココロは、いつしか中国人に対する感謝の気持ちと穏やかな幸福感に包まれるようになっていた（受賞作から）。

第2回「忘れられない中国滞在エピソード」の受賞作品集。相互理解の促進を目指し、日本人の中国滞在経験者を対象として行われたコンクールには、涙と感動の体験など数多くの作品が寄せられた。本書には最優秀賞・中国大使賞（乗上美沙さん、早稲田大学大学院生）の「赤い羽根がくれた幸せ」をはじめ、計77編の入賞作を収録している。

編者の段氏は、日本僑報社代表。

価格は2500円（税別）。282㌻。問い合わせは日本僑報社☎03（5956）2808。

讀賣新聞
2019年11月13日

中国滞在記　乗上さん最優秀賞

日中関係の書籍を出版している「日本僑報社」（東京都豊島区）が、中国に行ったことのある日本人から募集した「忘れられない中国滞在エピソード」（読売新聞社など後援）の受賞作品が決まった。最優秀賞の中国大使賞には、早大大学院２年の乗上（のりがみ）美沙さん(25)の「赤い羽根がくれた幸せ」が選ばれた。東日本大震災発生時、留学していた大連のインターナショナルスクールでの体験をつづった。応募総数は約300点。受賞70点を収録した作品集は書店などで購入できる。問い合わせは日本僑報社（03・5956・2808）へ。

讀賣新聞
2020年10月1日

中国滞在記　池松さん最優秀賞

日中関係の書籍を出版する「日本僑報社」（東京都豊島区）は30日、主催する「第３回忘れられない中国滞在エピソード」（読売新聞社など後援）の受賞作品を発表した。最優秀賞の中国大使賞には東京都大田区、会社員池松俊哉さん(32)の「百聞は一見に如（し）かず」が選ばれた。中国に昨夏出張した際に見学した工場の徹底した衛生管理に驚いたことなどをつづった。応募総数は219作品だった。

讀賣新聞
2019年6月5日

中国滞在エピソードを募集

日中関係の書籍を多く出版している「日本僑報社」（東京都豊島区）が、中国に行ったことがある日本人を対象に「忘れられない中国滞在エピソード」（読売新聞社など後援）を募集している。中国が今年、建国70年を迎えるのに合わせ、応募作品から70人分を収録した作品集を出版する。

「中国のここが好き、これが好き」「私の初めての中国」「中国でかなえた幸せ」「建国70年に寄せて」の４テーマから一つ選び、1900～2000字以内にまとめる。中国在住の日本人も応募できる。最優秀賞（１人）には賞金10万円が贈られる。締め切りは今月16日。応募はメールで40@duan.jpへ。詳細は日本僑報社ホームページに掲載されている。編集長の段躍中氏は「草の根の交流を伝えることで相互理解を深め、日中関係友好につなげたい」と話している。

MAINICHI
毎日新聞

2019年6月5日

■「忘れられない中国滞在エピソード」原稿募集

日本僑報社は第2回「忘れられない中国滞在エピソード」の原稿を募集している。応募資格は、中国に行った経験のあるすべての日本人。留学・駐在はもちろん、旅行経験だけの人、現在中国に住んでいる人の応募も歓迎している。中国建国70周年に合わせて70作品を入選とし、1冊の作品集として刊行する予定。最優秀賞の中国大使賞に1人を選び、賞金10万円を副賞として贈呈する。原稿の受け付けは原則、メール（40@duan.jp）に限り、6月16日必着。詳細は（http://duan.jp/cn/）。

朝日新聞デジタル ＞ 記事　　国際　アジア・太平洋　カルチャー　出版

中国滞在の「忘れられない体験」、出版社が作文を募集

高田正幸　2019年5月13日16時00分

シェア　ツイート list　ブックマーク 0　メール　印刷

日本僑報社の段躍中代表＝東京都豊島区西池袋の同社

中国に関する多くの本を出版する日本僑報社が、中国で心に残った出来事を分かち合おうと、「第2回忘れられない中国滞在エピソード」を募集している。段躍中代表は「日中関係は改善しているが、国民感情はまだ厳しい。中国を訪問した時に感じた気持ちを公表してもらうことで、より多くの日本人に中国の姿を知ってもらいたい」と話している。

募集するのは、中国を訪ねたことのある日本人の作文。「私の初めての中国」「中国で叶（かな）えた幸せ」「中国のここが好き、これが好き」「中国建国７０周年に寄せて」の中からテーマを一つ選ぶ。テーマが違えば、複数の作品を提出できる。

◇

募集期間は５月１３日～６月１６日。１９００～２千字の日本語の作文に、２００字以内の筆者の略歴を加えた内容をメールで（４０@ｄｕａｎ．ｊｐ）に送る。詳細は同社ホームページ（http://duan.jp/cn/）。（高田正幸）

朝日新聞 DIGITAL
2019年5月13日

「日中友好に尽力したい」心こもった作品多数

第2回「忘れられない中国滞在エピソード」作文コンクール

日中友好のため出版活動を行なっている日本僑報社は11月15日、第2回「忘れられない中国滞在エピソード」（後援は中華人民共和国駐日本国大使館ほか）作文コンクールの表彰式を東京都内の中国大使館で行いました。

受賞者と選考委員、中国大使館の皆さんと記念撮影

293点の応募作品から最優秀賞（中国大使賞）1人、1等賞5人、2等賞20人、3等賞44人の合計70人が選ばれました。

これは日本と中国の相互理解と交流促進を目的としたもので、今回が2回目。中国に行ったことのある、または現在滞在中の日本人を対象に行われた日本語作文コンクールです。

入選作は東日本大震災の募金活動を通して感じた中国の学生たちの深い愛情と友情を描いた作品や、中国の日本人学校に編入し、そこで交流した中国人学生の思いやりのこもった言葉にふれ、先入観でしか見ていなかった自分を反省し、日本人に中国人の良さを伝える決意をした作品、ひまわりの種の食べ方を通しての異文化理解の大切さを説いた作品など、どれも中国人の魅力を改めて気づかせてくれるものばかりです。

乗上美沙さん

横山明子さん

野間美帆さん

孔鉉佑《こうげんゆう》駐日大使は「中国には『少しのことからすべてを見通す』という言葉があります。受賞された皆さんは普段の印象と全く違った、活気に満ちた中国を目の当たりにし、そして、中国の国民が善良で親切だと感じていただけたと思います。このような経験が皆さんにとって将来の貴重な財産になると信じています」と、あいさつしました。

最優秀賞・中国大使賞を受賞した乗上美沙さん（早稲田大学大学院生）は「最優秀賞の受賞の知らせを聞いてびっくりしました。中国の友人たちも喜んでいます。これからも日中友好に尽力したい」

一等賞の横山明子さん（大学教員）は「受賞は驚きました。中国人の学生たちにも知らせました。週明けには中国・湖南省へ戻ります。学生たちが待っていますから」

二等賞の野間美帆さん（中学生・俳優）は「まさか自分が受賞すると思わず、信じられない。昨年から俳優としても活動しています。力をつけて将来は日中共同の作品に参加できたら」と、それぞれ目を輝かせて語りました。

日本僑報社は来年も、第3回の実施を予定しています。

また、第2回「忘れられない中国滞在エピソード」の入賞作を収録した『中国で叶えた幸せ』を発行。最優秀賞・中国大使賞「赤い羽根がくれた幸せ」はじめ77編が収録されています。定価2500円＋税。問い合わせは☎03（5956）2808（日本僑報社）

日中友好新聞　2020年3月15日

讀賣新聞

2020年6月6日

中国滞在エピソード募集

日中関係の書籍を出版する「日本僑報社」（東京都豊島区）は「『忘れられない中国滞在エピソード』作文コンクール」（読売新聞社など後援）の作品を募集している。日本人が対象で、最優秀賞（1人）には賞金10万円が贈られる。入選70点は作品集にまとめ、出版される。

「中国のここが好き、これが好き」「中国で考えたこと」「私の初めての中国」「中国でかなえた幸せ」の4テーマから一つを選び、1900～2000字以内にまとめる。今年は新型コロナウイルスの流行を受け、中国人も応募可能な「中国で新型肺炎と闘った日本人たち」「新型肺炎、中国とともに闘う――日本からの支援レポート」の特別テーマ（3000字以内）も設けた。締め切りは今月15日（必着）。応募はメールで70@duan.jpへ。詳細は日本僑報社ホームページに掲載されている。

本の紹介

『中国で叶えた幸せ』

忘れられない中国滞在エピソード第2回受賞作品集

鈴木憲和、乗上美沙など77人共著・段躍中編

中国に行ったことのある日本人を対象に、中国での体験エピソードを募集した日本僑報社主催の第2回作文コンクールの受賞作品をまとめた一冊。

「私の初めての中国」「中国で叶えた幸せ」「中国のここが好き、これが好き」「中華人民共和国建国70周年に寄せて」の4つのテーマに293点の応募があり、最優秀賞・中国大使賞の「赤い羽根がくれた幸せ」はじめ77編を収録。

ありのままの中国の姿とは？中国とどう向き合うか？新たな示唆を与えてくれる涙と感動の真実の体験記録集です。

▼発行＝日本僑報社、定価2500円＋税。

▼問い合わせ＝☎03（5956）2808（日本僑報社）

日中友好新聞　2019年12月5日

公募ガイド

2020年4月号

第3回

体験記・作文ほか

「忘れられない中国滞在エピソード」募集

副賞 10万円　前回 300編以上　原稿 1900～2000字　2020 6/15

あなたの体験が日中友好の懸け橋に

インバウンドの伸びで、観光地や街中で中国人の姿を見ない日はないほど。そのおかげで中国人を身近に感じられるようになった。一方、中国を訪れる日本人はどれほどいるのだろう。残念ながらまだ少ないのが現状だ。もしあなたが中国に行ったことがあり、印象的なエピソードを持っていたら、思い出を文章にしてたくさんの人に教えてほしい。入選作品は1冊の本として刊行されるので、中国の新たな側面を知る機会となる。中国への理解が深まることで、近くて遠かった隣国との距離がグッと近くなるだろう。(は)

応募要項

●内容／中国滞在エピソードを募集。テーマは①中国のここが好き、これが好き、②中国で考えたこと、③私の初めての中国、④中国で叶えた幸せ。　●規定／メールで応募。Word形式で、1900～2000字。文頭にテーマ、文末に200字程度の略歴をつける。〒住所、氏名、年齢、性別、職業、連絡先(メールアドレス、TEL、あれば微信ID)を明記。件名は「第3回中国滞在エピソード応募(応募者名)」とする。応募数自由。　●資格／中国に行ったことのある日本人　●賞／最優秀賞・中国大使賞1編＝10万円、ほか　●応募期間／6月1日～15日　●発表／9月下旬予定

応募先 70@duan.jp　問合せ 03-5956-2808　03-5956-2809　http://duan.jp/news/jp/20200122.htm　主催：日本僑報社

中国经济网 www.ce.cn

2019年11月15日

第二届日本人“难忘的旅华故事”征文比赛东京颁奖

2019年11月15日 20:59　来源：经济日报-中国经济网

[手机看新闻] [字号 大 中 小] [打印本稿]

经济日报-中国经济网东京11月15日讯（记者　苏海河）由日本侨报出版社主办，中国驻日本大使馆、读卖新闻社等担任后援单位的第二届日本人“难忘的旅华故事”征文比赛11月15日在中国驻日大使馆举行颁奖典礼。我国驻日本特命全权大使孔铉佑出席并向早稻田大学法学专业硕士研究生乘上美沙颁发了“中国大使奖”，向日本众议院议员、原外务大臣政务官铃木宪和颁发了“特别奖”。当天收录70篇获奖作品的文集《在中国获得的幸福》也在东京首发。

孔铉佑大使为获奖作者颁奖

国際貿易

2019年12月5日

中国大使館で表彰式

滞在エピソードコンクール

第2回「忘れられない中国滞在エピソード」コンクール(日本僑報社主催、当協会など後援)の表彰式が11月15日、駐日中国大使館で開催された。中学生から90代まで293本の応募があった。

来賓として孔鉉佑大使があいさつ、受賞者に対して「活気に満ちた中国を目にし、中国人民が善良で親切なことを感じ取った。これらの有益な経験が将来の貴重な財産になると信じている」と語った。さらに見聞を友人、親類と分かち合うことを期待すると述べた。

最優秀賞と1等賞受賞者が作文のエピソードを中心にスピーチを行った。最優秀賞の乗上(のりがみ)美沙さん(早稲田大学大学院)は小学4年生から高校3年生まで大連のインターナショナルスクールに留学。在校生の多くは中国人。中学になると歴史教科書の「日中戦争」という記述から中国人と日本人の間には壁があり、分かり合うのは不可能だと思うようになった。高校1年の時、東日本大震災が発生、友人が「学校で募金活動を」と提案。日本人のために募金してくれるのだろうかと思った。しかしそれは杞憂だった。「マイナスの感情を下の世代に残したくない。中国人の温かさを感じて欲しい」と語った。

日本僑報社は3等までの受賞作品を収録した『中国で叶えた幸せ』(2500円＋税)を出版した。同社は来年1月中に第3回の募集要項を発表する予定。

中国新聞網 中新网 WWW.CHINANEWS.COM 2019年11月15日

第二届“难忘的旅华故事”征文比赛在东京颁奖

2019年11月15日 23:34 来源：中国新闻网

中新社东京11月15日电 (记者 吕少威)由日本侨报出版社主办的第二届“难忘的旅华故事”征文比赛15日在东京中国驻日本大使馆举行颁奖典礼。收录70篇获奖作品的文集《在中国获得的幸福》当天首发。

11月15日，由日本侨报出版社主办的第二届“难忘的旅华故事”征文比赛在东京中国驻日本大使馆举行颁奖典礼。图为嘉宾与获奖选手合影留念。中新社记者 吕少威 摄

中文導報 CHUBUN 2019年11月21日

第二届“难忘的旅华故事”征文比赛东京颁奖

日期: 19年11月3期 阅读: 271

中文导报讯（记者 尤嶋川）由日本侨报出版社主办的第二届“难忘的旅华故事”征文比赛，11月15日在中国驻日大使馆举行颁奖典礼。收录70篇获奖作品的文集《在中国获得的幸福》当天首发。

2019年11月16日

第2回「忘れられない中国滞在エピソード」作文コンクール表彰式が開催

CRI online 日本語

2019-11-16 14:44 CRI

excite ニュース

Record China 2019年11月25日

ニュース > 海外 > 中国 …

最優秀賞に早大・乗上美沙さん『赤い羽根がくれた幸せ』＝東日本大震災時の募金支援描く―第2回「忘れられない中国滞在エピソード」表彰式

2019年11月25日 09:50 Record China

第2回「忘れられない中国滞在エピソード」コンクールの表彰式が東京の駐日中国大使館で開催され、約200人が出席。早大大学院の乗上美沙さんが最優秀賞に輝いた。写真は表彰式風

第2回「忘れられない中国滞在エピソード」コンクール（日本僑報社主催、駐日中国大使館、読売新聞社、日中友好7団体など後援）の表彰式と交流会がこのほど東京の駐日中国大使館で開催され、約200人が出席した。

【その他の写真】

BOOKウォッチ 2020年3月15日

「3.11日本加油」にいま「中国加油」でお返しする

デイリーBOOKウォッチ

2020/2/8

書名	中国で叶えた幸せ
サブタイトル	第2回「忘れられない中国滞在エピソード」受賞作品集
監修・編集・著者名	鈴木憲和、乗上美沙など77人 著、段躍中 編
出版社名	日本僑報社
出版年月日	2019年11月22日
定価	本体2500円＋税
判型・ページ数	A5判・282ページ
ISBN	9784861852862

タイトルを見て、なんだ、この本は？と思う人が少なくないのではないか。『中国で叶えた幸せ――第2回「忘れられない中国滞在エピソード」受賞作品集』（日本僑報社）。中国に滞在したことがある日本人が、そこで体験した「忘れられないエピソード」をつづっている。要するに、日本人による中国体験談集だ。

「中国人が見た日本」の感想文コンクールがあることは知っていたが、逆の立場の日本人によるものがあったとは・・・。

Record China
2019年2月27日

■ TOP > 社会

あなたの「忘れられない中国滞在エピソード」は？＝第2回コンクール募集要項を発表！

日本僑報社

配信日時：2019年2月27日(水) 9時10分

Email
Share
Tweet
コメント

日本僑報社は今月6日、中国に行ったことのある日本人を対象とした第2回「忘れられない中国滞在エピソード」原稿の募集を発表した。

日本僑報社は今月6日、中国に行ったことのある日本人を対象とした第2回「忘れられない中国滞在エピソード」原稿の募集を発表した。

同社はこれまでに「忘れられない中国留学エピソード」（2017年）、「忘れられない中国滞在エピソード」（2018年）を開催しており、今回のコンクールは前回、前々回の流れをくむもの。同社は「今年、中華人民共和国は建国70周年の節目の年を迎えます。日中両首脳の相互訪問も再開し、関係改善の勢いは明らかに加速しています。そこで今年の中国建国70周年を記念し、この中国滞在エピソードコンクールを開催します」とした。

今回の募集テーマは「私の初めての中国」「中国で叶えた幸せ」「中国のここが好き、これが好き」「中華人民共和国建国70周年に寄せて」の4つ。テーマの選択は自由、複数応募も可。応募資格は、これまでに中国に行ったことのある全ての日本人で、現在中国に在住している人も可能だという。

応募作品の中から、中国建国70周年にちなみ70作品を入選とする。内訳は最優秀賞の中国大使賞1人、1等賞5人、2等賞20人、3等賞44人で、最優秀賞には賞金10万円が贈呈される。応募受付は2019年5月13日（月）～6月16日（日）（必着）。入選発表は2019年9月下旬を予定している。（編集/北田）

共同网
2018年11月22日

旅华故事作文比赛颁奖仪式在东京举行

朝日新聞 DIGITAL
2018年11月23日

朝日新聞デジタル ＞ 記事　　国際　アジア・太平洋

「餃子は太陽となり私の心を照らした」体験談に最優秀賞

2018年11月23日08時06分

シェア 23　ツイート　ブックマーク 1　スクラップ　メール　印刷

「忘れられない中国滞在エピソード」コンクールで中国大使賞（最優秀賞）を受賞し、程永華（チョンヨンホワ）駐日中国大使（右）から賞状を受け取る原麻由美さん＝東京都港区の中国大使館

中国での体験談を募った「忘れられない中国滞在エピソード」コンクール（日本僑報社主催）の表彰式が22日、東京都港区 の中国大使館であった。10～80代から125本の応募があり、約40本が入選した。

中国大使賞（最優秀賞）は、今夏まで北京の大学に通っていた原麻由美さん（23）の「世界で一番美味しい食べ物」が受賞した。うっとうしく思っていた中国人の継父と、一緒に餃子（ぎょうざ）を作ったり、食べたりして心を通わせた経験を紹介。「餃子は太陽となり私の心を照らし、親子の絆をくれた」などとつづった。

“日本と中国”を読む

心と心つないだ餃子

第一回「忘れられない中国滞在エピソード」受賞作品集

伊佐進一など44人〈著〉 段躍中〈編〉

日本僑報社
2,200円（税別）

日中平和友好条約40周年記念・第1回「忘れられない中国滞在エピソード」受賞作品集。相互理解の促進をめざして、日本人の中国滞在経験者を対象として行われた初のコンクールには、現滞在者を含む日本全国の10～80代の幅広い世代から数多くの作品が寄せられた（2017年・第1回「忘れられない中国留学エピソード」の拡大版。ともに日本僑報社主催）。昨年11月に都内で開かれた表彰式で程永華・駐日中国大使は「身近に起きたことが様々な角度から書かれていた。交流を通じて理解や信頼が生まれる」と語った。

本書には、最優秀賞の「心と心つないだ餃子」ほか入賞作を収録。近くて遠い大国・中国の本当の姿とは？ 14億の隣人と今後どう向き合うべきか？ 新たな示唆を与えてくれる涙と感動のありのままの体験を伝える。

日本と中国
Japan and China Friendship Newspaper

2019年2月1日

国際貿易

2018年12月4日

中国滞在エピソード

作文コンクール表彰式開く

「第1回忘れられない中国滞在エピソード」作文コンクール（当協会などが後援）の表彰式が中国大使館で11月22日、開催された。冒頭、程永華大使があいさつし、受賞者を祝福するとともに「中国人と日本人を同文同種という先入観で見ると誤解が生じやすい。交流し違いを見つめることで理解が生まれ、それが信頼、友好につながっていく。これからも日中友好のために頑張ってほしい」と激励した。

また、グランプリにあたる「中国大使賞」を受賞した原真由美氏をはじめとする受賞者の代表数人が登壇し、それぞれが受賞の喜びや今後の抱負等を語った。

同コンクールは日本僑報社が日中平和友好条約締結40周年を記念して初開催、10代から80代までの幅広い年齢層の応募者が自らの中国滞在の経験を紹介し、40人余りが受賞した。

同社より受賞作品集『心と心つないだ餃子』が出版されている。

表彰式に先立ち、日本僑報社の主宰する中国語翻訳塾で長年にわたり後進の育成に尽力してきた武吉次朗当協会相談役をねぎらう程大使との面談が行われた。

2019年1月25日

『心と心つないだ餃子―忘れられない中国滞在エピソード』

（伊佐進一ほか・日本僑報社・2200円＋税）

いまこの一冊 新刊紹介

岡崎雄兒
前中京学院大学教授

心ゆさぶる体験が満載

書籍出版をはじめ日中交流に尽力している日本僑報社が、日本人の中国滞在経験者を対象に「忘れられない中国滞在エピソード」を募集した。本書は応募総数125本から最優秀賞など入選作品40本を収録した第1回受賞作品集である。

作品の書き手は高校生、大学生、会社員、日本語講師、教員、医師など、年齢も10代から70代と老若男女さまざま。体験した内容も多岐にわたってそれぞれに興味を惹かれる。

最優秀賞に選ばれた原真由美さんの「世界で一番美味しい食べ物」は、中国人継父との心の葛藤を描く。餃子は親子の絆をくれ、「そして人と人の絆を強くし、心と心を繋（つな）げてくれる、世界で一番美味しい食べ物だと、私は思っています」と結ぶ。

また三本美和さんの「具だくさん餃子の味」は痛快。留学を始めて3カ月ほど経ち生活にも慣れてきた彼女は、留学とは現地の人の生活に入ることだと考えていた。なのにそれがない。そこで友だちと作戦を練った。食べることが好きなので食べ物に関することにしよう。中国人の家に行って家庭を見てみたい。お願いするだけでなく日本の文化も伝えたい。ひねりだしたのが「ヒッチクック」。画用紙に「餃子を作りたい」と書いて道行く人に声を掛けた。さてこの作戦はどんな展開になったのか。それは本書を読んでのお楽しみ。

いま日中関係は、首脳交流は再開されたものの訪日中国人客に比べ訪中日本人は依然少ない。14億もの人が住む隣国への無関心がこのまま続くのは残念だ。日本人と中国人のさまざまな場面でのふれ合いで得られた心ゆさぶる体験満載の本書が、まだ訪中したことのない日本人が中国を訪れるきっかけになればと願うばかりである。

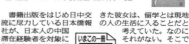

人民中国 PEOPLE'S CHINA　2019年1月号

東京　作文でつづる中国の思い出

中国での体験談を募った日本僑報社主催の第1回「忘れられない中国滞在エピソード」コンクールの表彰式が昨年11月22日、駐日本中国大使館で行われた。同コンクールには、10～80代の幅広い年齢層から125作品の応募があり、40点が入選した。

程永華駐日中国大使はあいさつで、「最初から友好が生まれるのではない。交流から理解が生まれる。理解が深まって、初めて信頼が生まれる。信頼が深まって初めて友好だ。努力することで、友好が初めて実現できる」と交流の重要性を訴えた。

最優秀賞に輝いた原麻由美さんは12歳から中国で暮らし、昨年7月に清華大学を卒業した。受賞作の「世界で一番美味しい食べ物」は、うとましいと感じていた中国人の義父と、ギョーザ作りで心を通わせた経験をつづった。表彰式で原さんは、「心と心のつながりは国境や血縁を越えることを、義父との経験が教えてくれました」とスピーチした。

聖教新聞　2018年12月25日

日中平和友好条約締《てい》結《けつ》40周年を記念

入賞者が中国大使館の程永華駐日大使らと記念のカメラに（11月22日）

日中平和友好条約締結40周年の記念行事を二つ紹介する。

◇

【第1回「忘れられない中国滞在エピソード」コンクール】

日本人の中国滞在経験者を対象とした、このコンクールは、日本僑報社が主催し、中国大使館などが後援。10代から80代まで合計125本の応募があり、40本が入選した。

東京・港区の中国大使館で行われた表彰式（11月22日）で、程永華駐日大使は、中国と日本は「引っ越すことができない」隣国であり、友好への努力を惜しんではならないと力説。「交流から理解が生まれ、理解から信頼が生まれ、信頼から友好が生まれます。ダイナミックに交流を重ね、両国の平和友好関係を一層、強固にしていきたい」と呼び掛けた。

入賞作品は『心と心つないだ餃子――第1回「忘れられない中国滞在エピソード」受賞作品集』に収められている。

段躍中編『心と心つないだ餃子』日本僑報社

◇

【金陵画派新韻――中日水墨画芸術展】

金陵とは、中国・江蘇省の南京のこと。金陵画派とは、明・清の時代に南京を中心に活躍した画家の一派である。日本に留学した画家・傅抱石を中心とする新金陵画派は、伝統を継承しながら新しい芸術を追求し、中国画壇に新風を巻き起こした。

同展は、現代中国画壇で活躍する新金陵画派の世界を紹介。

代表作家20人の作品と、日本の関西を中心に活動する40人の作品が公開された。東京・港区の中国文化センターで12月4日から7日まで開かれ、「日中の友好親善の絆を強める展示」（中国大使館の陳諍文化参事官）となった（写真、主催＝江蘇省美術家協会、日中書画芸術交流協会、中国文化センター）。

東京新聞　2018年12月17日

私説　論説室から

想包餃子

「忘れられない中国滞在エピソード」というテーマの作文コンクール表彰式が、中国大使館で行われた。その中に「想包餃子」（ぎょうざを作りたい）と書いた紙を手にした大学生がいた。三本美和《みわ》さん（二二）だった。

三本さんの作文は二〇一六年から約一年間、上海に語学留学した時のこと。現地の人と交流したいと考え、留学仲間と、この中国語を画用紙に大きく書いて公園で掲げてみた。

多くの人は通り過ぎていく。一人の中年女性が足を止め、三本さんたちを見ていた。

すかさず「中国人の生活を体験したいのです」と頼み込んだ。「私は餃子を作るのがうまくない。家もここから遠いけどいい？」

女性は二人と車に乗り、材料を買って高層マンションの自宅に招き入れた。そして、作り方を丁寧に教えてくれた。お礼に二人は、ツナ缶で日本風のおにぎりを作った。

女性は、日中戦争について語り出した。「だから、日本人を好きになれなかった。でも…」と女性は言葉を継いだ。

「お互い憎み合うのは悲しいことだと、今日気がついた。いつでも遊びにおいで」

中国は怖い、韓国は嫌いと言う人が少なくない。そう言う前に、一歩自分から歩み寄ってほしい。何か感じることがあるはずだ。

三本さんは「あの餃子は幸せの味だった」と作文を締めくくった。入賞作品集は日本僑報社から出版されている。（五味洋治）

北海道新聞 どうしん電子版 2018年11月22日

忘れられぬ経験つづる　中国滞在の作文コンクール

2018/11/22 18:08 更新

最優秀賞に選ばれ、中国の程永華駐日大使（右）から賞状を受け取る原麻由美さん＝２２日、東京都港区の中国大使館

忘れられない中国滞在の経験をテーマにした日本語の作文コンクールの表彰式が２２日、東京都港区の中国大使館であり、７月に中国の清華大を卒業して帰国した原麻由美さん（２３）＝神奈川県＝に最優秀賞、浜松市の高校１年相曽圭さん（１５）ら５人に１等賞が贈られた。

１２歳から中国で暮らしていた原さんは作文で、かつて敬遠していた中国人継父と信頼関係を築くまでのエピソードを紹介。表彰式では「心と心のつながりは、国境や血縁を越えることを（継父が）教えてくれた」とスピーチした。

相曽さんは、父親の赴任で天津日本人学校の小学部に通っていたころの体験を文章にまとめた。いつの間にか自分の中にあった「中国人との間の壁」を壊すと「人々の温かさに気づくことができた」とつづった。

KYODO 共同通信 2018年11月22日

忘れられぬ経験つづる

中国滞在の作文コンクール

2018/11/22 18:07 (JST)　12/7 15:31 (JST) updated　©一般社団法人共同通信社

最優秀賞に選ばれ、中国の程永華駐日大使（右）から賞状を受け取る原麻由美さん＝22日、東京都港区の中国大使館

忘れられない中国滞在の経験をテーマにした日本語の作文コンクールの表彰式が22日、東京都港区の中国大使館であり、7月に中国の清華大を卒業して帰国した原麻由美さん（23）＝神奈川県＝に最優秀賞、浜松市の高校1年相曽圭さん（15）ら5人に1等賞が贈られた。

12歳から中国で暮らしていた原さんは作文で、かつて敬遠していた中国人継父と信頼関係を築くまでのエピソードを紹介。表彰式では「心と心のつながりは、国境や血縁を越えることを（継父が）教えてくれた」とスピーチした。

相曽さんは、父親の赴任で天津日本人学校の小学部に通っていたころの体験を文章にまとめた。いつの間にか自分の中にあった「中国人との間の壁」を壊すと「人々の温かさに気づくことができた」とつづった。

コンクールは日本僑報社が主催し、今回が第1回。125本の応募があった。中国の程永華駐日大使は「身近に起きたことがさまざまな角度から書かれていた。交流を通じて理解や信頼が生まれる」と語った。

作文コンクールの表彰式で賞状を手にする受賞者たち＝22日、東京都港区の中国大使館

西日本新聞 2018年11月22日

西日本新聞 > ニュース > アジア・世界

忘れられぬ経験つづる　中国滞在の作文コンクール

2018年11月22日17時51分 (更新 11月22日 18時12分)

最優秀賞に選ばれ、中国の程永華駐日大使（右）から賞状を受け取る原麻由美さん＝２２日、東京都港区の中国大使館

写真を見る

作文コンクールの表彰式で賞状を手にする受賞者たち＝２２日、東京都港区の中国大使館

忘れられない中国滞在の経験をテーマにした日本語の作文コンクールの表彰式が２２日、東京都港区の中国大使館であり、７月に中国の清華大を卒業して帰国した原麻由美さん（２３）＝神奈川県＝に最優秀賞、浜松市の高校１年相曽圭さん（１５）ら５人に１等賞が贈られた。

１２歳から中国で暮らしていた原さんは作文で、かつて敬遠していた中国人継父と信頼関係を築くまでのエピソードを紹介。表彰式では「心と心のつながりは、国境や血縁を越えることを（継父が）教えてくれた」とスピーチした。

相曽さんは、父親の赴任で天津日本人学校の小学部に通っていたころの体験を文章にまとめた。いつの間にか自分の中にあった「中国人との間の壁」を壊すと「人々の温かさに気づくことができた」とつづった。

コンクールは日本僑報社が主催し、今回が第１回。１２５本の応募があった。中国の程永華駐日大使は「身近に起きたことがさまざまな角度から書かれていた。交流を通じて理解や信頼が生まれる」と語った。

福島民報　2018年11月22日

忘れられぬ経験つづる
中国滞在の作文コンクール

忘れられない中国滞在の経験をテーマにした日本語の作文コンクールの表彰式が２２日、東京都港区の中国大使館であり、７月に中国の清華大を卒業して帰国した原麻由美さん（２３）＝神奈川県＝に最優秀賞、浜松市の高校１年相曽圭さん（１５）ら５人に１等賞が贈られた。

１２歳から中国で暮らしていた原さんは作文で、かつて敬遠していた中国人継父と信頼関係を築くまでのエピソードを紹介。表彰式では「心と心のつながりは、国境や血縁を越えることを（継父が）教えてくれた」とスピーチした。

山陰中央新報 ONLINE NEWS　2018年11月22日

忘れられぬ経験つづる　中国滞在の作文コンクール

忘れられない中国滞在の経験をテーマにした日本語の作文コンクールの表彰式が２２日、東京都港区の中国大使館であり、７月に中国の清華大を卒業して帰国した原麻由美さん（２３）＝神奈川県＝に最優秀賞、浜松市の高校１年相曽圭さん（１５）ら５人に１等賞が贈られた。

最優秀賞に選ばれ、中国の程永華駐日大使（右）から賞状を受け取る原麻由美さん＝２２日、東京都港区の中国大使館

作文コンクールの表彰式で賞状を手にする受賞者たち＝２２日、東京都港区の中国大使館

１２歳から中国で暮らしていた原さんは作文で、かつて敬遠していた中国人継父と信頼関係を築くまでのエピソードを紹介。表彰式では「心と心のつながりは、国境や血縁を越えることを（継父が）教えてくれた」とスピーチした。

相曽さんは、父親の赴任で天津日本人学校の小学部に通っていたころの体験を文章にまとめた。いつの間にか自分の中にあった「中国人との間の壁」を壊すと「人々の温かさに気づくことができた」とつづった。

コンクールは日本僑報社が主催し、今回が第１回。１２５本の応募があった。中国の程永華駐日大使は「身近に起きたことがさまざまな角度から書かれていた。交流を通じて理解や信頼が生まれる」と語った。

福井新聞 FUKUISHIMBUN ONLINE　2018年11月22日

HOME ＞ 全国のニュース ＞ 国際

忘れられぬ経験つづる
中国滞在の作文コンクール

2018年11月22日 午後5時47分

最優秀賞に選ばれ、中国の程永華駐日大使（右）から賞状を受け取る原麻由美さん＝２２日、東京都港区の中国大使館

忘れられない中国滞在の経験をテーマにした日本語の作文コンクールの表彰式が２２日、東京都港区の中国大使館であり、７月に中国の清華大を卒業して帰国した原麻由美さん（２３）＝神奈川県＝に最優秀賞、浜松市の高校１年相曽圭さん（１５）ら５人に１等賞が贈られた。

１２歳から中国で暮らしていた原さんは作文で、かつて敬遠していた中国人継父と信頼関係を築くまでのエピソードを紹介。表彰式では「心と心のつながりは、国境や血縁を越えることを（継父が）教えてくれた」とスピーチした。

相曽さんは、父親の赴任で天津日本人学校の小学部に通っていたころの体験を文章にまとめた。いつの間にか自分の中にあった「中国人との間の壁」を壊すと「人々の温かさに気づくことができた」とつづった。

沖縄タイムス＋プラス OKINAWA TIMES　2018年11月22日

忘れられぬ経験つづる　中国滞在の作文コンクール

2018年11月22日 17:47

忘れられない中国滞在の経験をテーマにした日本語の作文コンクールの表彰式が２２日、東京都港区の中国大使館であり、７月に中国の清華大を卒業して帰国した原麻由美さん（２３）＝神奈川県＝に最優秀賞、浜松市の高校１年相曽圭さん（１５）ら５人に１等賞が贈られた。

最優秀賞に選ばれ、中国の程永華駐日大使（右）から賞状を受け取る原麻由美さん＝２２日、東京都港区の中国大使館

１２歳から中国で暮らしていた原さんは作文で、かつて敬遠していた中国人継父と信頼関係を築くまでのエピソードを紹介。表彰式では「心と心のつながりは、国境や血縁を越えること

Web東奥　2018年11月22日

忘れられぬ経験つづる　中国滞在の作文コンクール

最優秀賞に選ばれ、中国の程永華駐日大使（右）から賞状を受け取る原麻由美さん＝２２日、東京都港区の中国大使館

忘れられない中国滞在の経験をテーマにした日本語の作文コンクールの表彰式が２２日、東京都港区の中国大使館であり、７月に中国の清華大を卒業して帰国した原麻由美さん（２３）＝神奈川県＝に最優秀賞、浜松市の高校１年相曽圭さん（１５）ら５人に１等賞が贈られた。

１２歳から中国で暮らしていた原さんは作文で、かつて敬遠していた中国人継父と信頼関係を築くまでのエピソードを紹介。表彰式では「心と心のつながりは、国境や血縁を越えることを（継父が）教えてくれた」とスピーチした。

相曽さんは、父親の赴任で天津日本人学校の小学部に通っていたころの体験を文章にまとめた。いつの間にか自分の中にあった「中国人との間の壁」を壊すと「人々の温かさに気づくことができた」とつづった。

佐賀新聞LiVE　2018年11月22日

忘れられぬ経験つづる

中国滞在の作文コンクール

2018/11/22（共同通信）

最優秀賞に選ばれ、中国の程永華駐日大使（右）から賞状を受け取る原麻由美さん＝２２日、東京都港区の中国大使館

作文コンクールの表彰式で賞状を手にする受賞者たち＝２２日、東京都港区の中国大使館

忘れられない中国滞在の経験をテーマにした日本語の作文コンクールの表彰式が２２日、東京都港区の中国大使館であり、７月に中国の清華大を卒業して帰国した原麻由美さん（２３）＝神奈川県＝に最優秀賞、浜松市の高校１年相曽圭さん（１５）ら５人に１等賞が贈られた。

１２歳から中国で暮らしていた原さんは作文で、かつて敬遠していた中国人継父と信頼関係を築くまでのエピソードを紹介。表彰式では「心と心のつながりは、国境や血縁を越えることを（継父が）教えてくれた」とスピーチした。

相曽さんは、父親の赴任で天津日本人学校の小学部に通っていたころの体験を文章にまとめた。いつの間にか自分の中にあった「中国人との間の壁」を壊すと「人々の温かさに気づくことができた」とつづった。

忘れられぬ経験つづる　中国滞在の作文コンクール

中日新聞 CHUNICHI Web　2018年11月22日

忘れられぬ経験つづる
中国滞在の作文コンクール

IWATE NIPPO　2018年11月22日

忘れられぬ経験つづる　中国滞在の作文コンクール

東京新聞 TOKYO Web　2018年11月22日

四国新聞社　2018年11月22日

忘れられぬ経験つづる／中国滞在の作文コンクール

2018/11/22 17:47

メールで記事を紹介　印刷する　一覧へ

ツイート　B! 0　シェア 0

作文コンクールの表彰式で賞状を手にする受賞者たち＝２２日、東京都港区の中国大使館

最優秀賞に選ばれ、中国の程永華駐日大使（右）から賞状を受け取る原麻由美さん＝２２日、東京都港区の中国大使館

忘れられない中国滞在の経験をテーマにした日本語の作文コンクールの表彰式が22日、東京都港区の中国大使館であり、7月に中国の清華大を卒業して帰国した原麻由美さん（23）＝神奈川県＝に最優秀賞、浜松市の高校1年相曽圭さん（15）ら5人に1等賞が贈られた。

12歳から中国で暮らしていた原さんは作文で、かつて敬遠していた中国人継父と信頼関係を築くまでのエピソードを紹介。表彰式では「心と心のつながりは、国境や血縁を越えることを（継父が）教えてくれた」とスピーチした。

相曽さんは、父親の赴任で天津日本人学校の小学部に通っていたころの体験を文章にまとめた。いつの間にか自分の中にあった「中国人との間の壁」を壊すと「人々の温かさに気づくことができた」とつづった。

コンクールは日本僑報社が主催し、今回が第1回。125本の応募があった。中国の程永華駐日大使は「身近に起きたことがさまざまな角度から書かれていた。交流を通じて理解や信頼が生まれる」と語った。

YOMISAT
中国・アジア
2018年6月28日

中国滞在時の体験記を募集

日本僑報社

【北京＝比嘉清太】日中関係の書籍を出版している「日本僑報社」（本社・東京都豊島区）が、中国滞在経験のある日本人を対象に、滞在時の忘れられないエピソードをつづる作文を募集している。日中平和友好条約締結40周年の今年、応募作品から40人分を収録して書籍化することも検討している。

同社は昨年、日本人の中国留学経験者を対象に留学エピソードをつづる作文を募集、書籍化しており、日中双方のメディアで話題を読んだ。その拡大版と位置づける今回の事業では、旅行や留学を含め、滞在期間の長短は問わない。現在、中国に滞在中の日本人でも応募できる。

同社編集長の段躍中さんは、「中国での体験を記してもらうことで、日中の相互理解の促進につなげたい」と話している。

最優秀賞（1人）には賞金10万円が進呈される。応募期間は今月30日まで。原稿の送付先は、メール（40@duan.jp）へ。文字数は3000字で、略歴200字。詳細は同社のホームページ（http://duan.jp.cn）で。

忘れられない中国滞在エピソード大募集

日本僑報社主催

日本僑報社が「忘れられない中国滞在エピソード」を左記の要領で募集しています。これは日中平和友好条約締結40周年を記念した取り組み。

▽内容＝中国滞在時の貴重な思い出、帰国後の中国とのかかわり、近況報告、中国の魅力、今後の日中関係への提言など

▽エピソードは日本語3000字＋文末に略歴200字（ワード形式で）

文字数のほか、郵便番号、住所、氏名、年齢、性別、職業、連絡先（E-mail、電話番号、微信ID）といった情報を、エクセル形式で一行にまとめて送付

▽写真＝滞在時の思い出の写真1枚と筆者の近影1枚

▽送付先＝E-mail 40@duan.jp（送信メールの件名（タイトル）は「忘れられない中国滞在エピソード応募」と記入、応募者の氏名も明記

▽応募期間＝6月1日（金）～30日（土）

▽入選発表＝8月31日（金）予定

▽特典＝最優秀賞（中国大使賞）1名（賞金10万円）、1等賞5名、2等賞10名、3等賞24名、佳作賞をそれぞれ進呈

▽問い合わせ＝☎03（5956）2808 担当（張本、伊藤）

日中友好新聞　2018年6月15日

公募ガイド

2018年6月号

体験記・作文ほか

＼第1回／

日中平和友好条約締結40周年記念「忘れられない中国滞在エピソード」募集

副賞 10万円　原稿 3000字程度　入選 40編　2018 6/30

舞台は中国、とっておきの思い出を！

留学生やビジネスパーソン、行政・教育・文化・スポーツ・科学技術関係者や駐在員家族、国際結婚をした人、短期旅行者など、幅広い分野や立場での中国滞在経験者のエピソードを募集。中国人の同僚や部下、恩師や友人、家族との関わり、現在の中国との関わり、知る人ぞ知る中国の魅力、日中関係への提言といった平和友好条約締結40周年を記念するにふさわしい作品を。入選作40編は、作品集として刊行される予定。（ふ）

応募要項

●**内容**／忘れられない中国滞在エピソードを募集。　●**規定**／メールで応募。Word形式で、3000字程度。文末に200字程度の略歴をつける。縦書き。1行の字数、1枚の行数自由。末尾に〒住所、氏名、年齢、性別、職業、連絡先（メールアドレス、TEL、あれば微信ID）を明記。滞在時の思い出の写真1枚と応募者の近影1枚をJPG形式で添付。長辺600ピクセル以内。写真は入選の連絡後に送付しても可。メールの件名は「忘れられない中国滞在エピソード応募（応募者名）」とする。応募数自由。　●**資格**／中国滞在経験のある日本人　●**賞**／1等賞（中国大使賞）1編＝10万円、ほか　●**応募期間**／6月1日～30日　●**発表**／8月31日予定

応募先 40@duan.jp　問合せ 03-5956-2808　03-5956-2809　http://duan.jp/news/jp/20180402.htm　主催：日本僑報社

Record China　2018年11月24日

TOP > 社会

「餃子が心と心をつないだ」＝忘れられない中国滞在エピソード最優秀賞の原麻由美さん、表彰式で日中国民の友好訴え＜受賞作全文掲載＞

Record china　配信日時：2018年11月24日(土) 11時0分

中国に滞在した経験のある日本人を対象にした第1回「忘れられない中国滞在エピソード」コンクールの表彰式が東京の中国大使館で開催された。最優秀賞を受賞した原麻由美さんの「世界で一番美味しい食べ物」。写真は表彰式風景。

公明新聞　2018年4月13日

◆第１回「忘れられない中国滞在エピソード」募集

日中平和友好条約締結40周年に当たる2018年、中国に滞在したことのある日本人を対象にした第１回「忘れられない中国滞在エピソード」の原稿を募集する。文字数は3000字で、応募期間は６月１～30日。入選発表は８月31日。送信メールのタイトルに「忘れられない中国滞在エピソード応募（氏名）」として、40@duan.jp（Ｅメール）へ。詳しい問い合わせは☎03・5956・2808へ。

日本と中国　Japan and China Friendship Newspaper　2018年5月1日

「忘れられない中国滞在エピソード」

第1回作品を6月1日から募集

1等の中国大使賞は賞金10万円！

日本僑報社は、今年の日中平和友好条約締結40周年を記念して、中国に滞在したことのある日本人を対象とした第1回「忘れられない中国滞在エピソード」（駐日中国大使館、（公社）日中友好協会などが後援）の原稿を募集する。

1972年に日中国交正常化が実現し、79年に両国政府が留学生の相互派遣で合意して以来、これまで約23万人の日本人が中国へ留学し、来日した中国人留学生は累計100万人を超えるという。

今回は、中国滞在時のとっておきのエピソードをはじめ、現在の中国との関わり、知る人ぞ知る中国の魅力、そしてこれからの日中関係にプラスになるような提言といった、40周年を記念するにふさわしい内容のオリジナリティーあふれる作品を募集する。

40周年に合わせて、原則として40作品を入選作として選び、それらを1冊の作品集として刊行する予定。さらに入選作から、1等賞1人（中国大使賞）、2等賞10人、3等賞29人（以上40人・作品）、佳作賞若干名を選出し、1等賞には副賞10万円が贈られる。

応募期間は6月1日から6月30日まで。応募の詳細は同社ホームページ（http://duan.jp/news/jp/20180402.htm）を参照のこと。

日中文化交流　2018年5月1日

日本僑報社主催「忘れられない中国滞在エピソード」募集はじまる

日本僑報社（段躍中編集長）は、6月1日から30日まで、第1回「忘れられない中国滞在エピソード」への原稿の公募を実施する。

公募内容は、中国滞在時の思い出や、帰国後の中国との関わり、中国の魅力、日中関係への提言など。中国滞在経験者が対象。入選発表は8月31日を予定しており、40本の入選作品は単行本として出版される予定。当協会後援。

応募方法、特典など詳細は、HP（http://duan.jp/cn/2018.htm）参照。

人民日报 海外版 PEOPLE'S DAILY OVERSEAS EDITION　2019年1月9日

讲述交往故事，增进交流理解

《连心饺子》汇集日本友人记忆

本报驻日本记者　刘军国

■"难忘的旅华故事"征文比赛显示中日民众相互交流的热情

■通过在中国学习历史、以史为鉴，理解了和平的珍贵

为纪念中日和平友好条约缔结40周年，由日本侨报出版社主办、中国驻日本大使馆担任后援单位的第一届"难忘的旅华故事"征文比赛颁奖典礼日前在东京举行。中国驻日本大使程永华、日本侨报社总编辑段跃中、日本财务大臣政务官伊佐进一、日中友好协会顾问小岛康誉以及获奖者等约150人出席了此次颁奖礼。

在颁奖礼上，获奖者先后上台分享了各自在中国的见闻以及与中国朋友交往的感人故事。各位获奖者均表示，通过在中国工作、学习和生活的经历，认识了一个完全不一样的中国，今后愿做日中友好交流的桥梁，增强两国关系发展的民意纽带。

期待日本民众多去中国走走看看

"难忘的旅华故事"征文比赛面向所有拥有旅华经历，包括目前正在中国的日本民众，征集他们旅华期间的故事，旨在促进日中友好交流和相互理解。在众多参赛作品中，有的讲述与中国民众的交往故事，有的抒发体验中国文化的感悟。获奖文章已经结集为《连心饺子》一书出版，并在日本各大实体和网络书店销售。

日本自民党干事长二阶俊博发来贺信表示："希望有旅华经历的日本人将这一宝贵经历充分运用到日中友好交流中，希望广大日本读者能够铭记阅读时的感动，能够亲眼去看一看中国，从而写出更多新的难忘的旅华故事。"

国之交在于民相亲。程永华在颁奖礼致辞中说，"难忘的旅华故事"征文比赛成功举办，充分显示了中日两国民众相互交流的热情。很高兴看到很多日本民众从对中国一无所知，到通过交流与中国民众加深相互了解，增进理解和信任，最终建立起牢固的友谊。

2018年是中日和平友好条约缔结40周年。程永华表示，在中日关系保持良好改善发展势头的大背景下，希望两国民众特别是青年之间进一步扩大交流、增进友谊，为中日关系长期健康稳定发展发挥积极作用。

段跃中对本报记者说，希望日本全国各地的民众都能读到《连心饺子》一书，能够多去中国走走看看，感受中国悠久灿烂的文化、日新月异的变化，结识中国淳朴善良的民众。

希望向更多人讲述中国的魅力

很多日本民众读了《连心饺子》中的故事后备受感动，希望去中国看看。日本前首相福田康夫为《连心饺子》撰写序言，称赞这些珍贵的经历对于促进日中两国人民相互理解发挥着重要作用。

2018年7月刚从清华大学毕业的原麻由美回忆自己10年的赴华学习生活，撰写了《世界上最美味的食物》一文，讲述了饺子作为心与心之间的纽带，给自己人生带来的积极影响。

在颁奖礼上，原麻由美激动地讲述了自己在中国的美好回忆。2008年，由于母亲与中国继父结婚，12岁的原麻由美跟随母亲从日本来到中国上学。初到中国，原麻由美每次考试都在班级里倒数第一，这令她很难受。

一天放学后，中国继父带着原麻由美去一家饺子馆吃饭。吃着热腾腾的饺子，中国继父打破了沉默："不要为倒数第一名感到羞愧。你只学习了一年汉语，同学们的母语是汉语，你们成绩不一样是正常的。你把中国同学当作榜样去努力，为超越过去的自己而奋斗，慢慢进步就可以了。"这段话深深地温暖了原麻由美。那年春节，原麻由美的继父提议全家人一起包饺子，边吃边聊。从那以后，原麻由美从心底里接受了中国继父，成为真正意义上的一家人。

原麻由美在文中写道："十年在中国的学习生活中，给予我如饺子一样热腾腾的爱的人无疑就是中国继父。与继父一起吃饺子的温暖和启迪就像太阳一样，照亮了我的心灵，给予了我无限的希望，给予我和继父超越国境与血缘的父女之情。从此，我们一起吃的饺子也变成了世界上最美味的食物，成为心与心之间的纽带。"

日本庆应大学学生正在翻看《连心饺子》一书。　本报记者　刘军国摄

原麻由美认为，与中国人相处、交流并学习中国文化的经历是她一生中宝贵的经验。在文章结尾，原麻由美表示："希望通过介绍自己在中国的美好回忆，向更多人传达中国的魅力。"

从历史中理解和平的珍贵

程永华说，尤其令人感到欣慰的是，有的作者通过参观历史纪念馆和战争遗迹，加深了对中日之间不幸历史的了解，写下了对中日关系的深入思考。正是这种正视历史、以史为鉴、面向未来的正确态度，才有助于两国民众超越历史纠葛，构筑两国和平友好合作关系。

一名叫中关令美的东京姑娘在文章中讲述了自己与一名南京姑娘的故事。当中关令美告诉家人，应中国朋友之邀要去南京旅游时，祖父母表达了深切担忧和强烈反对。中关令美不顾家人反对，只身一人前往南京。

曾经在中学历史教科书中了解了南京大屠杀历史的中关令美到达南京之后，起初特别在意自己的国籍。在海关入关处，为把护照上面的"日本"两字藏起来，她刻意把护照反面朝上交给工作人员。每当被出租车司机、餐馆服务员问起自己的国籍，她内心都十分忐忑。但令她惊讶的是，当她告诉对方自己是日本人时，对方依然友善地对待她。

当她的南京朋友问她最想去哪里时，中关令美说，希望去侵华日军南京大屠杀遇难同胞纪念馆参观。在认真参观完纪念馆后，她的中国朋友说道："历史不容篡改，南京大屠杀铁证如山，不容推翻。但我们永远是朋友。"中关令美顿时泪如泉涌。她意识到，虽然时钟无法拨回到1937年，无法阻止那场大屠杀，但是我们可以以史为鉴，从历史中学习和平的珍贵。

中关令美最后写道："在机场与中国朋友道别之后，我种下了一个新的梦想，那就是将来做日本和中国友好的桥梁。我将把在南京的经历铭记在心，继续努力下去。"

（本报东京电）

中文導報 CHUBUN　2018年11月29日

"难忘的旅华故事"东京颁奖

Record China　2018年4月4日

■ TOP > 社会

「忘れられない中国滞在エピソード」大募集！＝日中平和友好条約締結40周年記念

日本僑報社　配信日時：2018年4月4日(水) 18時0分

Email　Share　Tweet　コメント

日本僑報社は、日中平和友好条約締結40周年を記念して、中国に滞在したことのある日本人を対象とした第1回「忘れられない中国滞在エピソード」原稿を大募集します！

1972年の日中国交正常化以降、とくに1979年に両国政府が留学生の相互派遣で合意してから、これまでに中国は累計約23万人の日本人留学生を受け入れており、来日した中国人留学生は累計100万人を超えています。

人民日报 海外版
PEOPLE'S DAILY OVERSEAS EDITION
2018年12月7日

《连心饺子》在日首发

为纪念中日和平友好条约缔结40周年、由日本侨报出版社主办、中国驻日大使馆支援的第一届"难忘的旅华故事"征文比赛颁奖典礼暨获奖文集《连心饺子》首发式，近日在东京举行。中国驻日本大使程永华，日本众议院议员、财务大臣政务官伊佐进一、日本著名作家海老名香叶子等及获奖者约150人出席。

日本前首相福田康夫在为《连心饺子》撰写的序言中写到，读完"旅华故事"后心潮澎湃，这些珍贵的经历对于促进日中两国民相互理解发挥不可替代的重要作用，无疑将成为日中关系发展的正能量。

日本自民党干事长二阶俊博发来贺信表示，希望有旅华经历的日本人将这一宝贵经历充分运用到日中友好交流中，希望广大日本读者能够铭记阅读时的感动，去亲眼看一看中国，从而写出更多新的难忘的旅华故事。

（刘军国）

首届“难忘的旅华故事”征文比赛在东京揭晓

2018年11月23日 12:01 来源：经济日报-中国经济网 苏海河

[手机看新闻] [字号 大 中 小] [打印本稿]

程永华大使为获奖作者颁奖

中国经济网
www.ce.cn
2018年11月23日

经济日报-中国经济网东京11月23日讯（记者 苏海河）为纪念中日和平友好条约缔结40周年，由日本侨报出版社主办、中国驻日大使馆支援的首届“难忘的旅华故事”征文比赛，11月22日评选揭晓并在我国驻日大使馆举行颁奖典礼。

中青在线　2018年11月26日

《连心饺子》首发：旅华故事传递中日友好

发布时间：2018-11-26 14:04 来源：中青在线　作者：蒋肖斌

中青在线讯（中国青年报・中青在线记者 蒋肖斌）为纪念中日和平友好条约缔结40周年，由日本侨报出版社主办、中国驻日大使馆支持的第一届“难忘的旅华故事”征文比赛颁奖典礼暨获奖文集《连心饺子》首发式，11月22日在东京举行。

程永华大使在会场和原麻由美合影。段跃中摄

中国驻日本大使程永华向清华大学留学生原麻由美颁发了“中国大使奖”，向日本众议院议员兼财务大臣政务官伊佐进一颁发了“特别奖”，另有54位日本人分别获得一二三等和佳作奖。

www.news.cn 新华网 NEWS www.xinhuanet.com　2018年11月24日

第一届“难忘的旅华故事”征文比赛颁奖典礼在东京举行

2018-11-24 14:18:40　来源：新华网

新华网东京11月24日电（记者 姜俏梅）为纪念中日和平友好条约缔结40周年，由日本侨报社主办的第一届“难忘的旅华故事”征文比赛颁奖典礼近日在中国驻日本大使馆举行，日本各界代表160余人出席了颁奖典礼。

曾在清华大学留学的日本女孩原麻由美以《世界最美味食物》一文获得最高奖项“中国大使奖”。原麻由美在文章中写道，“饺子如太阳一般照耀到我的心底，给我希望，支撑着我在中国的留学生活，并帮助我和继父之间建立起超越国界和血缘的亲子关系。在我心里，饺子是能够超越国界，让人与人心灵相通的全世界最美味的食物。”

中国驻日本使馆举行“难忘的旅华故事”征文比赛颁奖仪式

11月22日，中国驻日本使馆举行“难忘的旅华故事”征文比赛颁奖仪式，中国驻日本大使程永华，众议院议员、财务大臣政务官伊佐进一，日中友好协会顾问小岛康誉以及获奖者等约150人出席。

程大使在致辞中表示，“难忘的旅华故事”征文比赛成功举办，充分显示了中日两国民众相互交流的热情。在众多参赛作品中，有的讲述与中国人的交往趣事，有的描写体验中国

文化的感悟，这些发生在普通日本民众身边的故事令人感动。很高兴看到很多日本民众从对中国一无所知，到通过交流与中国民众加深相互了解认识，在此基础上增进相互理解和信任，进而建立起牢固的友好感情。尤其令人感到欣慰的是，有的作者通过参观历史纪念馆和战争遗迹，加深了对中日之间不幸历史的了解，写下了对中日关系的深入思考。正是这种正视历史、以史为鉴、面向未来的正确态度，才有助于两国民众超越历史纠葛，实现民族和解并构筑两国和平友好合作关系。

程大使表示，今年是中日和平友好条约缔结40周年，在双方共同努力下，两国关系在重回正轨基础上取得新的发展。今年5月，李克强总理成功访问日本。安倍首相上个月访问中国，两国领导人一致同意开展更加广泛的人文交流，增进相互理解。两国领导人还同意将明年定为“中日青少年交流促进年”，鼓励两国各界特别是年轻一代踊跃投身中日友好事业。2020年、2022年，东京和北京将相继迎来夏季和冬季奥运会，在中日关系保持良好改善发展势头的大背景下，希望两国民众特别是青年进一步扩大交流，增进友谊，为中日关系长期健康稳定发展发挥积极作用。

自民党干事长二阶俊博发来贺信表示，希望有旅华经历的日本人将这一宝贵经历充分运用到日中友好交流中，希望广大日本读者能够铭记阅读时的感动，多去亲眼看一看中国，从而写出更多新的“难忘的旅华故事”。希望通过此次征文比赛，日本民众可以增加与中国的交往，加深对中国的了解，为日中关系改善发展贡献更多力量。

伊佐进一和获奖者分别上台发言，分享了在中国的见闻以及与中国朋友交往的感人故事。获奖者表示，通过在中国生活、旅行，增进了了解中国，改变了对中国的刻板印象。日中关系不仅是政治（转第3版）

大富報　2018年12月2日

中华人民共和国驻日本国大使馆
EMBASSY OF THE PEOPLE'S REPUBLIC OF CHINA IN JAPAN
中文 日本語

2018年11月23日

驻日本使馆举行“难忘的旅华故事”征文比赛颁奖仪式

11月22日，驻日本使馆举行“难忘的旅华故事”征文比赛颁奖仪式，程永华大使、日本侨报社社长段跃中、众议院议员、财务大臣政务官伊佐进一、日中友好协会顾问小岛康誉以及获奖者等约150人出席。

程大使在致辞中表示，“难忘的旅华故事”征文比赛成功举办，充分显示了中日两国民众相互交流的热情。在众多参赛作品中，有的讲述与中国人的交往趣事，有的描写体验中国文化的感悟，这些发生在普通日本民众身边的故事令人感动。很高兴看到很多日本民众从对中国一无所知，到通过交流与中国民众加深相互了解认识,在此基础上增进相互理解和信任，进而建立起牢固的友好感情。尤其令人感到欣慰的是，有的作者通过参观历史纪念馆和战争遗迹，加深了对中日之间不幸历史的了解，写下了对中日关系的深入思考。正是这种正视历史、以史为鉴、面向未来的正确态度，才有助于两国民众超越历史纠葛，实现民族和解并构筑两国和平友好合作关系。

人民视频 v.people.cn 2018年11月23日

“难忘的旅华故事”征文比赛在东京举行颁奖仪式

2018/11/23 22:59:44 来源：人民网-人民视频

人民网 people.cn 2018年11月22日

“难忘的旅华故事”征文比赛东京颁奖 日本留学生荣获“中国大使奖”

2018年11月22日17:14 来源：人民网-日本频道

首届征文大赛颁奖典礼颁奖嘉宾及获奖者合影

人民网东京11月22日电（吴颖）11月22日，第一届“难忘的旅华故事”征文比赛在中国驻日本使馆举行颁奖典礼。本次征文比赛为纪念中日和平友好条约缔结40周年，由日本侨报出版社主办、中国驻日大使馆支援。

人民日報 2018年4月3日

“难忘的旅华故事”征文比赛在东京启动

本报东京4月2日电　（记者**刘军国**）为纪念中日和平友好条约缔结40周年，第一届“难忘的旅华故事”征文比赛4月2日在东京启动。

您在中国生活和工作期间有哪些难忘的故事？您心中一直怀念哪位中国朋友？您现在与中国割舍不断的联系是什么？您是怎样讲述您认识的中国人及中国魅力的……主办方希望在中国生活和工作过的日本各界人士拿起笔来，写出珍藏在心中的记忆，分享各自的原创故事，从而让更多的日本人了解到在中国生活和工作、旅游的快乐，让更多的人感受到中国独特的魅力，促进中日之间的相互理解。

2017年，日本侨报出版社举办了首届“难忘的中国留学故事”征文比赛，受到日本各界好评。据悉，由于很多没有在中国留学的日本人也想参加该活动，在中日和平友好条约缔结40周年之际，主办方把参加对象扩大至所有在中国生活和工作过的日本人，并表示将把此项活动长期办下去。中国驻日本大使馆是本次活动的后援单位。

国际 22

“武术让我亲近中国文化”

人工智能，需要“负责任的创新”

电子屏幕对法国“新一代”危害大

“清洁印度”运动仍有待观念变革

人民网 people.cn 2018年9月13日

第一届“难忘的旅华故事”征文比赛结果揭晓

2018年09月13日07:15　来源：人民网-国际频道　分享到：

人民网东京9月12日电（记者 刘军国）为纪念中日和平友好条约缔结40周年，由日本侨报社主办的第一届“难忘的旅华故事”征文比赛评选结果9月12日揭晓。清华大学留学生原麻由美获中国大使奖，另有54位日本人分别获得一二三等和佳作奖。

本次“旅华故事”征文活动是以促进中日友好交流和相互理解为目的，向拥有旅华经验（包括目前正在中国）的日本人征集他们旅华期间的珍贵往事，特别是那些符合中日和平友好条约精神的原创作品。

据了解，主办方审查员评价作品主要依据以下标准。一是符合“难忘的旅华故事”主题，写出了令人感动、印象深刻的故事，二是通过自己独特的旅华经验，使读者感受到勇气、希望等充满“正能量”，三是对今后的中日关系的良性发展，有着积极引导的作用。

此次征文是去年举办、广受好评的“难忘的中国留学生故事”的扩大版。据主办方介绍，此次共收到125篇作品，都是作者亲历的倾心之作，有的作者依然生活在中国，有的作者已经回到日本。

获奖名单如下：http://duan.jp/cn/2018shou.htm。

主办方将把获得中国大使奖和一二三等奖的40部作品结集出版在日本公开发行。颁奖典礼暨出版纪念酒会将于11月22日中国驻日大使馆举行。

毎日新聞 2017年5月14日

中国留学エピソード募集

日中国交正常化から今年で45周年を迎えるのを機に、出版社「日本僑報社」（東京都豊島区）が「忘れられない中国留学エピソード」の作文を募集している。対象は中国留学経験者で、原則として日本人（現役留学生可）。テーマは「中国との出会い」や「恩師やクラスメートとの交流」「日中関係にプラスになるような提言」など。31日締め切り。問い合わせは同社（03・5956・2808）。

日本東方新報 —www.LiveJapan.cn— 2018年4月3日

首页　新闻聚焦　新报专题　新报时评　文华TV　日中飞鸿　玩转日本　东瀛

当前位置：新闻聚焦 > 日中之间 > > 内容

《难忘的旅华故事》征文赛在东京启动

来源：东方新报　作者：朱耀忠　时间：2018-04-03　分享到：

纪念中日和平友好条约签订40周年

首届《难忘的旅华故事》征文比赛在东京启动

公明新聞
2018年
10月26日

中国 私の留学時代

公明党参院議員　西田 実仁

日中関係をテーマに出版する、日本僑報社の段躍中代表から、「中国留学のエピソードを」と依頼があり、『忘れられない中国留学エピソード』【写真】に拙文を寄せた。そこで私の中国留学時代をお伝えしてみたい。

留学したのは1982年、私が慶応義塾大学経済学部の2年生で19歳だった。留学先は、北京語言学院。世界各国からの留学生で溢れていた。中国に留学したいという思いは、高校時代からだろうか。

母が10歳まで旧満州で育ち、「戦争に敗れて逃げ帰ってくるときに、現地の中国人に食べるものや着るものなど、大変に世話になった」と幼い頃から聞いていた。もし、母がそこで亡くなれば、今の私は存在しないわけで、「自らのルーツともいうべき中国大陸に渡って、中国の人々と中国語で話ができるようになりたい」という素朴な思いからだった。

初めての海外が中国・北京。両親と離れて一人暮らしをするのも初めて。薄暗い洗い場で、衣服を手洗いするのも初めて。その思い出は、年を重ねるごとに、より膨らみ、私にとって貴重な「宝」となっていることを実感する。

2004年、参院議員に送り出していただき、日中の諸問題に直接、携わる機会を拝した。13年、国家主席就任前の習近平氏と公明党の山口那津男代表が約70分間、会談する場に陪席した。その後、15年、そして今年9月、山口代表とともに中国・北京へ渡り、安倍晋三首相の親書を要人に手渡すなど、中国との交流窓口として、働かせていただいている。

段躍中編『忘れられない中国留学エピソード』（日本僑報社＝☎03・5956・2808＝2600円＋税）

学生、教授との交流は「宝」

留学の思い出は、楽しいことばかりだ。語言学院の前の五道口の商店で、当時はまだ配給制だった肉票や布票を使って、肉や洋服を買ったこと、ちょうど20歳になったお祝いに、同班同学と気の抜けたビールで乾杯したこと、郊外には馬車でわらを運ぶ農民がいて、その糞に当たりそうになったこと、などなど。

ある初老の大学教授との出会いも忘れられない。当時、中華人民共和国が誕生して33年。先生はそれまでの様々な出来事を振り返りながら、自宅で夜の「互相学習」の時間を持ってくださった。とても心地よかった。目的は、日本語と中国語を相互に学びあうことだったが、実際にはほとんど中国語による会話となった。ときに諭すように、ときに嘆き、ときに笑い、そして期待を込めて、話しかけてくれた優しい眼差しは今も忘れていない。当時の中国を、そして日中関係を深く考える きっかけとなった。

日中の学生が集まって、誰かの誕生日に「餃子会」と称して、宿舎内で、いろいろなものを餃子の皮に包んで食べたことは昨日のことのように思い起こす。中国に留学できれば最高だ。そして、旅行でも、仕事でも、とにかく触れ合うことから交流は始まる。お互いに引っ越すことのできない隣の国にいるのだから。

（にしだ・まこと）

中国留学時代の西田氏（右から3人目）＝1982年

THE YOMIURI SHIMBUN
讀賣新聞　2018年3月18日

記者が選ぶ

忘れられない中国留学エピソード
段躍中編

中国で日本語を学ぶ学生たちの作文コンクールを長く催してきた出版社が、今度は日本人の中国留学経験者を対象に、留学エピソードをつづる作文を募集した。本書は入賞作を含む計48本を収録した。

還暦を過ぎてMBA（経営学修士）コースに入学した人、現在はネットラジオで活躍する人など、経歴も様々だが、体験している内容も幅広い。不幸な歴史を抱えているだけに、心温まる体験ばかりではない。だが、留学がそれぞれの人生に、大切な何かを刻んだことがよく分かる。行って暮らしてみることの意義や魅力が伝わってくる。

今回の取り組みで友好親善が深まるというのは、単純すぎる理解かもしれない。だが、継続していくことで育つものが、確実にあると感じられた。（日本僑報社、2600円）　（佑）

讀賣新聞 オンライン　2018年3月28日

ライフ　本よみうり堂　コラム　記者が選ぶ

『忘れられない　中国留学エピソード』段躍中編

2018年03月28日

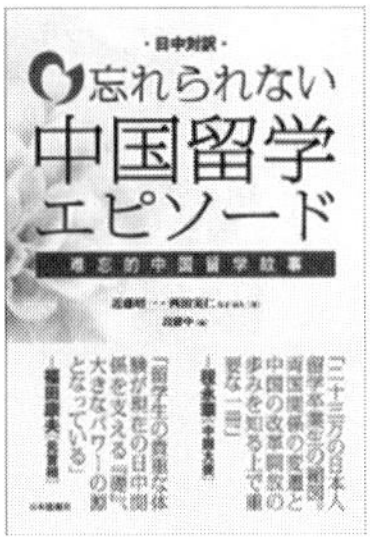

中国で日本語を学ぶ学生たちの作文コンクールを長く催してきた出版社が、今度は日本人の中国留学経験者を対象に、留学エピソードをつづる作文を募集した。本書は入賞作を含む計48本を収録した。

還暦を過ぎてMBA（経営学修士）コースに入学した人、現在はネットラジオで活躍する人など、経歴も様々だが、体験している内容も幅広い。不幸な歴史を抱えているだけに、心温まる体験ばかりではない。だが、留学がそれぞれの人生に、大切な何かを刻んだことがよく分かる。行って暮らしてみることの意義や魅力が伝わってくる。

今回の取り組みで友好親善が深まるというのは、単純すぎる理解かもしれない。だが、継続していくことで育つものが、確実にあると感じられた。（日本僑報社、2600円）（佑）

しんぶん赤旗　2018年5月13日

忘れられない中国留学エピソード

段躍中編

中国政府の発表によるとこれまでに中国を訪れた日本人留学生は約23万人。日中国交正常化45周年の2017年、これら留学経験者を対象に呼びかけられた第1回「忘れられない中国留学エピソード」コンクールの入選作品集です。抗日戦線にも従事した日本嫌いの先達の学者に思い切って質問し、快く受け入れられた経験（堀川英嗣氏）など45作品を収録します。中国語対訳つき。

（日本僑報社・2600円）

国際貿易　2018年1月30日

近着の 図書紹介

■『忘れられない中国留学エピソード』（段躍中編・日本僑報社・2600円＋税）

日本僑報社は17年、日中国交正常化45周年を記念して第1回「忘れられない中国留学エピソード」コンクール（当協会などが後援）を実施した。93本の応募があり、45本が入賞。応募者は20代から80代、留学時期は70年代から現代まで。入賞作と留学経験のある国会議員の近藤昭一、西田実仁氏による寄稿、親族から送られた故幾田宏氏（享年89歳）の日記の一部を収録。小林陽子氏（深圳大学留学）は日本にいた時に中国人から日本の習慣について質問攻めに遭い、答えに窮していた。しかし、留学してみると、日本人の習慣になかったことを不思議に思い、質問ばかりしている自分を発見した。日中対訳になっている。（亜娥歩）

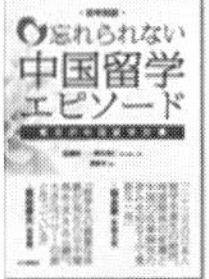

人民中国 PEOPLE'S CHINA　2018年2月号

東京　世代を超えた留学交流

昨年12月8日、駐日本中国大使館は中国留学経験者の交流の場として、「2017年中国留学経験者の集い」を開催した。約250人の参加者の年齢層は幅広く、世代を越えて中国留学の思い出や帰国後の様子を和やかに語り合った。

当日は「『忘れられない中国留学エピソード』入選作品集発刊式」も同時開催され、28年前の北京大学留学での経験をつづって一等を受賞し、訪中旅行の機会を得た岩佐敬昭さんは、「訪中旅行では中国人の友人と28年ぶりに再会した。見た目は変わったが、優しい瞳がそのままだった。ウイーチャットアドレスも交換したので、これからはいつでも連絡ができる」と喜びを語り、これを機会に引き続き中日交流を大切にしていく決意を新たにしたと締めくくった。

中国関連書籍紹介

【日中対訳】忘れられない中国留学エピソード
―難忘的中国留学故事―

近藤昭一、西田実仁など48人〈共著〉・段躍中〈編〉

日本僑報社
2,600円（税別）

日中国交正常化45周年記念・第1回「忘れられない中国留学エピソード」受賞作品集。お隣の国・中国がこれまでに受け入れた日本人留学生は累計23万人！この「中国留学エピソード」は、日中相互理解の促進をめざし中国留学の経験者を対象として2017年にスタート（日本僑報社主催）。記念すべき第1回には短期募集にも関わらず北京大学、南京大学など留学先は52校、20～80代までの幅広い世代による93本もの作品が寄せられた。本書には入賞作を含め計48本を収録。心揺さぶる感動秘話や驚きの体験談などリアル中国留学模様を届ける。

日本と中国
Japan and China Friendship Newspaper
2018年2月1日

23万人の日本人留学卒業生の縮図『忘れられない中国留学エピソード』が発売

タグ：留学　中国　作文　コンクール

発信時間：2018-01-08 15:00:56 | チャイナネット | 編集者にメールを送る

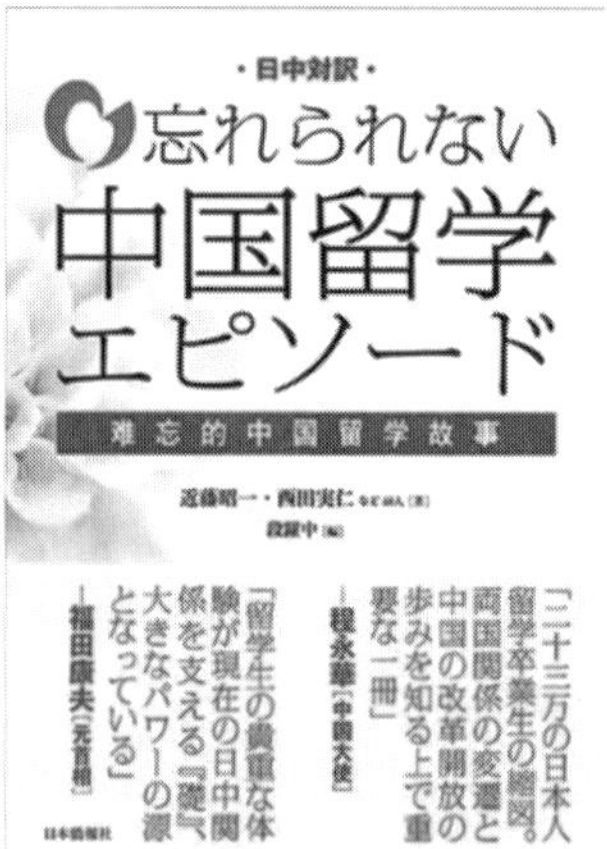

中日国交正常化45周年にあたる2017年、在日本中国大使館の支援のもとで、日本僑報社は日本の中国留学経験者を対象とした第1回『忘れらない中国留学エピソード』コンクールを開催した。45日間の募集期間に、政治家や外交官、ジャーナリスト、会社員、日本語教師、主婦、現役の留学生など各分野で活躍する人たちから93本の寄稿が集まった。入賞作を含め、その中から選ばれた48本の応募作品を日本僑報社は『忘れられない中国留学エピソード』という本に収録し、12月に出版した。

中国网
2018年1月8日

毎日新聞
2018年
1月27日

憂楽帳

可愛い人

「あなたは顔が大きすぎるから、美容整形をして骨を削ったら?」。最近出版された「忘れられない中国留学エピソード」（日本僑報社）に、タレントを目指して北京電影学院に留学し、中国の同級生から整形手術を勧められた元留学生の体験談が載っている。

筆者で埼玉県在住の中国語講師、小林美佳さん(48)に聞くと、「結局、整形しなかったけれど、本当にショックで食事ものどを通らなかった」とふり返った。美容整形が珍しかった1990年代の話だ。

中国は今、市場規模で米国、ブラジルに次ぐ世界3位の「整形大国」になっている。旧知の女性が大きな整形手術をしていたことを知り、驚いたことも一度や二度ではない。その際、どう声をかけるか。実に悩ましい。

整形しようか悩んでいた小林さんを救ったのは「あなたは可愛い人」という別の同級生の一言だったという。

「美しい人が可愛いのではなく、可愛らしい人が美しいのです」。ロシアの文豪トルストイの言葉だ。もっと知られてほしい。　【浦松丈二】

2018.1.27

日中友好新聞

本の紹介

『忘れられない中国留学エピソード』近藤昭一・西田実仁など48人著　段躍中 編

日本僑報社は、日中国交正常化45周年の節目に当たる2017年を記念して、第1回「忘れられない中国留学エピソード」コンクールを開催しました。

本書は入賞作含め48本を収録。いずれも中国留学の楽しさ、つらさ、意義深さ、そして中国の知られざる魅力を日中対訳版で紹介。

発行に当たり、程永華中国大使は「23万の日本人留学生の縮図。両国関係の変遷と中国の改革開放の歩みを知るうえで重要な一冊」と評しています。

日本僑報社発行、定価2600円＋税。問い合わせは同社☎03（5956）2808

2018年1月25日　　2017年8月5日

「忘れられない中国留学エピソード」作文の受賞者決まる

日中国交正常化45周年記念・第1回「忘れられない中国留学エピソード」を主催する日本僑報社は7月3日、厳正な審査の結果、作文の各賞受賞者を決定しました。

主催者にとっては、中国留学に関する作品の初めての募集。また募集発表から応募締切まで約45日間と短期間だったにもかかわらず、応募総数延べ93本、留学先の大学・学校は延べ52校で中国のほぼ全土にわたることが、明らかになりました。応募者は男性45人、女性48人。年代別では20代から80代まで幅広い年齢層でした。

入選作は、国交正常化45周年に合わせて原則として45作品とし、さらに入選作から1等賞10本、2等賞15本、3等賞20本を選出しました。

1等賞は、東京都の五十木正さん（留学先＝北京大学）らで、男性8人、女性2人。いずれもかけがえのない留学体験にもとづいた力作、秀作ぞろいで甲乙つけがたく、各審査員も大いに頭を悩ませました。

その中でも上位に選ばれた作品は、（1）「忘れられない中国留学エピソード」というタイトルにふさわしく、具体的かつ印象的なエピソードが記されたもの

（2）テーマ性、メッセージ性のはっきりしたもの

（3）独自の中国留学体験から、読者に勇気や希望、感動を与えてくれたもの――などの点が高く評価されました。

主催者は、入選作45本など計48本を1冊の作品集としてまとめ、日中2カ国語版として年内に刊行する予定です。

中日新聞

2018年
7月26日

中国留学作文コンクール
県出身2人が1等賞

山本勝巳さん

市川真也さん

日中関係の出版社・日本僑報社（東京）の作文コンクール「忘れられない中国留学エピソード」で、星城大事務職員、山本勝巳さん(三二)＝東海市富貴ノ台二＝と、安城市出身の早稲田大四年、市川真也さん(二二)＝東京在住＝が一等賞の十人の中に選ばれた。二人とも中国での体験を通じ、市民レベルでの交流や相手の立場で考えることの大切さを訴えた。

コンクールは、日中国交正常化四十五周年を記念して行われた。二十代から八十代までの中国留学経験者や現役留学生九十三人から応募があり、今月上旬に受賞者が決まった。

山本さんは二〇〇七年三月から約一年間、北京の演劇大学・中央戯劇学院で中国語や演技を学んだ。作文では、中国のドラマに日本兵役で出演した経験に触れた。ロケ地で子どもたちから「バカヤロ」と怒鳴られたが、自分から中国語で話し掛けると次第にうち解け、日本のアニメのことで質問攻めにあった体験をつづった。

市川さんは一五年二月から半年余り、北京大に留学。寮で同室だった中国人と一緒に「抗日ドラマ」を見たのをきっかけに、日中戦争について知ろうと、旅順やハルビン、南京などを訪問。生存者の悲痛な声も聞き、「彼らの戦争体験、私が見てきたもの、すべてを伝えていかなければならないと心から感じた」と書いた。

受賞の知らせに、山本さんは「自分の考えに共感してもらえたのでうれしい」と述べた。市川さんは「一等賞になるとは思わなかった。多くの人に中国の現場を訪れてほしいと思う」と話した。

一等賞の受賞者十人は十一月に一週間の中国旅行に招待される。

（重村敦）

讀賣新聞 2017年5月27日

よみうり抄

◆「忘れられない中国留学エピソード」募集　中国留学の経験者や現役の留学生を対象に、思い出や日中関係への提言などを原稿用紙5枚（2000字）程度で募集。1等賞10人は1週間の中国旅行に招待。入賞者の作品は刊行予定も。31日まで。問い合わせは主催の日本僑報社（☎03・5956・2808）。

週刊読書人　2017年5月26日

第1回

忘れられない中国留学エピソード

募集（締切：5月31日）

主催：日本僑報社

■内容

忘れられない中国留学エピソード

※中国留学の思い出、帰国後の中国とのかかわり、近況報告、中国の魅力、今後の日中関係への提言など。テーマ性を明確に。

■対象

中国留学経験者※原則として日本人。現役留学生可。

■入賞数

45名（作品）

■文字数

400字詰め原稿用紙5枚（2000字）＋文末に略歴200字以内（ワード形式で）※規定文字数のほか、郵便番号、住所、氏名、年齢、性別、職業、連絡先（E-mail、電話番号、微信ID）を記入のうえ送付。

■写真

留学時の思い出の写真、筆者の近影計2枚（JPG形式で、サイズは長辺600ピクセル以内）

■送付方法

原稿と写真を、E-mailで送付。

【あて先】

E-mail:45@duan.jp

※送信メールの「件名（タイトル）」は「忘れられない中国留学エピソード応募（お名前）」として、応募者の名前も明記。

■応募期間

2017年5月8日～5月31日

■入選発表

6月30日（予定）

■問い合わせ

「忘れられない中国留学エピソード係」☎03・5956・2808

聖教新聞　SEIKYO SHIMBUN　2017年5月13日

第1回 忘れられない中国留学エピソード

31日締め切り 日本僑報社

募集

日本僑報社が、日中国交正常化45周年を記念し、第1回「忘れられない中国留学エピソード」の作品を募集している。

中国への日本人留学生は、受け入れが始まった1962年から2015年までに累計22万人を超えた。そうした多くの留学経験者（現役留学生含む）が対象で、留学時代の思い出や中国の魅力、帰国後の中国との関わり、日中関係への前向きな提言など、各人のエピソードを、テーマ性を明確にしてまとめる。

入選作45作品は作品集として8月に同社から刊行される。また、入選作の中から1等賞（10作品、中国大使館主催の「一週間中国旅行」に招待）、2等賞（15作品、2万円相当の同社書籍贈呈）、3等賞（20作品、1万円相当の同社書籍贈呈）が選ばれる。

詳細は公式ホームページ（http://duan.jp/cn/2017.htm）を参照。

文字数＝400字詰め原稿用紙5枚と掲載用略歴200字以内（どちらもワード形式）。規定文字数のほか、住所・氏名・年齢・職業・連絡先を記載。

写真＝2枚（留学時のもの、筆者の近影）を添付。

応募先＝日本僑報社内「忘れられない中国留学エピソード」係まで、メール（45@duan.jp）で作品と写真を送信する。

募集期間＝5月31日(水)まで。入選発表は6月30日(金)。

問い合わせ先＝日本僑報社、忘れられない中国留学エピソード係、電話03（5956）2808。

中日新聞　2017年5月12日

★中国留学エピソード募集

今年秋が日中国交正常化四十五周年の節目になるのを記念し、東京都豊島区西池袋の出版社・日本僑報社が「忘れられない中国留学エピソード」の原稿を募集している。

入選四十五作品を今年八月に同社が作品集として刊行するほか、後援の在日中国大使館が入選のうち一等賞の十人を八月に一週間の中国旅行に招待する。

同社は「経験者以外にあまり知られていない中国留学の楽しさ、つらさ、意義深さ、中国の知られざる魅力を書いてください」と積極的な応募を呼びかけている。

中国は国交正常化前の一九六二年から日本人留学生を受け入れ、二〇一五年までに累計で二十二万人を超えるという。作品募集の対象は日本人の中国留学経験者で、現役留学生も可。

四百字詰め原稿用紙五枚の本文と二百字以内の略歴、留学時の思い出の写真と筆者近影の二枚をEメールで送る。宛先は45@duan.jp。締め切りは今月三十一日。入選発表は六月三十日。問い合わせは日本僑報社＝電03（5956）2808＝へ。

日中国交正常化45周年記念

第1回「忘れられない中国留学エピソード」大募集

日本僑報社は、日中国交正常化45周年の年である今年、中国留学の経験者を対象とした第1回「忘れられない中国留学エピソード」原稿を募集します。

中国は1962年から日本人留学生を受け入れ、2015年までにその数は累計22万人を超えています（うち中国政府奨学金を受けた留学生は、計7000人余り）。

また2015年時点で、中国国内で学ぶ日本人留学生は1万4085人を数え、これは世界202カ国・地域にわたる計39万8000人の日本人留学生のうち、国別・地域で第7位にランクされています。

留学時代のとっておきのエピソード――中国との出合い、恩師とクラスメートなどとの思い出をはじめ、現在の中国とのかかわり、知る人ぞ知る中国の魅力、そしてこれからの日中関係にプラスになるような提言といった、国交正常化45周年にふさわしい幅広い内容のオリジナリティーあふれる作品が期待されています。

同社では、原則として45作品を入選作として選び、それらを1冊の作品集として刊行する予定。さらに入選作から、1等賞10本、2等賞15本、3等賞20本を選出。副賞として1等賞の受賞者10人は、中国大使館主催の「一週間中国旅行」に招待。2等賞と3等賞の受賞者には、それぞれ2万円相当と1万円相当の日本僑報社の書籍が贈呈されます。

募集内容は以下の通り。

■内容＝忘れられない中国留学エピソード

※中国留学の思い出、帰国後の中国とのかかわり、近況報告、中国の魅力、今後の日中関係への提言など。中国留学の忘れられない思い出に触れつつもテーマ性を明確にしてください。

■主催＝日本僑報社（http://jp.duan.jp）

■対象＝中国留学経験者

※原則として日本人、現役留学生可。

■入賞数＝45人

■文字数＝4000字詰め原稿用紙5枚（2000字）＋掲載用略歴200字以内

※日本語、縦書きを想定のこと。表記は『記者ハンドブック』『用語の手引』等を参考にしてください。文字数のほか、住所、氏名、年齢、職業、連絡先（E-mail、電話番号、微信ID）を記入。

■写真＝留学時の思い出の写真、筆者の近影 計2枚

■応募期間＝5月8日～5月31日

■入選発表＝6月30日

〇あて先＝〒171－0021 東京都豊島区西池袋3～17～15 日本僑報社内「忘れられない中国留学エピソード」係 担当、段、張本

E-mail：45@duan.jp（※作品はE-mailでお送りください）

〇問い合わせ＝☎03（5956）2808 Fax03（5956）2809

※応募作品は、返却しません。

※個人情報は、本プロジェクトについてのみ使用します。

日中友好新聞　2017年5月5日

東京新聞

2017年5月2日

都内の出版社 作品募集へ

中国留学 体験談を教えて

日中国交正常化45周年を記念

今年、日中国交正常化四十五周年となるのを記念し、中国留学の経験者を対象とした「忘れられない中国留学エピソード」を東京・西池袋にある出版社、日本僑報社が募集する。在日中国大使館などが後援しており、入選四十五作品を書籍として刊行するほか、一等賞十人には一週間の中国旅行が贈られる。

（五味洋治）

旅行は中国政府が主催するもので、国内の有名な史跡や都市を回り、歴史、文化を学ぶ内容。

中国は一九六二年から日本人留学生の受け入れを始めた。二〇一五年までに累計約二十二万人（うち中国政府奨学金を受けた留学生は、計七千人）を超えた。

また、中国国内で学ぶ日本人留学生数は約一万三千六百人（一六年現在、中国政府まとめ）となり、韓国、米国などに次ぎ九番目だが、若者の留学離れの影響などから日本の順位は年々下がっている。

テーマは、留学時代のエピソードや、恩師とクラスメートなどとの思い出、自分が出会った中国の魅力、日中関係への提言など自由。日本僑報社の段躍中社長は、「中国留学の楽しさを伝える作品を期待します」と話している。

四百字詰め原稿用紙五枚分で、年齢制限はなく、現在留学中でも可。応募方法など詳細は、日本僑報社＝http://jp.duan.jp＝へ。

応募期間は五月八～三十一日まで。入選発表は六月三十日。

（五味洋治）

中国の名門・復旦大学で行われた日本人留学生と中国人学生の交流会＝4月、上海で（坂井華海さん提供）

日本僑報社、「忘れられない中国留学エピソード」を募集

新文化

日中国交正常化45周年を記念し、第1回「忘れられない中国留学エピソード」を開催する。中国留学経験のある日本人を対象に、5月8日、作品の募集を開始した。
応募作品のなかから入選45作を選出し、1等賞10点、2等賞15点、3等賞20点を決める。1等賞受賞者は、中国大使館主催の「一週間中国旅行」に招待される。また、入選作は1冊にまとめて単行本化し、8月に日本僑報社から刊行される予定。
応募締切は5月31日。入選発表は6月30日。

2017年
5月9日

西日本新聞 2017年5月1日

中国留学思い出文募集
国交正常化45周年で

日本僑報社（東京）は、中国留学経験者を対象に「第1回忘れられない中国留学エピソード」の作品を募集している。今年が日中国交正常化45周年に当たることから企画した。入選作45作品は、同社が8月に書籍として刊行する予定。

中国留学の思い出や帰国後の中国との関わりなどをテーマに、日本語で400字詰め原稿用紙5枚（2千字）にまとめる。書籍掲載用の略歴（200字）、留学時の思い出の写真と筆者近影を添えて、メールで申し込む。募集は5月8～31日。入選者には在日中国大使館が主催する1週間の中国旅行などが贈られる。

メールアドレス＝45@duan.jp。問い合わせは同社＝03（5956）2808。

ニューストップ ＞ 海外ニュース ＞ 中国 ＞ 記事

@nifty ニュース

あなたの「忘れられない中国留学エピソード」は？―日中国交正常化45周年を記念した作文コンクール始まる

いいね！0　シェア　ツイート

2017年4月23日

出版社・日本僑報社はこのほど、中国に留学した経験を持つ日本人を対象としたコンクール第1回「忘れられない中国留学エピソード」の原稿の募集を開始すると発表した。写真は留学経験者パーティー。（撮影・提供/段躍中）

出版社・日本僑報社はこのほど、日中国交正常化45周年の節目の年である今年、中国に留学した経験を持つ日本人を対象としたコンクール第1回「忘れられない中国留学エピソード」の原稿の募集を開始すると発表した。

中国は1962年から日本人留学生を受け入れ、2015年までにその数は累計22万人を超えている。2015年時点で、中国国内で学ぶ日本人留学生は1万4085人を数え、世界202カ国・地域で学ぶ計39万8000人の日本人留学生のうち、国・地域別で第7位にランクされている。

中国留学を経験した日本人は多数に上り、そこには1人ひとりにとってかけがえのない、数多くの思い出が刻まれてきた。駐日中国大使館がこれまでに中国に留学した「日本人卒業生」を対象にした交流会を開催したところ、卒業生たちがそれぞれに留学の思い出話に花を咲かせ、大いに盛り上がったという。

日　中　文　化　交　流　2017. 5. 1

日本僑報社がエピソード募集
「忘れられない中国留学」

日本僑報社（段躍中代表）が第1回「忘れられない中国留学エピソード」を5月8日から募集する。中国留学経験者を対象に、帰国後の中国との関わり、日中関係への提言など幅広い内容を受け付ける。入選した45作品は8月に単行本として刊行される予定。一等の10名は、中国大使館主催による一週間の中国旅行へ招待される。締切りは5月31日。入選発表は6月30日。字数、応募方法などお問合せは日本僑報社（電話03・5956・2808）まで。日中文化交流協会などが後援。

---

(1)第398号　日 中 月 報　2017（平・29）年5月1日

一般社団法人　日中協会　編集

日中月報

題字　茅　誠司

発行日　平成29年5月1日
発行所　一般社団法人　日中協会
毎月1回1日発行（4月・10月休刊）
〒112-0004　東京都文京区後楽
1-5-3　日中友好会館本館 3F
TEL（03）3812－1683
FAX（03）3812－1694
ホームページ　http://jcs.or.jp/

日中国交正常化45周年記念

第1回「中国留学の思い出」エピソードを大募集

入選作品集を刊行、1等賞10名は「一週間中国旅行」に招待

主催／日本僑報社　後援／日中協会、駐日中国大使館　他

日本僑報社は、日中国交正常化45周年の節目の年である今年、中国留学の経験者を対象とした第1回「中国留学の思い出」エピソード原稿を大募集します！

公　明　新　聞
2017年4月21日

◆第1回「忘れられない中国留学エピソード」募集

中国は1962年から日本人留学生を受け入れ、2015年までにその数は累計22万人を超え、数多くの思い出が刻まれた。そこで「忘れられない中国留学エピソード」を募集する。文字数は2000字で。応募期間は5月8～31日。入選発表は6月30日。作品は日本僑報社内「忘れられない中国留学エピソード」係あてにEメール＝45@duan.jpへ送信を。詳しい問い合せは☎03・5956・2808へ。

日本と中国　2017年5月1日

忘れられない中国留学エピソード作品募集中！

1等賞10人に「一週間中国旅行」招待

日本僑報社はこのほど、中国留学の経験者を対象とした第1回「忘れられない中国留学エピソード」作品を5月8日から31日まで募集する。（公社）日中友好協会などの後援。

中国は1962年から日本人留学生を受け入れ、2015年までに累計22万人を超える（うち中国政府奨学金を受けた留学生は7000人余り）。そこで、中国留学経験者なら必ずあるだろう「忘れられない中国留学エピソード」を募集する。応募作品の中から国交正常化45周年にちなみ45作品（1等10人、2等15人、3等20人）を選び、副賞として1等10人を、中国大使館主催の「一週間中国旅行」に招待する。

中国留学の楽しさ、つらさ、中国の魅力などを伝えるユニークな作品を幅広く集め、入賞作品は作品集としてまとめ刊行する予定。

第1回「忘れられない中国留学エピソード」募集内容

■内容：忘れられない中国留学エピソード　※思い出、帰国後の中国とのかかわり、近況報告、中国の魅力、日中関係への提言など（テーマ性を明確に！）。
■対象：中国留学経験者　※原則として日本人、現役留学生可。
■文字数：400字詰め原稿用紙5枚（2000字）＋掲載用略歴200字以内 ※日本語、縦書きを想定のこと。表記は『記者ハンドブック』等をご参考ください。規定文字数のほか、住所、氏名、年齢、職業、連絡先（E-mail、電話番号、微信ID）をご記入ください。
■写真：留学時の思い出の写真、筆者の近影　計2枚
■入賞数：45名（作品）　**■特典**：応募作品は単行本として8月に日本僑報社から刊行予定。※入選作品から、1等賞10本、2等賞15本、3等賞20本を選出。1等賞の受賞者は中国大使館主催の「一週間中国旅行」（8月実施予定）に招待。2等賞と3等賞の受賞者にはそれぞれ2万円相当と1万円相当の日本僑報社の書籍を贈呈。
■応募期間：2017年5月8日～5月31日　**■発表**：6月30日
○**作品応募先**　E-mail：45@duan.jp　※作品はE-mailでお送りください。
○**問合せ**：Tel 03-5956-2808　Fax03-5956-2809　担当：段、張本
※応募作品は、返却しません。※個人情報は、本件のみに使用します。
応募の詳細は、日本僑報社HP（http://duan.jp/cn/2017.htm）に掲載

人民日報

2018年1月5日

日报　周报　杂志　人民网 people.cn

人民日报海外版 2018年01月05日 星期五

返回目录

往期回顾　分类检索

《难忘的中国留学故事》在日出版

《人民日报海外版》（2018年01月05日　第07版）

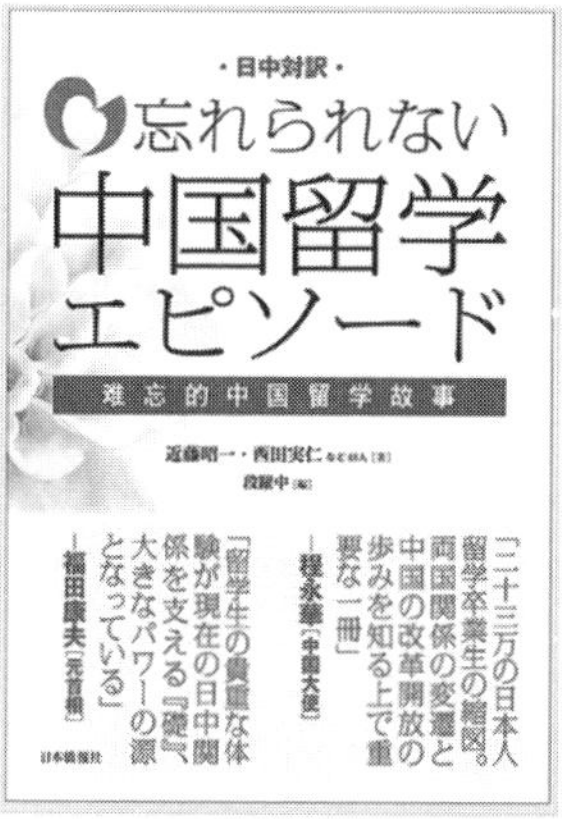

2017年12月中旬，刊登了45篇获奖文章的《难忘的中国留学故事》在日本各大书店上架。

为纪念中日邦交正常化45周年，在中国驻日使馆支持下，日本侨报社今年4月举办首届"难忘的中国留学故事"征文活动。45天里收到93篇文章，作者既有退休老人，也有还在中国学习的年轻学子，有外交官、大学教授还有企业高管，文章记录了因留学与中国的相遇结缘、结识的朋友与感受到的中国魅力，有的还对中日关系发展提出了积极建议。中国驻日本大使程永华与日本前首相福田康夫为该书作序。日本侨报社总编辑段跃中说，希望通过日本留华毕业生的文字，让更多日本人感受到中国的魅力。

（刘军国）

光明日報

2018年4月3日

报纸　杂志　光明日报 2018年04月03日 星期二

往期回顾　数字报检索　返回目录　＜上一期　下一期＞

感知中国 "用真心碰撞真心"

作者：本报记者 张冠楠　《光明日报》（ 2018年04月03日 12版）

自1979年，中日两国政府就互派留学生达成协议后，两国留学生交流不断得到发展。据统计，截至目前，日本累计赴华留学人数超过24万人，其中享受中国政府奖学金的日本留学生超过7000名。2016年，在华日本留学生人数为13595人，在205个国家44.3万留学生中位列第九位。

从2015年开始，中国驻日本大使馆每年年底都会举办日本留华毕业生交流会，受到日本各界好评。在去年的交流会上，日本文部科学省、外务省、人事院、日本学生支援机构、日本中国友好协会等机构、团体的有关负责人、各界留华毕业生代表等约300人出席交流会。中国驻日本大使馆公使刘少宾代表程永华大使在致辞中表示，希望留华毕业生充分发挥自己的优势，积极推动中日两国在各领域的交流合作，为增进两国人民的相互理解和长期友好作出更大贡献。期待更多日本青年到中国留学，加入到中日友好的行列。

留学中国故事多

国之交在于民相亲。中日两国作为一衣带水的邻邦，2000多年来人文交流对两国文化和社会发展一直发挥着重要的作用。2017年，为纪念中日邦交正常化45周年，在中国驻日本大使馆的支持下，日本侨报社在2017年4月举办首届"难忘的中国留学故事"征文活动。45天里收到93篇文章，其中获奖的文章均被收录至《难忘的中国留学故事》一书中，其中的作者有已经退休的老人，也有尚在中国学习的年轻学子；有经济界人士，也有知名的国会议员，讲述了在中国的留学经历，分享了在中国留学的体验。

中国驻日本大使程永华在《难忘的中国留学故事》序言中表示，因作者的留学年代跨越了近半个世纪，留学大学遍及中国多省，由一个个小故事汇集而成的文集相映成趣，构成了23万日本留华毕业生的缩影，既反映出中日两国关系的时代变迁，也从一个个侧面反映出中国改革开放以来的发展历程。日本前首相福田康夫为该书所作的序言表示，"通过阅读作品，充分了解到日本留学生在中国各地经历了各种体验，与中国老百姓深入开展真挚交流，这些成为支撑日中关系的重要基石和强劲力量源泉。"

www.news.cn 新华网 NEWS www.xinhuanet.com

2017年12月11日

中国驻日使馆举办2017年度日本留华毕业生交流会

中国驻日本大使馆公使刘少宾在交流会上致辞。新华网记者 姜俏梅摄

新华网东京12月11日电(记者 姜俏梅)2017年度日本留华毕业生交流会8日在中国驻日本大使馆举行。日本文部科学省、外务省、日本学生支援机构、日本中国友好协会等机构及各界留华毕业生代表200多人出席交流会。

2017年4月17日

“难忘的中国留学故事”征文活动在日本启动

2017-04-17 12:25:49　来源：新华社

新华社东京４月１７日电（记者杨汀）为纪念中日邦交正常化４５周年，首届“难忘的中国留学故事”征文活动１７日在东京启动。

“难忘的中国留学故事”征文活动由日本侨报出版社主办，获得中国驻日本大使馆、日中协会等支持，邀请有在中国留学经历的日本各界人士，以２０００字的篇幅讲述在中国留学期间的难忘故事，介绍所认识和理解的中国及中国人等，在中日邦交正常化４５周年的大背景下弘扬中日友好。

日本侨报出版社社长段跃中表示，希望通过留学生的作品，让更多人了解到在中国留学的意义，让更多人感受到中国的魅力。

活动将在５月８日至３１日期间受理投稿，遴选４５篇获奖作品结集出版，并从中选出一等奖１０名、二等奖１５名、三等奖２０名，评选结果将于６月３０日公布。

按照活动规则，一等奖得主将获得中国大使馆赞助赴中国旅行一周的奖励。二等奖及三等奖得主将获得日本侨报出版社出版的书籍。

据中国驻日本大使馆教育处的数据，中国从１９６２年开始接受日本留学生，５５年来日本累计赴华留学人数超过２２万，其中享受中国政府奖学金的日本留学生超过７０００名。截至２０１５年１２月，在华日本留学生人数为１４０８５人。中国驻日本大使馆从２０１５年年底开始每年举行一次日本留华毕业生交流会，受到日本各界好评。

人民网 people.cn

2017年12月10日

“到中国留学是人生的宝贵财富”

本报驻日本记者　刘军国

2017年12月09日

《难忘的中国留学故事》在东京首发

视频介绍

当地时间12月8日晚，2017年度日本留华毕业生交流会暨《难忘的中国留学故事》首发式在中国驻日本大使馆举办，来自日本文部科学省、外务省、日本中国友好协会等机构、团体的有关负责人，各界留华毕业生代表等约300人出席交流会。（人民日报记者　刘军国）

2017年4月17日

“难忘的中国留学故事”征文活动在日本启动

原标题：“难忘的中国留学故事”征文活动在日本启动

为纪念中日邦交正常化４５周年，首届“难忘的中国留学故事”征文活动１７日在东京启动。

“难忘的中国留学故事”征文活动由日本侨报出版社主办，获得中国驻日本大使馆、日中协会等支持，邀请有在中国留学经历的日本各界人士，以２０００字的篇幅讲述在中国留学期间的难忘故事，介绍所认识和理解的中国及中国人等，在中日邦交正常化４５周年的大背景下弘扬中日友好。

日本侨报出版社社长段跃中表示，希望通过留学生的作品，让更多人了解到在中国留学的意义，让更多人感受到中国的魅力。

活动将在５月８日至３１日期间受理投稿，遴选４５篇获奖作品结集出版，并从中选出一等奖１０名、二等奖１５名、三等奖２０名，评选结果将于６月３０日公布。

編者略歴

段 躍中（だん やくちゅう）

日本僑報社代表、日中交流研究所所長。

中国湖南省生まれ。有力紙「中国青年報」記者・編集者などを経て、1991年に来日。2000年新潟大学大学院で博士号を取得。

1996年日本僑報社を創立。以来、書籍出版をはじめ、日中交流に尽力している。

2005年1月、日中交流研究所を発足、中国人の日本語作文コンクールと日本人の中国語作文コンクール（現・「忘れられない中国滞在エピソード」）とを同時主催。

2007年8月に「星期日漢語角」（日曜中国語サロン、2019年7月に600回達成）。

2008年に出版翻訳のプロを養成する「日中翻訳学院」を創設。

2009年日本外務大臣表彰受賞。

2021年武蔵大学・2020年度学生が選ぶベストティーチャー賞受賞。

北京大学客員研究員、湖南大学客員教授、立教大学特任研究員、日本経済大学特任教授、湖南省国際友好交流特別代表などを兼任。

著書に『現代中国人の日本留学』『日本の中国語メディア研究』など多数。

詳細：http://my.duan.jp/

中国生活を支えた仲間

第4回「忘れられない中国滞在エピソード」受賞作品集

2021年11月22日　初版第1刷発行

著　者　　林家三平・田中伸幸 など47人

編　者　　段 躍中

発行者　　段 景子

発売所　　日本僑報社

〒171-0021 東京都豊島区西池袋3-17-15

TEL03-5956-2808　FAX03-5956-2809

info@duan.jp

http://jp.duan.jp

e-shop「Duan books」

https://duanbooks.myshopify.com/

ISBN 978-4-86185-316-6